谁搅动了世界

未来10年，世界经济格局大派位

[英] 乔治·马格努斯（George Magnus） ◎ 著 刘寅龙 ◎ 译

廣東省出版集團
广东人民出版社
·广州·

图书在版编目（CIP）数据

谁搅动了世界 /（英）乔治·马格努斯著；刘寅龙译 .—广州：广东人民出版社，2012.4
ISBN 978-7-218-07594-5

Ⅰ. ①谁… Ⅱ. ①乔… ②刘… Ⅲ. ①新兴市场－研究 Ⅳ. ① F740.2

中国版本图书馆 CIP 数据核字（2012）第 036779 号

SHUI JIAODONG LE SHIJIE
谁搅动了世界
[英] 乔治·马格努斯 著 刘寅龙 译

出 版 人：金炳亮

策　　划：中资海派
执行策划：黄 河 桂 林
责任编辑：肖风华 梁 茵
特约编辑：谭 伦
版式设计：谈志佳
封面设计：红杉林文化 谈志佳

出版发行：广东人民出版社
地　　址：广州市大沙头四马路 10 号（邮政编码：510102）
电　　话：（020）83798714（总编室）
传　　真：（020）83780199
网　　址：http：//www. gdpph. com
印　　刷：深圳市星嘉艺纸艺有限公司
书　　号：ISBN 978-7-218-07594-5
开　　本：787mm × 1092mm 1/16
印　　张：16
字　　数：231 千字
版　　次：2012 年 4 月第 1 版 2012 年 4 月第 1 次印刷
定　　价：38.00 元

如发现印装质量问题，影响阅读，请与出版社（020-83795749）联系调换。
售书热线：（020）83790604 83791487 **邮 购**：（020）83781421

To all my Chinese readers —
I hope that UPRISING will
help you to reflect on China's
challenges and opportunities in
a world transformed by the
Western economic crisis.
Best wishes. George Magnus

亲爱的中国读者：

希望本书有助于你们思考金融危机之后中国在世界所面临的挑战和机遇。

致以最诚挚的祝福！

乔治·马格努斯

编者的话

2001 年，随着高盛首次提出“金砖四国”的概念，新兴市场国家开始进入公共视野。其后几年，中国、印度、俄罗斯及巴西以令人难以置信的方式迅速崛起：2000 年，这四个国家的国内生产总值还只占据全球的 8% 左右，而到 2010 年这个比例已经增至 17% 左右。时至如今，这一增长奇迹仍未停止，“金砖国家”也加入了新的成员。而“新兴市场国家”的概念已和“全球化”一样，变成了全球知名媒体与搜索引擎的热门词汇。

2011 年，瑞银投资银行高级经济顾问乔治·马格努斯出版的新作《谁搅动了世界》无疑是这股媒体报道浪潮中最为权威的声音之一。在这本书中，他详细而周密地阐述了新兴市场国家的现状，并对新兴市场国家的未来发展提出了大量诚挚而中肯的建议。当然，由于媒体报道与观察立场所持的差异，作者在引用涉及中国的素材时所下的某些结论尚待商榷。

例如，作者对人民币的汇率机制过于保守进行了批评，认为低汇率制将导致整个世界金融体系失衡。这种说法不但罔顾了中国的特殊金融现状，也忽视了中国政府对其汇率机制进行改革和完善的努力。事实上，在本书出版后不久，中国“十二五”发展规划纲要便提出：完善以市场供求为基础的有管理的浮动汇率制度，推进外汇管理体制改革。最近，在墨西哥首都墨西哥城参加 G20 财长和央行行长会议的美国财政部长盖特纳，对中国政府在人民币汇率改革方面作出的努力所持的肯定态度即是明证。

此外，作者还批评了中国的经济政策，认为其对内过于偏重对重工业的投资会导致能源的过度浪费与环境问题，而对外则过分强调出口，这使得支持出口行业的利润及就业存在过度投资现象。这显然是作者未考虑到中国现处的发展阶段所致。作为一个面临经济产业结构升级的发展中国家，发展核心由重工业向其他领域过渡本是常态。而且，经济改革非一日之功，需要充分而宽裕的时间，要求中国迅速完成经济体制与产业结构的转型显然不切实际。近些年来，中国政府一直在努力调整经济结构并扩大内需。“十二五”发展规划纲要也对加快完善与改革中国现有经济体制，推动能源生产和利用方式变革提出了明确要求。

过快的经济增长所引发的关注度显然会成倍放大被关注者身上的优势与不足。这在中国身上体现得尤为明显。对于在全球金融市场扮演关键地位的中国来说，下一个十年依然充满着机遇与挑战，而改革与完善也将是恒久不变的主题。相信在不久的未来，“中国模式”会获得世界更多的认同。处在繁荣复兴之路上的东方巨龙也必将对世界经济发挥更多积极而重要的作用。

2012年3月

《金融时报》推荐

被搅动的世界并未因此而动摇

《金融时报》新兴市场栏目主编
斯蒂芬·韦格斯蒂尔（Stefan Wagstyl）

今天的投资银行家已经不再对新兴市场持怀疑态度了。相反，他们一窝蜂地把口袋里的钞票送到中国、印度、巴西或是其他新兴市场国家。

他们的预测几乎无一例外地显示，以中国为首的新兴经济体正在全球经济与政治舞台上获得着越来越大的发言权。在他们的图表中，2008 年的金融危机似乎只是过去几十年经济增长过程中一次微不足道的磕绊。

瑞士著名投资银行瑞银的首席经济顾问乔治·马格努斯认为，现在下定论仍为时过早。在《谁搅动了世界》一书中，他对中国、印度和其他新兴经济体进行了深刻剖析。他以清晰直白的观点回答了这个问题：尽管新兴经济体在全球范围内正在产生着越来越重要的影响，但他们还不足以危及以美国为主导的世界秩序。新兴经济体将“重塑”全球经济，但任何新兴市场国家都无力“动摇”世界经济，即便是中国也不例外。

正如马格努斯所言，在这一轮经济周期中，经济全球化正在经受来自保护主义的威胁。他的观点很清晰：我们根本就不能保证哪个全球领导者能鼓起勇气，作出恰如其分的政策反应。在2010年11月首尔举行的G20峰会上，他们甚至根本就不敢触及这个问题。

本书对中国给予了特殊的关注。在对中国的经济成就大加赞赏的同时，马格努斯也对“今天的中国正在挑战美国的全球领导者地位”这一观点提出了质疑。他认为，这种观点低估了美国摆脱困境、重塑自己的能力，也未正确评价中国的适应能力。

他还提出警告，中国正在想方设法地应对其经济失衡。在过分依赖投资和出口的同时，中国的消费力仍显不足。此外，中国再三推迟人民币币值的重估，以便于保持本币和金融稳定，而这将把他们与美国置于相互冲突的境地，但这种冲突极有可能会给世界贸易及本国的社会稳定带来不良后果。

着眼未来，马格努斯把经济增速放缓视为对人口加速老龄化的反应。尽管包括美国在内的很多国家都陷入老龄化困境，但计划生育政策显然导致中国的人口老龄化速度要快于其他任何国家。到2050年，养活一个老年人的劳动力人数将由目前的10个减少为2.5个。中国很可能需要面对未富先老的局面。

在这个问题上，马格努斯或许过于强调当前的趋势。但更有可能发生的情况是，在未来的40年里，中国家庭或许可以生育更多的孩子，中国人的退休年龄可能会进一步推迟，西方发达国家已经开始考虑应对策略。针对老年的医疗和技术支持注定将有所发展。

最后，马格努斯探讨了制度与经济增长之间的关系问题。他认为，更为强大的法律体制对保护经济权利而言显然不可或缺，中国如果想维持经济的高速发展，则其法治完善与制度改革的必要性与经济目标将同样重要。

目　录

UPRISING

UPRISING

纵观世界历史，真正的强国总是离不开地缘、法治及完善制度的优势。从这个意义上说，崛起还是衰落的定论是否为时尚？对于新兴者而言，是否有比称霸世界更为重要的东西呢？

序　言

并非所有重要的东西都能计算出来，
而所有能计算出来的也未必都是重要的。
——阿尔伯特·爱因斯坦

新兴市场国家的崛起

2001 年 7 月的一个夜晚，数以万计的北京人不约而同地涌入天安门广场，欢庆国际奥林匹克委员会作出将 2008 年奥运会主办权交给北京的决定。这个工人和学生载歌载舞共同欢庆的热烈场面似曾相识，只不过这一次是在 2001 年，尽管在这 10 年之中，中国已在经济领域实现了长足进步，但其还在为成为世界强国而奋斗。

2008 年的奥运会显然为中国展示其现代化形象及自信创造了一个千载难逢的大好舞台，中国不仅为此大造声势，更是投入了巨大的人力物力。这届奥运会充分体现了中国在经济上取得的巨大成功，巧合的是，它恰逢中国连续五年实现两位数的增长，而接下来的 2009 年则是中华人民共和国建国 60 周年。

当然，经济上的完美表现并不能说明中国在其他方面毫无缺陷，我将在后文指出，正是这些缺陷的存在，中国实现外界普遍预期的可持续与快速经济增长的能力将大打折扣。

2008 年 10 月，一场席卷全球的金融海啸倏然而至，随后便是美国著名投资银行雷曼兄弟公司的破产。它把全球经济推到了生死存亡的边缘，这在“大萧条”以来是绝无仅有的。尽管这场危机最早爆发于西方世界，而且基本属于一场西方世界的危机，但它还是给中国造成了严重影响，实际上，所有新兴市场国家都不可能在这场危机中独善其身。事实已经证明，所谓新兴市场国家将与发达经济体“脱钩”，或者说，可以超然于发达经济体经济衰退的说法，完全是无稽之谈。

面对中小企业破产数量的持续增加，出口额在七年中首次遭遇下跌，以及电力、汽车和钢铁等主要工业品产量的迅速下滑等不利局面，中国似乎错误地解读了隐藏于其中的信号。但中国随后作出的反应依旧令人赞叹。2008 年 11 月，中国便宣布了一项总金额为 4 万亿人民币的经济刺激计划，这一数字相当于中国 GDP 的 13%。这项高度强调基础设施和房地产项目的经济刺激计划，显然意在扭转经济增长下滑的颓势（截至 2008 年第一季度，经济增长率已跌至 5%）。此外，该计划还鼓励国有银行大量发放贷款，其规模之大在中国是前所未有的，这也为其他众多新兴市场国家树立了典范，截至 2009 年春季，亚洲和拉丁美洲的大多数新兴市场国家已开始采取积极对策。尽管一场潜在的金融危机与他们擦肩而过，但这显然还不足以说明，他们彻底逃脱了这场危机。

这两个故事揭示了贯穿于全书的一个悖论：**拥有强大中央政府的国家确实有能力赢得巨大的经济成功，而且能在必要情况下极其有效地作出迅速而大规模的反应。但这是一把双刃剑，缺乏透明度和及时应对挑战和适应变化的能力使得这个悖论得以成立。**

本书探讨的主题之一便是：西方国家的金融危机引发了全球经济结构的重大变化，而某些新兴市场大国自主实施结构性改革的能力则较弱，除非这种调整符合其官方的偏好。这场金融危机对中国乃至西方国家和国际关系带来的影响都将是长远的。因此，我们不应把这场经济金融危机仅仅看成是坏运气或是单纯经济周期因素造成的结果，也不是单纯的预测，而是一个更多以判断为基础的必然结局。

和大多数金融危机一样，本次危机的序幕同样是债务的过度膨胀和银行的过度杠杆化。同样与很多危机类似的是，本次危机与房地产类贷款和有价证券有关，危机形成的前提在于假设房产价格只能上涨。但是和二战以来其他金融危机不同的是，本次危机是一场以美国为辐射中心并覆盖全球的危机。

修复银行系统、吸收或重组这些不良贷款可能需要若干年时间。此外，由于政府与私人部门之间的债权债务中有很大一部分最终由政府埋单，因此，公共部门同样未能逃脱债务问题。这也让美国、日本以及欧元区和英国的经济稳定性遭遇严峻考验，漫长而艰难的预算调整在所难免。

尽管这场危机的严重性和重要性及其给西方经济留下的影响是本书的基本背景之一，但这并不是本书将要探讨的核心问题。相反，本书的真正目的在于检验这场危机是否确实推动了巴西、俄罗斯、印度和中国（即所谓的“金砖国家”）及其他新兴市场国家的进一步崛起，并成为国际政治与经济的新霸主，进而最终加速了西方国家的衰落。金砖国家已成为发展中国家经济复兴的核心，他们在全球GDP中占有的份额从1990年的15%猛增至目前的35%，这一比例在未来10年预计还将继续增加。

可以说，金砖国家构成发展中国家三角形的顶尖。这并不是因为他们是最富裕的发展中国家，而是因为他们不仅人口众多，而且是战略意义的区域性强国，而中国更是这些国家中的佼佼者。

这至少可以在一定程度上说明，本书为什么会把中国看做新兴市场国家的焦点。当然，还有更为重要的一个原因，中国也是过去20年中唯一在全球经济中的比重持续上升的新兴市场国家。尽管巴西和印度同样不缺乏经济活力，但他们在全球GDP中的份额与过去相比并未发生显著变化，虽然印度的未来地位必将大为改观。俄罗斯的经济注定会在诸多层面上不断深化，就总体而言，俄罗斯依旧是一个以石油和资源为支撑的全球性地缘政治主体，但显然还不足以成为一个令人生畏的经济体。

在这个尖顶的下面，是新加坡和韩国这样的国家，他们因为拥有相对较高的全球经济地位和生活水平而被称为“新兴工业化国家”。很多经济学家和投资者已经把他们纳入发达国家的行列，而不再是所谓的新兴市场国家或者发展中国家。在本书中，**“新兴市场国家”主要指目前拥有**

较大经济潜力并对投资者具有较大吸引力的发展中国家，而“发展中国家”则是指传统意义上的发展中国家，或者说，是上述“新兴市场国家”以外的其他发展中国家。

在新兴市场国家三角形中下部较宽的部分，我们会看到墨西哥、阿根廷、波兰、土耳其、印度尼西亚、泰国、马来西亚和越南这样的国家。而在他们的下面，也就是这个三角形底部最宽的部分，则是沙特阿拉伯、伊朗及其他石油输出国组织的成员国。如果仅从人均收入看，他们中的某些国家极其富有，但他们毕竟只是群只有一技之长的小马驹，也就是说，这些国家的本质属于经济单一性极高的能源经济。此外，还有智利、哥伦比亚、南非、埃及以及众多东欧和中亚国家，他们大多都是处于第四梯队的新兴市场国家。而剩余的发展中国家则是更为贫困的小国以及南撒哈拉非洲国家。

在过去 20 年里，新兴市场国家和发展中国家在全球 GDP 中占有的份额持续增长，表现为摆脱贫困或是生活水平的持续改善，但这种增长的重要性显然不止于此。对投资者、金融机构以及跨国公司来说，这意味着，在西方发达国家开始疲态显露并为社会老龄化问题所拖累时，一个利用新经济发展趋势的大好时机已经出现。但这个食物链的根本原则依旧是：**经济实力决定政治实力。强大意味着经济上的繁荣，但是只有与庞大的人口以及其他因素相结合，才能借助于经济杠杆去追逐国际影响力和政治实力**。今天，有关金砖国家和新兴市场国家的争论不仅令人振奋，而且是不可避免和无法阻挡的。在这里，我只想让读者更多地体验后一种感觉，当然，这并不等于说我反对前一种观点。

不过，我的本意并不是想质疑历史。今天，发展中国家的出口总额已达到 6 万亿美元，占到全球出口总额的近 2/5，来自新兴市场国家的企业也如同雨后春笋般涌现。1990 年，在总部位于新兴市场国家的所有企业中，年收入超过 10 亿美元的公司只有区区二十几家。但是到了 2008 年，达到这个规模的公司已有 560 家，其中，111 家公司的年销售额超过 100 亿美元。中国石油天然气股份有限公司、中国石油化工集团公司及俄罗斯天然气工业股份公司（Gazprom）三家公司的年收入超过 1 000 亿美元。

按照目前的状况，如果我们以直线发展观去预测未来的话，新兴市场国家的规模和重要性必将有所提高，他们占据世界顶级公司领域的数量也将不再仅仅局限于上述三家能源类企业，我们完全可以举出很多例子，譬如说印度钢铁企业塔塔集团（Tata）在2007年对英国康力斯集团（Corus Group）的收购。

无数证据都在强有力地告诉我们，在不可逆转的全球权力结构变迁中，我们都正在成为旁观者。对很多人来说，等待已久的西方世界的衰落正在一步步地变成现实。当奥巴马总统于2009年11月亲赴北京拜访中国国家主席胡锦涛时，这一举动颇值得玩味。对于已经精疲力竭并债务缠身的美国来说，其领导者不远万里去拜会美国最大债权国的领导者，其中影射的象征性意义让众多观察家大为震惊。

有关中国、亚洲或是某个新兴市场国家将要成为下一个全球新霸主的书籍已经不计其数。有些书的标题更是开门见山，比如说《当中国统治世界的时候》（*When China Rules the World*）、《中国大趋势》（*China's Megatrends*），《下一个亚洲》（*The Next Asia*）、《中国撼动世界》（*China Shakes the World*）以及《新兴市场国家的世纪》（*The Emerging Markets Century*）等。这些书名背后的观点并不稀奇，因为历史学家和哲学家早就开始思考，这个世界是否有一天会一改面貌，西方世界不断衰退，而中国抑或是印度，则重新走上他们在几百年前曾经享有过的权力圣坛。今天，人们依旧在争论这场经济与金融危机是否就是加速这个过程的催化剂。不过，我在这里所说的“崛起”，更多地还是在于探讨过去以欧洲和美国为中心的两个世纪的历史是否只是历史的巧合或偏差。

而既成事实的经济格局的转变则具有更加深远而普遍的重大意义。它正在推动着一场重塑全球力量格局的政治和国家利益的变迁。在金融危机爆发之前，发达国家与发展中国家之间的对立对全球繁荣的阻力似乎还只能排在次席。人们普遍认为，民主价值观总会以这样或那样的方式把众多国家招揽到美国的羽翼之下。危机似乎改变了这一观点，因为它似乎标志了过去25年来以美国为首的资本主义和全球化运动遭遇完败。新兴市场国家的领导人一直在“华盛顿共识”（出现于1989年的一套针对拉美和东欧转轨国家的新自由主义政治经济理论。——译者注）的旗帜下展开多种多样的对话，意图以新的思维和方式重新审视经济政策与结构，强调市场的优先地位和以美国为主导的国际金融体系对这些国家主权利益的侵犯。目前，整个世界似乎在贸易、金融和环境保护等重大问题上出现鲜明的“贫富”两极分化，而不再像从前那样以政治体制为分界线。印度、巴西、土耳其和南非等新兴市场民主国家更多地还是被视为发展中国家，而非民主国家。很多人开始关心所谓的“中国模式”，而不是风光不再的“美国模式”，尽管他们依旧对以美国为代表的民主制度心存敬意。所谓的金砖国家或者新兴市场国家集团也从来没有存在过，实际上，很多新兴市场国家之间本身就存在国家和地缘政治利益上的矛盾。因此，新兴市场国家也许会发现，他们与美国和西方世界在很多问题上相互对立，但他们自己也对这种对立含混不清，模棱两可，即便是痛恨至极，也不知恨在何处。

早在 2009 年，发展中国家便在多哈谈判中与西方国家在贸易自由化问题上针锋相对，毫不妥协。这些谈判始于 2001 年，但到了 2010 年依旧没能得到令各方能够接受的结论。随着金融危机席卷全球，金砖国家已开始紧锣密鼓地关注中东、非洲和南美洲的能源及其他自然资源。为了应对危机，他们开始在如何改革和构建全球金融体系以及美元在全球金融中的地位等问题上愈发地当仁不让。在 2009 年 12 月的哥本哈根气候峰会上，他们更是构筑起强大的联合战线，拒绝接受贫困国家温室气体排放量最高限应低于美国及欧洲标准的提议。毫无疑问，今天的发展中国家已开始以实际行动公开表达他们对美国及其全球资本主义的不满，至少他们已经不再不加选择地追随西方国家。

不过，有关西方世界是否正在衰落以及新兴市场国家是否已经崛起的争论依旧令人心潮澎湃。但是这种热潮似乎正在偏离理性的轨道，并退化为混沌、甚至是危险的思潮。发达国家在颓势中挣扎，过去 30 年推动经济增长的动力正在消逝，或者至少已大不如初。今天，发达国家一贯占据的经济和金融领导者地位已经大打折扣，他们的声誉也在遭受损毁。毋庸置疑，我们绝不应低估为重启后金融危机时代经济所必需的结构调整，当然，前提是“重建”这个说法还有可能实现的话。

但认为中国和其他新兴市场国家仍能像金融危机发生前那样一如既往地在危机面前做到独善其身的想法，同样是危险的。的确，他们的经济前景在未来几十年依旧潜力无限，很多企业将继续享受全球数十亿消费者的青睐，这一点似乎毫不值得怀疑。但若因此认为新兴市场国家一定就能成为21世纪下一个10年的发动机，却绝非是板上钉钉的事实。

在很多情况下，新兴市场国家的发展路径被其倡导者描绘成理想的线性模式，但这显然有悖于历史和现实。相反，未来的核心在于政治经济，而不是经济预测或是声称未来已经降临的某种线形模型。历史、政治和制度都影响着新兴市场国家的未来，按照爱因斯坦的观点，这样的事情显然是不可计量的。

随着中国经济的增长及其现代化进程的不断加速，金融危机带来的政治领域的改革必要性问题必将加剧。这些问题都将对这个国家的经济和政治提出挑战。

同样不容忽视的还有中国的外交政策。其中最为突出的就是中国的汇率机制，美国和中国在这个问题上长期存在分歧，而在2009年又再度恶化。巴西和印度等其他新兴市场国家虽然较少发作，但中国的汇率政策毕竟影响了全球需求给他们带来的利益，这让他们心藏怨艾。而汇率机制只是冰山一角，冰山的下面还隐藏着更复杂的问题，譬如说，中国到底应该如何应对这些危机，是否有责任实施改革以及是否应尽快实施改革。

此外，对于在中国从事商业活动的外国企业来说，他们打算开展的业务类型以及愿意带到中国的技术所带来的影响显然贡献巨大。对于中国而言，通过政府采购合同及其他规定扶植国有大型企业及本地企业，并借此推动“本土化创新”的发展模式，不仅限制了其获取国外专有技术的能力，也削弱了技术引进对提高国内生产增长的贡献率。

不过，伴随着中国在除经济以外的其他诸多领域的进步，只要中国在总体上还是全球商品和服务的消费国，其融入全球经济的过程对所有参与者来说便仍是皆大欢喜。尽管西方政府及其智库始终在不遗余力地批评中国，但他们同样也愿意相信，经济一体化的进程和繁荣必将带来政治和经济领域的改革与进步。

时至今日，中国的地位已经发生了翻天覆地的变化。今天的中国已不再是西方世界的消费者，而是一个实力强大的竞争对手和令人敬畏的债权人。中国在国际贸易中并非全无针对进口国的优惠政策，但这些经济和金融上的优惠措施仅限于发展中国家，其明显的战略性，使之成为一种争夺国际话语权的政治杠杆，更重要的是，这些优惠政策多为双边而非多边体系。发达国家所发生的金融危机，更是让中国抓住时机，夺取国际事务的更大话语权。例如，哥本哈根气候峰会的无果而终令西方国家铩羽而归，也让他们把中国看成全球气候合作运动的绊脚石，而非合作伙伴。

在这里，我们可以看到一个再熟悉不过的强国崛起的历程，它包含两个对维护全球稳定与秩序至关重要的过程：一方面，崛起者必须有意涉足全球经济体系，而且既不会给自己带来严重压力，又能在内外责任之间求得平衡；另一方面，已强大的国家必须要在全球权力结构中给崛起者腾出一席之地，接受新的秩序，甚至在必要时作出妥协。

武器控制、核扩散、气候变化、人口老龄化、健康问题、适度的食物和水供应以及更大程度的技术扩散，将成为全球在未来 20 至 30 年需要面对的最大挑战。这些使命的实现依赖于更高层次和更加复杂的国际合作以及各方为共同利益而放弃部分主权利益的意愿。但是，只要以美国和中国为首的发达国家和新兴市场国家找不到后金融危机时代的经济合作之路，这种合作与取舍就不可能出现。经济领域内的民族主义、贸易壁垒的建立及其他阻碍经济一体化的桎梏，不仅会引发更多更为严重的经济波动，还将导致国际关系的整体环境更加支离破碎和充满敌意。

为了避免这一结果，美国和中国必须在金融危机的根源以及他们在危机爆发过程中各自扮演的角色等问题上达成共识。在美国，国会和其他机构至少就银行业及监管问题召开了听证会，对发生的错误以及未来如何规避这些错误进行公开辩论。有些人遭到公开指责并被迫辞职，有些人则锒铛入狱。相比之下，在中国，我们却没有听到任何质疑声，甚至没有听到过任何有关中国的经济金融政策在酿成本次金融危机中扮演过某种角色的说法。

金融危机未必是坏事

2008 至 2009 年发生的金融危机把国际金融体系拉到了崩溃的边缘，让全球经济陷入了深不见底的谷底，更让世界贸易遭遇到 80 年来最为猛烈的衰退。全球银行遭受的经济损失可能高达 2.5 万亿美元。为了稳定银行体系，避免经济崩盘，西方国家不得不采取前所未有的大规模性干预措施。根据国际货币基金组织提供的数据，政府为金融行业提供的各类救助资金约占发达国家 GDP 的一半，相当于美国和英国 GDP 的 80%。尽管这些援助计划仍包括一部分需要偿还的贷款和担保，但美国和英国为救助金融体系而花费的最终成本还是高达其 GDP 的 15%~20%，其他几个发达大国的救助成本占本国 GDP 的比例则在 5%~15%。

但是，美国、日本、英国及其他欧洲国家将如何走出危机，或者说，他们的经济在未来 5 到 10 年内将作何表现，依旧不得而知。1980 年到 2007 年期间的经济和金融繁荣期毕竟不能为我们提供任何启示。这次金融危机已让美国及其他西方国家深陷谷底，要修复金融体系的漏洞和缺陷，恢复市场对金融机构和金融产品的信心，并在高就业、创新和低碳基础上建立新的经济增长模式，显然还需诸多时日。在这个过程中，他们必须面对这场危机的后续效应，譬如扶摇直上的公共贷款和国家债务、急剧膨胀的预算以及老龄化社会等其他社会经济后果。

此外，对于发达国家在此前 20 年中建立起来的放任主义式的金融全球化模式，这场危机则彻底暴露了它的缺陷和危险，因为很多新兴市场国家一直在批评这种模式侵害了他们的利益。托马斯·弗里德曼认为，良好的监管有助于发挥创造性。但在包括金融、贸易、能源、环境和教育在内的诸多领域，美国和其他西方国家显然仍在迷茫和寻觅之中徘徊，他们尚未找到这样理想的监管机制。此外，这场危机也改变了西方世界对市场和政府在经济和金融发展中孰优孰劣的看法。而中国以政府为主导的经济发展模式逐渐得到了更多的支持，尤其是在发展中国家。

新兴市场国家同样未能在危机中独善其身，他们抑或陷入萧条，抑或遭遇经济大幅滑坡。最初，人们怀疑新兴市场国家的所谓“脱耦”能力，即摆脱发达国家的影响而做到超然其外的能力。但新兴市场国家很快便走出了低谷并迅速反弹，甚至在某些情况下，他们更为坚定地表明了这样一种观点：他们已足够成熟，经济上也愈加独立，这让他们有能力摆脱对西方国家的依赖。事实上，大多数新兴市场国家都不存在充斥于整个西方金融体系的“金融过度”现象，因而在陷入危机时依旧能够保持异常强大的财务状况和健康的政府预算。这在很大程度上得归功于1997到2001年期间发生在亚洲的金融危机，这使得中国和印度以外的大多数亚洲新兴市场国家都与之遭遇，并在随后几年时间里完成了债务的偿还和重整以及实施了对经济和公共财务的重组。

随着那场世纪之交的金融危机尘埃落定，新兴市场国家的政府开始重整旗鼓，他们携手担负起实现全球经济复苏的大任，实施了大规模的经济和金融刺激计划。最令人惊叹的增长出现在中国，其次是新加坡（GDP增长率达3%），但新兴市场国家经济复苏过程最强大的力量则来自于他们之间的协调应对能力。印度尼西亚、韩国、印度、阿根廷、巴西、墨西哥、智利以及秘鲁等国家均对稳定全球经济作出了巨大贡献。这并不是自私性行为，而是对全球经济衰退作出的反应以及对国家利益的强烈表达。

此外，在国际金融体系的命运悬而未决时，G20（又称“20国集团”，成立于1999年，属于一个国际经济合作论坛。——译者注）的各国首脑于2008年11月15日云集华盛顿特区。2009年4月，G20的首脑们再次齐聚伦敦。两次会议确认并宣布了一系列经济和金融协调措施，以共同应对危机，恢复经济稳定。同年5月，俄罗斯举办了第一届金砖国家首脑峰会。

2009年9月，匹兹堡G20首脑峰会首次宣布以G20取代此前覆盖面相对较窄的“G8”（又称“8国集团”，包括加拿大、德国、法国、意大利、日本、俄罗斯、英国和美国。——译者注），成为国际经济合作的主体。此外，G20还达成一致，自2011年开始，提高新兴市场国家在国际货币基金组织和世界银行中的份额（分别不低于 5% 和 3%）。这些份额确定了成员国对机构的捐赠以及可以从机构获得的资金，当然，最重要的还是投票权。这些全球金融的新动向极其重要，因为它们反映了新兴市场国家在世界经济中的话语权和影响力正在不断增长。

新兴者将重塑世界还是昙花一现？

中国或是印度将在未来几十年里主宰世界经济的观点并不陌生。例如，国际经合组织首席经济学家安格斯·麦迪逊（Angus Maddison）就曾不遗余力地大声疾呼，与欧洲和其他经济体相比，19 世纪初之前 200 年时间里的中国和印度曾是多么的强大。尽管拜占庭、古罗马和奥斯曼帝国都曾在世界历史中留下过辉煌的篇章，但只有中国和印度才曾是世界经济的主宰者。今天，很多人都熟悉“丝绸之路”，而且也有很多人到过“丝绸之路”去旅游。这个由德国学者费迪南·冯·李希霍芬（Ferdinand Von Richthofen）于 1859 年首次杜撰的名词描绘了一个早已被历史尘封起来的复杂商业网络——这条商业贸易通道从中国开始，一直通往中亚，在这里，它又向北经俄罗斯到达黑海，向南经印度抵达阿拉伯海，并最终止步于土耳其、北非和欧洲。

今天，这条古“丝绸之路”正在复兴，只不过商队被现代商船和喷气式飞机所取代。丝绸、香料、黄金和陶瓷被换成了碳水化合物、石油、美元、金融资产以及中国的消费品、劳动力和技术。一个以中国为中心的经济体系再次出现，首先是在亚洲，而后又扩展到亚洲版图以外，今天，他们正在打造与俄罗斯、中亚共和国、伊朗、沙特阿拉伯、巴西以及多个非洲小国之间的政治和经济通道。其中的某些通道主要是为了获取原材料和市场，还有一些则完全是为了削弱或者抗衡美国的影响。

在过去的 10 年里，中国在向伊斯兰国家提供金融产品以及基础设施建设融资和项目融资的基础上，加强了与亚洲和中东地区各国的金融和商业联系。此外，在 2001 年与俄罗斯、哈萨克斯坦、塔吉克斯坦及乌兹别克建立的“上海合作组织”中，中国也是最大的核心成员国。目前，这个最初以应对地区分歧、恐怖主义和分裂势力为目的的地区性合作组织，又吸收了印度、巴基斯坦和蒙古等三个新成员，并为伊朗提供了观察员身份，该组织增进了成员国之间在能源与经济领域的合作，共同谋划旨在阻止和遏制美国在中亚地区影响力的区域合作战略。包括中国在内的金砖国家在此期间公布的贸易和投资额高达数千亿美元，此外，他们高度参与撒哈拉以南非洲地区事务的行为同样令人瞩目。自 2009 年以来，他们以外国投资、优惠贷款、援助和捐赠等形式为尼日利亚、安哥拉、莫桑比克和坦桑尼亚等非洲国家批准的项目资金已达到 130 亿美元。2007 年，中国更是在苏丹重组国外债务过程中发挥了关键性作用。

很多人预测，金砖国家的经济规模要超越主要发达国家还需要若干年时间。中国将在 2016—2026 年之间的某个时间超过美国；印度将在 2020—2030 年之间超过日本和英国；巴西及墨西哥和印度尼西亚等其他国家将在 2050 年超过欧洲大国和日本。有报告指出，尽管美国在 2030 年之前仍将是世界上最大的经济体，但对中国的领先优势将微乎其微。作为世界第三大经济体，日本的经济规模将相当于美国和中国的一半，排在日本后面的是印度、德国、英国、法国、巴西、韩国、意大利、加拿大、墨西哥、俄罗斯、土耳其、印度尼西亚、沙特阿拉伯和南非。发达国家在全球 GDP 中占据的份额将下跌 20%，达到 52%，而新兴市场国家的比例则会增加相同的比例，达到 48%（按通货膨胀调整后的 GDP 计算）。

所有这些预测和“排序”到底意味着什么呢？他们到底依赖于哪些因素呢？如果一个国家拥有漂亮的 GDP，但其大多数居民的生活质量及生活水平却相对较低，这其中到底隐含着怎样的含义呢？中国和印度依旧属于相对较为贫穷的国家，其人均收入远远低于发达国家的总体水平。2008 年，全世界有 76 个国家或地区的人均收入超过 15 000 美元，但其中的一半属于产油国、小岛国以及人口极少的大公国。在其他 38 个国家或地区中，22 个为西方发达国家，其余 16 个国家或地区包括俄罗斯、9 个东欧地区的新兴市场国家以及以色列、韩国、中国台湾和香港、新加坡、马来西亚。由于存在诸多制约性因素，主要新兴市场国家人均收入要达到到目前“经济合作与发展组织”（成立于 1961 年，是由 30 多个市场经济国家组成的政府间国际经济组织。——译者注）成员国的平均水平，可能还需要几代人的时间。

在金融危机诱发的不确定环境之下，其他很多更为深刻的问题或许是我们必须直面以对的。比如说，如果贸易保护主义泛滥或是美国及其他主要发达国家为抵御危机而放弃对政府债务的控制，从而导致全球化趋势遭遇逆转，那么，亚洲的制造业供应链及其对西方消费者的依赖将如何变化？另外，美国是否能像以往那样，在低谷中绝处逢生，重振雄风，为开拓绿色经济和新一轮的生产力创新浪潮另辟蹊径？

如果G20和国际货币基金组织之类的国际组织在民族主义复兴大潮中无能为力，那么发展中国家将何去何从呢？如果石油价格上涨到每桶200美元，不管是出于何种理由，俄罗斯、墨西哥及其他石油出口国都将由此而受益，但包括中国和印度在内的石油进口国将如何应对呢？

如果经济增长与社会政治改革的需求相互冲突，那么，中国的国家资本主义将作何选择呢？对此，我们无从知晓。同样无法预测的是，俄罗斯的国家资本主义能否应付人口危机，对能源和自然资源的依赖是否只是伪装起来的诅咒？中国这个愈来愈强大的邻居是否会让其心惊胆战？我们也难以判断，印度在技术和民主机制上的优势是否会让他们创造出下一个亚洲奇迹，抑或仅仅是金玉其外败絮其中呢？浮华表面下总是隐藏着经济与社会的分歧与束缚。直到2000年，一系列重大危机才迫使巴西采取建设性改革及更加有效的宏观经济管理体制，但民粹主义依旧是他们的政治和经济根基。

即便面对如此猛烈和巨大的中长期变化，作为金融危机中的核心问题，不均衡的贸易，也就是通常所说的“全球性失衡”，依旧未能得到解决。我认为，全球失衡问题并不仅仅局限于美国，如果新兴市场国家不能认识到他们在酿成贸易失衡过程中所扮演的角色，就极有可能为下一轮金融危机播下罪恶的种子。

无论如何，新兴市场国家在过去20至30年表现出的令人惊叹的经济赶超速度都极有可能放慢脚步，尤其是大多数新兴市场国家都将在2030年开始遭遇严重的人口问题，到那时，他们的人口年龄结构将接近于今天的西方国家。对中国来说，这个问题在未来十年里将会显露无遗。

此外，与发达经济进入老龄化社会时的人均收入水平相比，各新兴市场国家遭遇加速老龄化问题时的人均收入水平则要低得多。这个“未富先老”阶段绝非陈词滥调，其不仅仅表现为收入水平的低下，还因为他们的社会保险体系和金融基础在此时还非常薄弱。

随着人口因素限制了劳动力对经济增长的贡献，技术进步的作用将变得日趋重要。虽然很多新兴市场国家可以从外部获取新技术，但这与自主创新或商业开发完全是两回事。实际上，真正的技术优势只属于少数发达国家，而且他们仍将在未来几十年里维持这种优势。

我还想要指出的是，可持续的经济增长和政治成功归结于如下重要因素：宏观经济政策的效力、积极参与国际事务的意愿、有助于推动技术进步的高度创新和教育及科技发展水平。这些领域的进步显然有赖于高质量的制度，而随着经济发展，对制度的需求也必将愈加迫切。制度的质量体现为良好的监管、完善的法律法规、产权（包括知识产权）能得到有效的保护、强大而独立的司法体系、有效增加和分配社会资本并实现收入公平分配的经济结构、有助于推动创造性企业和鼓励争论与不同意见的政治环境和经济基本框架。由于技术进步和经济改革是相辅相成的，因此，政治精英们还需随时做好在必要时刻打破现状与束缚的准备，善于推陈出新，敢于挑战保守思想和既得利益群体。

很多主要新兴市场国家已经在这个方面迈出了巨大的步伐，但由于制度水平的提高主要体现于过去 10 年，因此，即使不乏政治意愿及实施能力，他们也需要一代人的时间才能实现制度的完善并把制度优势转化为现实力量。

从这一点出发，中国显然是新兴市场国家中最令人费解的谜团，在某种程度上，这也是本书对中国现象异常关注的原因之一。归根到底，就是在不实行新的大规模政治改革或是在不引发更加激烈的社会动荡的条件下，中国能否实现经济可持续快速增长。如果不可能的话，会发生什么，或者说还需要多久才能实现这样的可持续增长?

尽管过去 20 年来对新兴市场国家的赞美绝非毫无根据，但上述提到的诸多警告也绝不应视而不见。实际上，在以往10年左右的时间里，高启的经济业绩也可能归功于宏观经济、经济结构和金融政策等方面的巨大进步。从这个意义上看，2008至2009年期间发生的金融危机或许只是一次小小的抽搐而已。

另一方面，新兴市场国家在近年来的优越表现，很大程度上源于全球化在20世纪末遭遇的梦魇，即建立在全球低利率、贸易失衡以及不可维持的信贷流基础之上的全球信贷扩张。金融危机爆发时，金砖国家及前东欧大多数新兴市场国家的金融状况都还相当健康。毕竟在经历了20世纪90年代末的亚洲金融危机之后，他们在泥潭中整整奋斗了10年的时间，才重新积累起高水平的私人及公共储蓄，打造出强悍的资产负债表，这才让他们能在2007年之后依旧岿然不动。

今天，对包括中国在内的某些新兴市场国家而言，他们都希望以一种新的信贷政策提高其抑制和抵御未来金融波动的能力。货币、金融以及复杂的银行体制让经济业绩固然令人振奋，但也同样变幻莫测、难以预料，有时甚至是风马牛不相及。我们都应该知道，人们总是倾向于对金钱和金融现象的作用听而不闻、视而不见，但最终收获的就是后悔。

对新兴市场国家而言，金融危机是否只是一次并不重要的短暂震荡？还是将给他们带来更为深刻的长远影响？在这两个假设中，到底哪一个才是正确的呢？两者均不无道理，具体而言则取决于我们看待这个问题时所采取的时间跨度。

即便如此，这也是从极近视角来看待新兴市场国家的崛起问题。金融服务公司、投资者和媒体关注的是中短期经营周期、GDP等可以计量的事物以及高深莫测的高频经济指标。但是，要真正认识新兴市场国家在全球经济中的地位及其未来，还需要我们更多并更为深刻地关注那些非量化指标，譬如结构调整和改善结构质量的能力、鼓励人们更多地发挥其想象力和创新力。相对于历史、文化和地缘政治这些因素，经济预测的作用显然处于从属地位。

在饱经此次危机摧残的西方国家，人们认为中国、印度及其他主要新兴市场国家正在褪去其“新兴”的色彩，并开始在构建一个全新的世界秩序。但这样的事情并非历史上的头一遭。1956 年，苏联领导人尼基塔·赫鲁晓夫曾对驻莫斯科的西方国家外交官大声咆哮："我们一定会埋葬你们！"很多人也并不怀疑他的话。面对 20 世纪 70 年代的欧洲复兴，美国工业的衰退曾被视为不可逆转的历史潮流。而进入 1980 年后，令人羡慕的日本经济及其"买下全世界"的能力则被视为日本确立其强国地位以及美国相对衰落的象征。1989 年的德国统一，更是给国际社会增添了一份共同的顾虑，即它将造就一个再度复兴的德国，而这个新德国必将削弱整个欧洲联盟，进而撼动整个世界的稳定性。这些例子不仅突出了以历史直线推断未来和一味关注量化指标的危险，也揭示出忽略制度和地缘政治背景的危险。

认为中国必将不断崛起并成为世界新霸主的观点是极度错误的，这个观点既没有深刻认识到中国将在未来几年必须面对的问题，也没有认识到，随着金融危机大潮渐行渐远以及经济行为的转变，西方国家尤其是美国依旧在应变弹性、决策力以及技术进步等方面拥有新兴市场国家不可比拟的优势。

至于中国是否正在走上全球权力圣坛这个问题，最简单的答案或许就是重复中国前总理周恩来的话，在被记者问及法国大革命在世界历史中的影响时，他的回答是"现在回答这个问题还为时过早"。而最忠实的答案就是要同时承认如下两点：

> 首先，随着时间的推移，在开放的全球经济中，新兴市场国家将在经济上继续追赶西方国家。对于中国和印度等国家而言，他们的未来经济前景将更加光明，政治亦将愈加强大。
>
> 其次，虽然那些对中国必将崛起抱持肯定观点的人对此深信不疑，但所有这一切绝非必然，他们的想法往往带有自利的色彩。

新兴市场国家的未来关键在于结构调整与改革、政治倾向及其接受改革与现实的政治意愿。归根到底，这将决定新兴市场国家是否更有可能重新塑造整个世界，抑或只是让世界轻轻一震罢了。

第1章 探寻崛起之谜

Back to the Future?

许多新兴市场国家在历史上皆有过经济辉煌期，但在公元1500年以后，新航路的开辟开启了近代欧洲独领世界荣光的历史序幕，而亚洲特别是中国则走过了黯淡阴沉的数百年。

如今，新兴市场国家们重新崛起，尤其以中国的崛起最为世人瞩目。这一切是在因循天道有常的历史规律，还是另有原因呢？未来10年，“中国模式”的奇迹还能继续吗？

以前，中国、印度及其他亚洲和中东国家确实是在塑造着我们的世界，多个世纪之前，中国便已成为这个星球上最大的经济体和人口最多的国家。无论从哪个角度说，公元 1500 年的中国都是毋庸置疑的强国。尽管亚洲和中东在此前后也出现过其他帝国，但是在随后的 300 年里，中国即便算不上说一不二的主宰者，至少始终是一个令人生畏的强国。1820 年，中国在全球总产量中占有的份额依旧在 1/3 左右。

公元 1500 年和 1800 年始终被视作世界历史的“转折点”。前者对应于欧洲大规模扩张军事及航海探险的狂潮，当然还有随后哥伦布的美洲大陆之行；后者标志着中国开始相对落后于欧洲，进而走上绝对的衰退之路，并逐渐淡出国际舞台。

进入 19 世纪之后，中国开始陷入全面的经济衰退。考虑到几个世纪以来中国在农业、工业及社会组织等领域始终领先于欧洲，因此，认识这个衰落过程的原因和方式意义非凡。本章的目的在于探讨认识当今的崛起是否会把我们带回那个早已被尘封淡忘的全球体系以及它带给我们的教训。换句话说，以往 200 年里整个世界以欧洲为中心的历史和经济发展是否只是 2 000 多年来政治和经济史的短暂偏离呢？

这其中的重要性出于如下两方面原因：

首先，在全球新兴市场国家中，能在全球经济海洋中掀起波澜的并非只有中国。显而易见，国际经济格局的天平正在向亚洲倾斜，既包括人口众多的印度和印度尼西亚，也包括作为全球制造业中心的韩国、马来西亚以及目前的越南。

其次，目前争论的焦点集中于以 GDP 增长、出口额、资金流及基础设施开发之类的简单经济指标来衡量新兴市场国家对欧美和日本的快速“赶超”。但真正决定如何构建未来全球经济格局的，还是基础性的地缘政治、人口和制度特征及其发展趋势。

在考虑中国将如何塑造或者震动整个世界的时候，我们有必要回顾历史，看看东方世界左右国际权力格局以及欧洲崛起并主导国际体系的两个重要时代。

尘封的光荣史

西方国家并不太关注世界历史上曾有过的经济结构和组织方式。我们都知道罗马帝国，但很少有人知道，在公元 1 世纪，中国的汉朝便已达到了古罗马帝国的发达程度，实际上，写下 200 年辉煌篇章的中国汉朝甚至比耶稣诞生的历史还早，也可以说，那时的中国并不是一个单纯意义上的国家，而是一个庞大的帝国，也是世界上最大的经济体。

我们都听说过中世纪的人类生活、王室的世袭继承、十字军东征、黑死病肆虐欧洲、1683 年的“维也纳围攻战”以及其他历史事件，但对它们发生时的地缘政治背景却知之甚少。几乎没有几个人会去关注中国、印度和阿拉伯文明的发展史。至于西方世界如何走到今天，不过是水到渠成、顺其自然的事情，从哥伦布发现美洲大陆开始，经历 16 世纪葡萄牙的兴盛，17 世纪的荷兰和 18 世纪的大英帝国，历史便一帆风顺地进入到工业革命以及欧洲列强的独霸世界。

但这个以欧洲为中心的世界史版本却忽略了一个事实：几个世纪以来，构成欧洲的国家不过是一些令史学家兴趣盎然、但却长期陷于战乱的社会，他们对于那段历史而言几乎无足轻重，完全游离于一个相互关联的多极化全球体系的边缘。在工业革命之前，中国的明朝（1368—1644）、波斯帝国（萨菲王朝，1500—1722）、印度（蒙兀儿王朝，1526—1850）和奥斯曼帝国（1299—1922）远比欧洲更为强大和重要。

相比于这些地域辽阔、由至尊无上的君主或宗教领袖统一起来的文明社会，欧洲则深受地理环境的制约。在欧洲大陆，北面、西面和南面是无边的冰原和水域，东面则易受到攻击，再加上大陆内部的水系和山川，使得欧洲国家在地理分布上显得支离破碎，或者说，欧洲大陆本身就是一块被群雄所割据的领地。

亚洲及欧洲的人口特征也可以让我们了解到他们的经济发展历程，因为人口增长通常都伴随着更高的产量和更大规模的军队。据估计，公元 1000 年，欧洲人口约为 4 000 万，相比之下，亚洲的人口则达到 1.7 亿，相当于全球人口总数的 60%。到公元 1750 年，欧洲人口达到 1.4 亿，而亚洲人口则增长到 6 亿，占全世界人口总数的 68%。显然，亚洲的人口增长幅度远超过欧洲。

据安格斯 · 麦迪逊估计，在公元 1700 年之前的 600 年时间里，中国和印度的 GDP 总和约为全球总 GDP 的一半，相当于欧洲大陆的两倍。到 1820 年，两个国家的经济产出规模仍相当于欧洲的 1.5 倍。尽管较高的人口基数和增长率导致亚洲具有较高的总产出水平，但是按人均产出考虑，这两个亚洲最大的国家在 15 世纪甚至更早，便已开始落后于欧洲。

18 世纪的英国著名学者马尔萨斯 (T.R.Malthus) 曾指出，过快的人口增长具有自我校正和自我调整作用，因为在人口增长率超过食品增长率时，饥荒和战争就会接踵而来。但是，假如他的判断准确无误，那么，中国和印度根本就无力支撑同时期高达 4 倍的人口膨胀及近 3 倍的人均产量增长。即使我们怀疑这些久远的历史数据，但农业、贸易、工业、城市化及文化的持续发展足以说明，中国绝对是当时世界上最发达的国家。

可是到了 19 世纪末，形势发生了变化，中国开始经历漫长的动荡与衰落。1900 年，中国的 GDP 仅占全球 GDP 的 13%。随着俄国“十月革命”的成功，中国共产党也于 1921 年成立。尽管共产党与国民党最初曾有过合作，但最终还是成为水火不相容的冤家，国民党于 1928 年占领北京，并在南京建立国民政府。二战期间，双方一致对外，共同致力于抵抗日本的侵略，但是在日本投降之后，双方便立即陷入内战。

到 1949 年中华人民共和国成立之时，中国在世界人口中占有的比例减少至 5%。这一比例直到 1978 年实行改革开放之后才开始逐渐上升。

既然亚洲能在若干世纪保持全球经济体系的主导地位，那么，它为什么会由盛而衰，并从相对衰落发展为绝对衰落呢？改变欧洲和美国的“工业革命”为什么起步于英国北部兰开夏郡的一个无名小镇科尔布鲁克代尔（Coalbrookdale），而不是中国人口最密集、最有活力的长江三角洲呢？要回答这些问题或许可以写成几本书，众多经济学家和历史学者也曾为此展开过激烈的争论，酝酿出了无数复杂深奥的理论。在这里，我只能以极其概括的方式描绘这个全球力量中心由东向西的迁徙过程。但这个求证答案的过程，同样有助于我们深刻认识当今中国及其他新兴市场国家的崛起之路。

地理、生态环境与战争在经济发展中的作用不可忽视，但对于当今中国制造业的快速发展以及美国的金融危机而言，它们无法说明什么问题。另一方面，人口、技术以及司法等制度因素在推动政治经济和经济发展过程中的作用依旧强大无比。

亚洲巨龙为何丧失经济优势？

西方世界经常把中国看成是一个地域辽阔但却思维保守、经济技术极端落后的国家，但历史的实践却并不支持这样的观点，至少无法始终支持这个观点。根据安格斯·麦迪逊教授的统计数据，在公元后的 1 000 年里，亚洲始终占据全球经济的绝大部分份额，而中国的经济更是世界经济的绝对重心。

在公元后第一个千年里，中国即已实现了欧洲人在很久之后才得以感受到的发展与进步，譬如耕种与农具的使用、农作物的换季播种、新型稻米的种植、铁器、食盐和纺织品的制造以及水利驱动的装备。中国很早就建立起私人所有权制、基础性的产权（尽管只针对贵族）、生产性农业和对外贸易。很久之前，商队开始沿“丝绸之路”把中国的香料、丝绸和棉花运到国外，并把国外的新型农产品以及通过贸易交换得到的白银带回中国。中国是世界上最主要的陶瓷、丝绸、锌和白铜（用于铸币）的生产国和出口国，并在棉花、丝绸纺织品、黄金、铜和茶叶贸易中占据主导地位。

到了明朝（1368—1644），中国成为世界上人口最多、农业最发达的国家。受过良好教育的儒家官僚经营着世界上最先进的水路运输体系。公元 11 世纪，中国发明了活版印刷技术，直到 400 年之后，德国人古腾堡（Gutenberg）才把这项技术介绍给欧洲人。中国不仅拥有丰富的藏书，还拥有庞大的贸易体系和繁荣发达的工业体系。中国炼铁工业在当时的年产量已达到 12.5 万吨（远远超过英国在“工业革命”初期阶段的产量），其军队人数更是达到上百万。

中国人发明了以磁铁为主要材料的指南针，并能够建造大型舰船。1420 年，明朝的海军已拥有 1 350 艘军船，400 门可移动的要塞炮以及 250 艘可进行远洋航行的船只。除了武器、火药、印刷术和船只之外，中国在冶金和运输领域同样占据领先地位。由此可见，中国在文化、数学、工程、航海和其他技术方面曾拥有过的优势都是当时欧洲人所无法企及的，这也是整个世界在那个时代的基本特征。

除了中国无可争议的发明创造力和经济领先的地位之外，历史还提供了很多非常有趣的证据。这些证据告诉我们，中国为什么更喜欢自给自足、闭关自守的体制，为什么不能像欧洲人那样擦出工业革命的火花。比如说，中国最早在铁矿石生产中使用焦炭，而当英国人亚伯拉罕·达尔比（Abraham Darby）在 1709 年发明这项技术时，已经是几百年后的事情了。但是，就在达尔比的炼铁技术开始盛行于欧洲时，中国北方的鼓风炉和焦炉却被废弃了，因为整个中国开始陷入连绵不断的叛乱和内战，随后又是国外列强的入侵。虽然中国的铁矿石行业在 20 世纪开始复苏，但中国在其他领域的经济优势已在过去的 18 至 19 世纪期间大打折扣。在此期间，中国的运河系统严重退化，军队极度缺乏必要的装备，天文钟等发明被束之高阁，印刷品也仅限于狭小的学术界，而不普及实践知识或是鼓励不同见解。

不能忽略的同样还有中国的航海历史。公元 15 世纪，早在葡萄牙航海家达伽马发现到达印度航线的几十年之前，中国航海家郑和就已经率领船队抵达阿拉伯、东非、印度、印度尼西亚和泰国，用中国生产的黄金、白银、陶瓷和丝绸换回国外的动物与象牙。他最初组建的“运宝船队”由 317 艘船只构成，其中最大的船有 400 英尺之长（相比之下，哥伦布的“圣玛丽亚”号却只有 85 英尺长），船员人数达到 2.7 万人。实际上，这也是 20 世纪前世界上规模最大的一只远洋船队。

和工业一样，中国海外探险的历史同样耐人寻味。当欧洲人开始环球航海时，中国人却把他们的大船放回船坞，因为深受儒家思想影响的保守官僚不想招惹是非，对商人更是心存疑虑，故而屡屡没收、征用商人的财产，在他们的眼里，航海和海上军事力量不仅毫无意义，而且有悖于他们的国家利益。

郑和的航海探险不仅扩大了中国与外部世界的交往及影响，也扩大了中国人的知识面，提高了产品和人口量。但国内官僚政府却开始担心，外国人会过分畏惧中国的强大，而中国对承认其象征性宗主国地位国家的宽容大度将使得这些国家不断累积起政治和经济上的优势，这不仅会让中国付出巨大代价，甚至会给中国带来破坏性影响。中国的当权者认为，他们应该保持自力更生，自给自足的局面，并开始提防国外势力的影响。于是，他们开始关上对外政策的大门，直到 30 多年前实行改革开放，中国才重新开启了这扇大门。

但明朝宫廷的内部争斗最终还是摧毁了中国的远洋船队，政府不允许制造多桅杆舰船，违反规定最重可被判处死刑，以彻底禁止远洋航海。显而易见，这些做法削弱了他们以发展经济为目的而开展的远洋探险及其他技术发展，但这样的行为显然还不是中国丧失经济优势的唯一原因。

人口红利反成不利

尽管人们经常夸大奇闻逸事的作用，但是在中国的历史和经济发展中，它们却有着难以想象的作用，因为它们和贯穿于其中的政治与制度规律是一脉相承的。

人口在经济发展中同样扮演着重要的角色。毕竟，更多的人口意味着更多的劳动力，而且往往也会带来更高的产量。而技能更强的劳动力则意味着更高的产出质量与更高的生产率。按照这一逻辑，中国本应拥有令欧洲人难窥项背的优势。

但是在中国，庞大的人口却只意味着有更多张嘴等着粮食吃，这样，中国的农民和普通家庭自然也就没有多少可以用来投资的剩余农产品了。在只能勉强满足基本生存需要的情况下，可用作储蓄和投资的产品及资金自然也就屈指可数了。而欧洲情况则应恰恰相反，因为较少的家庭数量和较低的出生率往往预示着较多的产品剩余。可是，如果这种人口差异确实意义重大，那么中国和欧洲的经济发展之路早就应该分道扬镳。

除此之外，由于欧洲的人口高度集中于较小的几个区域，因此，其劳动力真实收入水平的增长可能会远远高于人口基数大、分散广且劳动力价格相对低廉的亚洲地区。换句话说，欧洲地区相对较高的工资水平应有助于刺激采用自动化程度更高、更能节约劳动力的机器设备。这样就能提高资本，劳动力比率（即劳动力的人均资本量），进而提高劳动力的生产率。但这毕竟只是理论，它们中的任何一个因素或许都能解释中国的经济和工业发展滞后于欧洲的原因。但正如我在前面所指出的那样，仅仅在200年前，中国在经济发展方面的成就并不落后，在全球经济中也拥有举足轻重的地位，尽管那时的欧洲已经有了很大的发展。

不可忽视的地缘因素

地理条件对政治与经济财富的形成至关重要。相对于中国干旱炎热的气候，北欧地区温润潮湿的气候显然更适合人类的生存发展。这样的地理条件不仅可以帮助欧洲抵御疾病、干旱和自然灾害的侵袭，还有利于维持更多的肥沃土地，让欧洲人能腾出更多的农业用地饲养动物，让动物资源在工业和食用这两个方面实现合理分配。也就是，对中国来说，稻米和黄豆（对应于欧洲的小麦）的种植、马在农业生产中的使用以及水供给和水系发展对运输和灌溉的作用，代表了一条不同于欧洲的农业发展途径。

气候让欧洲人必须应对一个对中国人来说不太紧迫的自然现象——洪水。最终，治理洪水的紧迫性让欧洲激发出了创新能力。首先是水蒸气动力泵的出现，而后是更具普遍性的用作工业用途的蒸汽机，而蒸汽机的出现则加快了北欧地区的“工业革命”。

与此同时，还有很多重要的地理因素影响到中国与欧洲的经济与社会发展。在高度分散的欧洲政治框架中，复杂的地理形态显然是其中不可忽视的一个重要因素。

与中国、印度和埃及等国家不同的是，欧洲既没有需要以庞大军队维护其统治的辽阔大陆，也没有发展大规模农业所依赖的河流水系。巨大的山系和丛林造就了人口居住的分散性。政治上的分裂进一步加剧了建立统一政治体系的难度，推动了分散化政权的形成与发展。这就意味着，欧洲不存在统一的权力结构、尤其是具有东正教或基督教性质的政权，去决定或改变贸易和工业的发展轨迹。教会或者罗马人或许可以用教义和法令去统治国家，但却不能像明朝的中国或是日本和中东等区域性帝国那样，以系统化的方式去实现这种统治。尽管权力集中使得在组织社会和经济资源并以此发挥国家功能等诸多方面优势明显，但这种政治上的合理性并不等价于经济上的合理性。

在亚洲国家的历史中，每个帝国都曾在不同阶段面对过内忧外患的两难境地，但他们总能顽强地维持下去。这在很大程度上要归功于集权、甚至是专制性统治的政治体系及其保守或者说正统的治国之道。权力集中的好处就是政治精英阶层的高度稳定性，但它带来的缺点同样明显，其对维护传统生活方式与价值观的过分强调，循规蹈矩以及对共同生活和统一性的追求，限制了创新、冒险、不同意见和自由商业的发展。实际上，在亚洲国家，政府和社会这两者是同一的，政府就代表了社会。我们都知道，儒教思想的价值观及政治结构在中国的作用，造就了中国人的高瞻远瞩、勤俭节约及团结统一的能力，但这显然有碍于创新和创造。

中国与印度的文明历史博大而悠远，这曾给他们带来了长久的稳定与令人羡慕的辉煌，但他们的帝国也因此而闭关自守，故步自封，从而让他们更易于走向停滞。虽然他们也需要像欧洲国家那样，经常与内忧外患相抗争，但他们显然缺乏欧洲国家在战争时期对创造和窃取邻国技术优势的那种渴望。中国和其他帝国的权力结构始终在风平浪静中成长，常常与之伴随的是成功与辉煌，而鲜有震撼与波澜。归根到底，孤立主义和保守思维必将损害他们在世界秩序中的地位。

欧洲的繁荣是抢来的?

有一种非常有趣的观点认为，欧洲的经济增长是买来的，甚至可以说是抢来的，因为欧洲的开拓者、海军和商人们都曾经蛮横无理地爬上亚洲经济巨人的肩膀。尽管哥伦布并不是第一个踏足美洲大陆的人，他只是在环球探险中错判航向，因而误打误撞地发现了美洲大陆，但他的探险经历绝对有资格享受这样的美誉。其实，他的初衷只是想找到一条新的路径，能比原来经阿拉伯和中亚的陆上途径更快地到达东印度。他认为，如果能找到这样一条新通道，西班牙就能找到新的市场，最重要的是，在香料及其他产品的贸易竞争中赢得对阿拉伯人和意大利人的优势。例如，早在 10 到 15 世纪，威尼斯和热那亚等城市便已是强大的工业中心和富饶的贸易中心，并成为连接欧洲与亚洲的桥梁。但哥伦布发现新大陆以及达伽马在 6 年之后绕过好望角，则成为他们走向衰落的重要原因。

欧洲的探险家们不仅拥有先进的科技及航海技能，更不乏强烈的兴趣和动机去推动我们今天所说的“全球化”，把亚洲纳入他们所掌控的贸易轨道。美洲大陆的发现给欧洲人带来了意想不到的新财富——黄金、白银及其他贵金属，凭借这些财富，他们与亚洲开展商品贸易，买卖非洲奴隶，开辟和拓展新的亚洲市场，促进了国内经济的繁荣。

实际上，美洲大陆为欧洲人提供了资本，让他们有能力和以中国为核心的亚洲经济体系展开竞争，并以更长的商业触角向这个体系实施渗透。而欧洲人在这个过程中最常采用的手段就是武力，后来又进一步发展为殖民体系，唯独对中国是个例外。财富、枪炮、远洋舰船以及探索和扩张的野心相结合，成为欧洲爬上亚洲这个东方巨人肩膀并进一步寻求全球霸权的决定性因素。

即便是在中国已经走上相对衰落的时候，经济学之父亚当·斯密仍然在其著作《国富论》中指出：

> 无论从哪个角度看，中国、埃及和印度斯坦这三个世界上曾经最富裕的国家，依旧凭借其农业和制造业的优势而著称……而中国则是一个比欧洲国家更富有的国家。

但斯密本人很清楚，时代已经变化。他指出，美洲大陆及途经好望角到东印度海上走廊的发现是人类历史中最重要的两个事件，它们共同改变了世界秩序，使之发生了有利于欧洲的迁移。美洲大陆的意义在于它给欧洲带来黄金、白银、贵金属和新市场等形态的新财富。而通往东印度和东方世界的便捷之路则让欧洲能在全球经济版图中购买新的领地，为它们在亚洲及欧亚大陆之间赚得更多财富提供贸易通道。武力支持与追求财富、香料和亚洲异国产品的驱动相结合，促使欧洲人开始创建自己的跨国贸易公司，并全面渗入亚洲。

在亚当·斯密作此论断的 72 年之后，站在其意识形态对立面的马克思和恩格斯在《共产党宣言》中指出，这两个事件给正在成长的欧洲资产阶级带来了活力。它们推动了欧洲商业、航海和工业的发展，进而促进了整个欧洲范围内推翻封建社会的革命运动。对马克思来说，这些推动欧洲资本主义发展的动力对其工业化进程至关重要。

技术创新，中国关键缺哪环？

显然，我们还漏掉了某些关键环节，因为我们依旧不清楚，为什么只有欧洲才出现了这种持续、广泛的技术创新，而中国却没有。

经济发展的源泉在于劳动力数量、单位工人使用资本量的增加以及经济学家所说的“全要素生产率”(total factor productivity，简称 TFP，是指“生产活动在一定时间内的效率”，是衡量单位总投入的总产量的生产率指标。即总产量与全部要素投入量之比。——译者注)，它是劳动力与资本以效率最优方式相结合所带来的额外增长。实际上，即使是在今天，我们对如何衡量全要素生产率依旧知之甚少，更不用说如何评价它在以往时代曾经扮演过的角色。我们唯一所知道的，就是全要素生产率非常重要。

全要素生产率的基础在于良好的基础设施、高质量的教育和培训体系、强大的创新与研发机制以及金融监管体系，更重要的，是有助于推动变革与提高的强大制度。

换句话说，强国之所以强大，并不仅仅是因为他们善于贸易或是拥有丰富的稻米、小麦、石油或是金钱储备，仅仅拥有这些自然禀赋，不可能让他们永保强大。要做到这一点，他们必须不断培育和利用技术创新，他们的人民、科学家和领导者必须永远拥有梦想与想象力，他们必须以完善的制度来保卫通过人与人之间的交易所形成的产权，并促进交易的顺利进行以及确保契约的有效执行。产权的对象在狭义上主要是指房产，在广义上则可指代一切资产，包括土地在内的自然资源、知识和信息在内的知识产权以及劳动力提供的服务。产权的形成、变更、转移或是否受到侵犯通常由法庭确认，由此产生的纠纷也由法庭进行裁决。

例如，在欧洲，终结封建势力对财产买卖的限制为重建社会阶级结构铺平了道路。而这又带来劳动力、贸易和商业资本的自由流动。最终，它们共同创造了新的企业形态、制度创新（如公平的司法体系）、财务会计方法、信贷与保险、新的组织管理技术以及有利于资本积累的家庭组织结构。我们将在本书最后一章详细讨论这个问题。

德国社会学家马克斯·韦伯(Max Weber)认为，尽管不是唯一的动因，但新教教义的影响显然是促成欧洲在 16 世纪以来在经济与工业方面取得成功的最主要的催化剂，因为它塑造了欧洲社会对工作、创业、投资以及知识的基本价值体系。事实上，虔诚的新教教徒会终生固守自我否定与刻苦工作的人生信条，因为他们认为这是两种能得到上帝赞许的品行。这样，人们就自然而然地接受以这两种品行为基础的文化，按经济术语说，这种文化也就是所谓的“资本主义精神”。因此，新教所奉行的伦理信仰酝酿了一场不期而至的自发性大众运动，这场运动启发并引领了资本主义的发展。

韦伯对新教主义与神秘主义、神话与魔术为基础的其他宗教信仰进行了比较。事实上，韦伯和他的信徒们把亚洲的衰落归结为亚洲和欧洲在社会规范与文化方面的竞争，这其中就包含儒教本身，但这一观点始终备受争议。具体而言，因为在中国，政府本身就是一种形态确定的社会组织，统一、稳定和延续是维护其既得利益的根本要素。

韦伯的论著首次出版于 1904 年，但他的观点一经公开便遭到多方批评，这些质疑主要来自意识形态及概念角度，尤其是那些否认宗教与经济发展相关的人，更是毫不吝啬诽谤之辞。通过更倾向于使用定量的方法来考量新教对经济发展的影响也会发现，宗教信仰本身并不具有什么特殊的作用。但韦伯至少从一个方面回答了这个问题，即中国传统以来便不存在多元化的权力格局。其拥有的只是严格、保守以及以正统意识形态为基础的政治和经济体制，这样的体制显然不利于创新思维和挑战社会规范与教条的思想出现。

尽管中国的官僚、工匠和农民在技术进步方面并不算落后，但他们却未能像欧洲同时代人那样去变革中国社会。就总体而言，中国的封建帝国同样善于发明创造，也同样善于从实践中汲取知识，中国人在这方面的传统远比欧洲人更为久远。因此，如果我们在工作中找到了更好和更为有效的方法来对其进行改善，同样应该算作进步。有关行为方式的知识不仅重要，更是发明创造的关键。

关于行为方式的知识不同于在科学实验基础上利用知识，这种知识的目的在于探寻事物发生或运转的机理以及如何改善其效能，这就是产品与过程创新的实质。在欧洲，这种创新表现为一种有意识、有目的的科学研究活动。例如，在 16 至 17 世纪，欧洲人发挥了人类对自然进行转换的能力，并开发出了望远镜、显微镜、钟表、手表及其他精密仪器。

总之，这种知识是实践方法的核心，更确切地说，它们对人类从事航海和远洋探险产生了直接影响。它们让海上旅行变得更加现实可行，而不再像以前那样不可预测。一旦技术进步形成潮流，它就会超越武器、农业科学、种植、冶金、工程、天文以及医药等领域，而普及到社会的方方面面。

科学发现与科学实验是欧洲工业化的核心。作为一种自发性的知识探求过程，科学让其倡导者摆脱了宗教组织施加的社会束缚和集权及正统教义带来的政治束缚。在欧洲，虽然教会并不是推进科学研究的主导力量，但是与其他帝制国家的中央集权制度相比，欧洲权力分散的格局毕竟限制了宗教权威的影响。拉丁语同样构成了欧洲工业化的推力，因为它为检验和推广物理领域发展提供了不同的途径和表达方式。新的发明创造和快速的技术进步成为社会转换的催化剂，进而形成一系列的社会与法律变革，这些变化最终改变了欧洲的制度体系，从而遣就出更有利于走向工业化和现代化的社会氛围。

未来10年，“中国模式”靠什么走得更远?

任何单一的观点都不可能解释为什么中国及其他古代文明没能率先实施工业化并走上现代化之路。这是一个漫长而复杂的答案，其中既有山脉与大河的自然束缚，也有人口出生率和社会组织的人文局限，更有航海探险与金银财富探索方面的技术障碍。

我们有理由撇弃这样一种概念：某种形式的宗教所具有的优越性为欧洲“工业革命”和资本主义发展奠定了基础。因为仅凭“新教”根本就不足以阻止其他文明与文化对社会经济的影响。但是，西方世界拥有某种内在文化优势的观点却一而再、再而三地浮出水面。直到20世纪90年代，前苏联和东欧解体之后，有些人还坚信，在现代化的交通通讯及工业化时代，只有以市场经济和单极化民主政府为基础的人类组织形式才是合理的。这绝对是自以为是的表现，或者说，是文化上的盲目自信，这种观点在本质上就是错误的，它不过是一种傲慢与自大而已。

自金融危机以来，西方思想家越来越多地开始以反思和认知的方式去看待其他国家。在西方的文化与制度中，永远不乏促进变革与改造、追求创造与自我完善的基本因素，尽管并非所有西方国家都能做到这一点。如果未来 20 到 30 年的情况果真如此，那么，我们就可以相信，西方社会的活力根植于灵活的机制、法制至上的根本原则、整个社会敢于在极端压力下挑战权威并实施结构性改革和追求创新的能力。在这一点上，西方与日本形成鲜明对比。在日本，强大的官僚阶级以及对国家与社会同一性和凝聚力的过分迷恋，压制了国家承受某种风险的勇气，而这种冒险恰恰就是他们遏制并最终克服 1990 年金融崩溃及整个社会快速老龄化等深层次问题所必需的手段。

这或许就是历史带给我们的最大教训。对于中国而言，其过往长久以来的封建政治体制、以封建官僚为核心的社会文化的残余影响，令中国的进步变革遭遇重重挑战。与不断发展中的动态法律体系相比，庞大的官僚机构造就了保守和单一的文化。因此，一旦进入现实世界，中国就必然要面对变革与外部思维的挑战。

那么，我们到底应该怎样预测中国及其他新兴国家在 21 世纪第二个 10 年的表现呢？尽管中国已全面实施社会主义市场经济制度，但是与历史相比，中国是否真的发生了质变呢？

再进一步而言，尽管印度的民主模式仍异常笨拙，但它最终是否能以更加有效和稳定的方式发挥作用呢？尽管巴西、墨西哥和智利似乎已经为未来培植了更强有力的民主根基，但它们是否就可以因此而期待将在政治上更加稳定、在管理经济周期上更加成功呢？这些国家毕竟不是简单的出口依赖型经济体。印度的核心在于世界一流的服务制造行业，巴西的优势在于自然资源、石油及其在加工制造业享有的声誉（比如短程飞机）。墨西哥则是一个将优势资源综合分布于农业、能源和制造业的国家。不能不提的是，他们的北面有一个更富裕的邻国。

制度为万事之本。以“亚洲四小龙”为例，他们曾创造过超乎寻常的经济增长奇迹，这种能力成为发展中国家和地区的标杆。当然，香港略显游离于这个群体外的态势，因为其发展并非源于拥有一个强大的中央集权。香港政治制度公正但显然还不够强大,教育水平也算不上先进(即便现在也如此)。但毋庸置疑的是，作为一个群体，他们都拥有令人炫目的成就。

20世纪70年代初，这四个国家和地区的人口结构、劳动力、储蓄特征以及人均收入还与拉美国家不相上下。而如今,从任何一个角度衡量,"亚洲四小龙"都已成为发达国家和地区。相比之下，拉美国家则依旧停留于新兴国家的行列，且大多数还只能算作发展中国家。

他们之间最根本的差别在于,"亚洲四小龙"拥有相对完善的政治体制、开放式的经济结构、飞速发展的教育，这种种因素使得其有能力获取和利用新技术，而且所有这一切都处于严格的监管和强有力的集权式管理之下。

中国的改革开放采取了类似于"亚洲四小龙"的经济发展模式，同时更注重权力集中，只是在形式上有所不同。在经历了漫长的混乱时期之后，邓小平成为了中国的领导者。据说，多年以前邓小平就曾说过一句名言:"不管黑猫白猫，只要能抓老鼠的就是好猫。"人们认为这句话深刻诠释了邓小平的基本思想，即从根本上，生产力远比意识形态更加重要，不管他当时说这番话的时候究竟意在何处，但有一点毋庸置疑，正是邓小平在1978年才把中国带上了经济成功的道路。从这个意义上说,他显然是在告诉世界，中国有气魄和信心接受外部世界的思维和影响。

邓小平领导的改革撇弃了很多传统教条，并以农业、工业、科学技术和军事的现代化为目标。他希望建立社会主义市场经济，接受有限程度的私人竞争，对外国投资保持开放，对全球市场能作出反应，并积极参与全球市场。为此，改革对工农业的组织和结构进行了重大调整，突出强调了提高农业生产率和发展轻工业的地位（也就是我们所说的"玩具和纺织品"),并着力推动出口导向型经济的增长。通过这种方式，中国重新投资于技术发展和资本支出，而这又反过来推动了经济进步。邓小平创建的经济增长模式显然是一条正确的思路。

在10年左右的时间里，中国的农业经历了翻天覆地的转变，这也是1950年的合作社运动以来，中国农业第一次真正的变革。随着农村劳动力生产率的不断提高，农民收入稳步增加，并对剩余产品中的很大一部分拥有所有权，可以用来消费、储蓄和投资。这也反映了日本和韩国等国家的现代化模式，即工业化与农村福利水平并肩而行。但是自20世纪90年代开始，随着发展重点从轻工业转向钢铁、水泥、铁矿石、冶金和汽车重工业，农村的发展开始被不断加速的工业化进程抛在后面。由于中国近2/3的劳动力依旧处于农村地区，因此，允许农村地区加快发展对中国的经济稳定和社会安定至关重要。在这里，我之所以采用“允许”一词，是因为这背后的答案完全取决于政治精英们及其实行新的结构性改革、改变经济现状的能力。

邓小平领导的改革以及20世纪90年代的工业化狂潮表明，中国完全可以做到将实效与灵活相结合。中国自改革开放以来在工业、出口、教育和科学技术领域取得的成就令人震撼。历史学家保罗·肯尼迪（Paul Kennedy）曾在20多年前著书写道：

> 尽管中国的物质约束依旧不可忽视，但经济增长显然正在缓解这些桎梏，只要能延续这种趋势，未来几十年后的中国注定会以全新面目展现在世界面前。

除了在1989—1991年期间遭遇暂时性的经济衰退以及中央政府集中力量遏制不断加速的通货膨胀之外，中国确实已经实现了肯尼迪的预言。从1991到2004年，中国采取了以促进外贸和国外直接投资为核心的增长模式，受此推动，中国的年经济增长率达到了8%。在2005—2007年期间，中国的年经济增长率更是高达11%。尽管受到金融危机的暂时性影响，但银行家、企业界人士及经济学家们依旧认为，在未来若干年，中国仍将保持这种增长态势。

政府的严格监管、对劳动力和资本市场的控制、市场力量的发展以及现代化目标已经让中国成为世界上最大的经济体之一。中国已成为全球贸易体系的中心、全球最大的债权人以及消费者和竞争对手。作为联合国的常任理事国之一，中国于2001年加入世界贸易组织，由于G20

在 2009 年达成的约定越来越有利于中国及其他新兴市场国家，中国在国际货币基金组织及世界银行等国际组织中的投票权不断增强，这也使得中国在国际事务中的话语权持续加强。中国也是全球气候变化讨论及目标谈判的主要参与者，在这个过程中，中国不仅充分发挥了其对国际事务的影响力，还借此机会扩大并发展了与印度、巴西、伊朗、沙特阿拉伯、非洲产油国这些资源型国家等其他新兴市场国家和发展中国家的关系。

历史和今天已是不可更改的事实，唯有未来还存在变数。中国的成功始终植根于稳定与发展的均衡模式，即以政府为核心的决策机构坚定不移地维护这一均衡，并引导全体国民以实现举国性目标为首要任务。

维持这种均衡将关系到中国在后金融危机时代的国际地位，而均衡的实现则依赖于如下四个条件：

首先，集中性的管理体制使得中国政府的威信取决于他能否为国民创造持续性的增长与繁荣。很多人把这一目标定义为维持 8% 的年经济增长率。如果不能实现稳定增长，及时规避经济衰退，就有可能招致社会与政治的不稳定。

其次，中国的现状决定了领导层在战略性经济政策方面不容出现一点闪失，无论在什么条件下，中国的领导层都需要作出正确选择，采取正确的行动。但恰恰由于其自身的决策，也让中国经济陷入了极度的失衡：沿海地区、城市设施、重工业和出口高度繁荣，而农村地区、国内需求和社会安定却极端滞后。这就带来了问题，实际上，学术界和其他人士始终对改变这种局面的必要性上存在争议。如果中国不能在未来几年时间里解决严重的国内失衡问题，不仅将会影响其自身经济增长率目标的实现，也将对中国乃至全球经济带来极大的威胁。

金融危机的主要原因之一就是国际贸易的结构性失衡，而这也是国际经济体系必将长期面对的威胁。在这个问题上，中国绝非旁观者。作为全球经济格局中的重要一极，以恰当的经济、金融及汇率政策对这种失衡承担责任，才符合其大国风范。在全球经济形势尚未发生变化的情况下，如果中国继续维持原有政策，消极等待经济回归正轨，那么，出现经济和金融失稳的危险将进一步加大，国际贸易体系也将再度成为保护主义的受害者。实际上，国际社会一直担心中国不愿意调整其参与全球经济的行为和策略和接受维护全球经济稳定的责任。

第三，中国的人口现状同样将对实施政策调整的能力提出考验。中国正在成为世界上人口老龄化速度最快的国家，其劳动力人口的数量将在 2010 年左右开始减少。到 2050 年，中国的人口素质在所有考量指标上都将落后于美国。目前，中国尚不缺少经济资源，整个国家的财务状况还有能力进一步扩大社会和养老保险的覆盖面，但如果不能迅速采取对策，中国必将面对未富先老的状况。

第四，获取新技术的能力源于企业培养的工程、科技及计算机等专业的毕业生，并通过不断增加人力资源投资以消除经济发展的人才壁垒。中国的高校入学率及教育层次已达到相当高的水平。但获取或复制新技术与创新并不完全是一回事。对于中国而言，要真正实现创新，获取国际先进技术并使之转化为商业利益与社会转型的能力显然还任重道远。在可预见的未来，这个领域的主宰者将依旧是美国和其他富有创新传统的欧洲国家。

总之，只要全球化趋势不发生颠覆性逆转，我们就几乎可以肯定，中国及其他主要新兴市场国家将继续在经济上追赶欧美国家。同样不可避免的是，他们必将把这种经济优势转化为政治影响力和国际话语权。

但是，这里还有两点疑问不得不提。首先，继续复制过去 10 年超凡增长的可能性已经微乎其微；其次，追赶发达国家与中国统治世界或亚洲的世纪显然是两个截然不同的命题。2008 年金融危机的影响依旧是全世界不得不面对的困境，因为它毕竟已深刻影响到全球经济的根本结构。在未来的 10 年到 20 年，人口和气候变化的挑战将愈加显得咄咄逼人，经济和金融政策还将漏洞百出，商业周期和政治动荡的萌芽也将蠢蠢欲动。**检验中国及其他国家的基本标准将是：政府的反应力、他们的政治体制和经济制度能否及时以及如何应对挑战。**

第2章

崛起者的真容

Who Are Those Guys?

毫无疑问，21 世纪第一个十年属于新兴市场国家，中国、印度、巴西已经纷纷展现了自己在不同领域的经济潜力，并开始在各自的地缘政治格局中扮演愈加重要的角色。

那么，新兴者争相崛起的秘密究竟在哪里？在全球化日益深入与利益冲突频发的背景下，新兴市场国家到底能走多远呢？

不管你是否接受世界经济将逐步回归数百年前的形态这一观点，但有一点毋庸置疑：在过去20到30年里，新兴市场国家经历了一场令人振奋的转变，尽管某些转换可能让人感到不可思议。到了20世纪80年代，最初的“亚洲四小龙”已成为制造业和贸易领域名副其实的主导者。包括中国在内的其他几个大国以他们的成功经验为范例，开始融入全球经济，追求经济繁荣，实施政治与经济体制的改革。如果没有这些改革，他们根本就不可能抓住1989年后全球化进程加速及史上最长时间经济增长带来的经济发展机遇。

从某些方面看，目前的中国已成为世界第二大经济体，最近，他们又超越德国成为世界上最大的出口国。以往，中国只是以生产玩具和纺织品而著称，而今天的中国则是亚洲乃至全球制造业供应链的枢纽，在电子产品、太阳能板和风力发电机等产品方面占据的全球领先供应商地位，足以成为他们引以为荣的资本。此外，中国还是目前世界上最大的债权国，其外汇储备高达2.5万亿美元。印度走上改革与现代化道路的时间稍晚于中国，但他们的优势在于高新技术和信息服务业，而不是制造业。相比之下，印度是一个更为封闭的经济体，出口收入占GDP的比例仅有1/5，或者说只相当于中国出口收入的一半。从长远看，巴西应该具有更加光明的前景，毕竟他们距离摆脱长期政治局势和金融动荡的时间也只不过才20年而已。良好的政府监管及体制改革将巴西送上了繁荣之路，让他们在石油开采、商品出口、农业贸易及制造业领域建立起了自己的优势。而俄罗斯被纳入金砖国家的原因在某种程度上则有些令人费解。投资者认为，在全球能源紧缺的大环境下，充沛的石油、天然气和矿产资源会让俄罗斯受益匪浅。当然，尽管俄罗斯已明显呈现出人口减少和老龄化趋势，但是自然资源（除核武器之外）也确实为俄罗斯带来了他们想要的东西，也就是说，在当今形势下，能源不仅是极端重要的资源，也是极端重要的外交政策工具。任何人都不会质疑俄罗斯在地缘政治上的重要地位。

上述介绍的目的就在于提醒我们：新兴市场国家并不是一个完全同质的群体。在 1969 年公映的影片《虎豹小霸王》中，男主角扮演的角色远远望着身后筋疲力尽的追兵说："我可做不到这个。你能做到吗？他们为什么就能做到呢？这些家伙到底何许人也？"因此，我们将在本章里解析这个形态各异的国家群体，探讨一下他们为什么能成为全球体系中的佼佼者，他们怎样走进国际大舞台的聚光灯之下以及这些国家到底具备哪些基本属性。此外，针对新兴市场国家的乐观预测大多缺乏令人信服的说法与衡量标准，因此，我们将以一种更简单的方法对新兴市场国家在全球经济中的权重和价值进行评价。

经济学家始终在乐此不疲地强调，他们坚信，金砖国家的 GDP 将超过日本、欧元区国家以及美国。如果中国经济维持 10% 的年均增长率，而美国依旧只能达到 2.5% 的年均增长率的话，那么，这两个国家的 GDP 排名将在本世纪 20 年代中期发生转换。目前，除了美国之外，只有日本的 GDP 超过中国，而在本书正式出版发行时，中国与日本之间的相互位置也极有可能发生变化。坊间普遍预计，印度将在本世纪 20 年代超过欧盟主要成员国，并在该 10 年结束时超过日本，而巴西和俄罗斯则落后于印度 5 到 10 年。如果这些预测最终成为现实，必将对世界格局造成重大影响。它们的意义绝不亚于美国和德国在 20 世纪后期的崛起。

随着国际贸易、投资和政治往来的日益密切，作为最大的新兴市场国家经济体，金砖国家的强大必将提高其他发展中国家在全球经济体系占有的地位和价值。经济学家所说的"南南贸易"（由于大部分发展中国家分布在南半球或北半球的南部，因而发展中国家间的贸易常被称为“南南贸易”。——译者注）已达到全球贸易总额的10%，而且这一比例还将稳定提高。例如，自进入本世纪以来，中国在国际贸易和外交领域动作频繁，先后与巴西、伊朗和沙特阿拉伯等国家建立愈加密切的商业纽带关系。但是在中国和巴西的交易中，某些特定交易需要以人民币支付，因而某些迹象也就初露端倪：迟早会有一天，中国会考虑放弃对国际市场流通的人民币进行控制。就像我们在讨论“丝绸之路”复兴时所强调的那样，中国与中东、非洲和拉美等国家双边交往的加强源于中国对石油和其他原材料的需求。

在新兴市场国家经济规模不断扩大的同时，发达国家的经济地位相对有所下降。这不仅仅是一个西方国家相对落后的问题，部分发达国家甚至会因某种不良趋势而呈现绝对落后的态势，譬如社会老龄化加速，金融危机加剧以及目前对恢复经济可持续增长的方式及突破口尚缺乏清醒认识。

目前，人口老龄化加速以及因金融危机和其他经济震荡给经济带来的冲击及其对金融的影响，是西方国家不得不面对的残酷现实。很多观察家把日本看做是尝试未来走向的实验室。直至1989—1990年，人们还认为日本有能力“购买全世界”，并以此实现全球经济和政治的复苏。但是在遭遇一场大规模金融危机和连续四次经济衰退之后，日本的国际经济地位和人口规模均出现下降，人口老龄化趋势也已形成，国债规模已达GDP的230%而且还有愈演愈烈之势，经济增长连续多年仅维持在1%的水平，直到现在，日本依旧没有找到解决金融体系软弱乏力和经济呈现通货膨胀等问题的出路。如果不是因为与中国及亚洲其他国家依旧保持强大的贸易关系，日本的经济地位将更加岌岌可危。如果说日本就是西方国家在20年后的模板，那么，我们显然还没经历最痛苦的时刻。

不过，所有这些预测还缺乏一个最关键的要素——背景。这些预测根本就没有考虑到政治及政策的动态发展，也没有提及全球人口老龄化问题的普遍性。他们同样没有认识到的是，与技术更加发达的西方国家一样，新兴市场国家同样可能遭遇经济震荡并发展受阻的命运。更为重要的是，这些预测对一个近乎不可避免的前景视而不见，即未来 20 年的全球化道路不可能延续过去 20 年的轨迹。

此外，在探讨本来就令人心生疑虑的 GDP 时，他们也没考虑每个国家都不得不面对的气候变化问题。谈及这个问题时，广东省委书记汪洋的一段话颇具代表性，他说："我们有的 GDP 数字很好看，但并不是增加了社会财富，而是浪费了社会财富。比如讲，建大桥，这是 GDP，让大桥塌了、拆了又是 GDP，再建一次大桥还是 GDP，这样来回三次，浪费了大量的社会财富，但是真正形成的财富就那一笔。不讲质量的发展，污染了空气、污染了水源，污染的时候创造了 GDP，然后治理污染又创造了 GDP，但是社会财富还是那么一笔。"（节选自 2009 年 7 月 16 日广东省委书记汪洋在广东省委十届五次全会上的讲话。——译者注）我们或许可以对此话作进一步的引申。今天，我们确实可以通过消耗有限的资源而实现更高的经济增长，但这不过是寅吃卯粮而已，这只是在消耗明天的经济增长，因此，今天的高增长注定意味着未来的低增长。按照这样的道理，我们完全应该以怀疑的态度看待世界经济在目前以及未来 20 年所创造出的 GDP。

新兴者简史

认为新兴市场国家将成为一种全球现象的观点绝不陌生。譬如说，我们不妨看看两位曾预见过世界经济和政治秩序的总体发展趋势但却从未预测过 GDP 的思想家。

1952 年，法国人口学家阿尔弗雷德·索维（Alfred Sauvy）曾在《新观察家》上发表了一篇文章，他在文中首次提出"第三世界"这一说法。他在文章中提到一本出版于法国大革命时期的小册子《什么是平民阶级？》（*Qu'est—ce que le tiers état?*），并同时指出，如果把发达国家看作现代版的贵族，共产主义国家相当于牧师，那么，其他国家就代表着"被剥削、被忽略和被轻视"但最终成为主宰者的群体。事实表明，索维的说法或多或少存在正确的成分。发展中国家确实已经崛起：二战之后，他们不仅有能力争取独立并最终脱离殖民国或宗主国的摆布而确立自己的政治制度，而且能在随后坚持不懈地致力于政治制度的实现，尽管各个国家在这个过程中取得的成功不尽相同。

但很多国家还缺乏动员国民主观意志、实现平民理想的经济基础。很多发展中国家没能在政治独立后实现经济起飞的事实就说明了这一点。对于目前的很多不发达国家，情况依旧如此。

1944 年，也就是在第二次世界大战即将结束之前，我们的第二位思想家，同时也是地理学家和地缘政治战略家的尼古拉斯·约翰·斯皮克曼（Nicholas John Spykman）创作的《和平地理学》（*The Geography of the Peace*）终于得以出版。谈到亚洲，斯皮克曼着重强调了"边缘地带"的概念（相对于中心地带），即目前的环太平洋沿岸国家。他尤其强调的是，这些国家的人口特征、自然资源和工业发展潜力将对世界未来影响重大。斯皮克曼认为，控制亚洲边缘地带的国家必将成为亚洲大陆的主宰者，而亚洲大陆的主宰者将成为世界的统治者。尽管斯皮克曼在辞世时还不能想象到当今世界的发展，但是从某种程度上来说，他对地缘政治的预测还是有一定的先见之明的。美国、前苏联和中国外交政策在"冷战"期间及此后的演变已经验证了他的预见。从这个意义上说，美国对"友好"国家采取的经济政策确实塑造了世界格局。

美国在二战后的基本目标之一就是为支离破碎的日本提供重建援助。为筹集购买能源和原材料所需的外汇，日本不得不大力发展出口产品。由此，日本的工业出口周期全面开始，并首先从纺织品和轻工业品拉开序幕，进而扩展到机器设备、钢铁、化工、汽车、印象设备等。为帮助日本发展出口、恢复经济，美国采购了日本的大部分出口产品，使得日本的对美出口额从 20 世纪 50 年代中期到 60 年代中期的 10 年间增长了 4 倍，这甚至超过了随后的 20 年（即日本历史上发展最快的 20 年）。

这种出口模式也成为 20 世纪 60 年代以后"亚洲四小龙"的经济发展模板，当时，这些国家的 GDP 和生活水平还与大多数非洲国家相差无几。此后，马来西亚、泰国、菲律宾、印度尼西亚、中国以及近期的越南都先后复制了这种发展模式。亚洲经济体不仅能有效地通过组织和管理输入资源来实现经济和社会的快速发展，更重要的是他们对全球化过程的参与，而包括印度、拉美国家、前苏联及前东欧社会主义国家在内的其他发展中国家，在 1990 年之前显然还做不到这一点。

他们的成功关键在于发展出口，而这一过程的基本刺激因素就是美国。1975 年，前国防部部长、时任世界银行行长的麦克纳马拉指出，"应让亚洲主要国家的制造性企业摆脱对相对较小的进口替代型市场的依赖，转向依赖发展空间更宽阔的出口市场"。确切地说，美国不仅为亚洲提供了经济、资金和贸易方面的援助，还为亚洲提供了市场。

20 世纪 70 年代，"亚洲四小龙"成为全球经济学家关注的焦点，而这 10 年也成就了新兴市场国家的总体发展，原因很简单：在此期间，全球爆发通货膨胀，最明显的标志就是石油及其他商品价格暴涨。而中国也走到了一个重要的历史转折点，1978 年，在邓小平的领导下，中国开始对农业、企业和银行实施改革。这些改革最终让中国走上了经济现代化和工业化的道路，而这又成为了加速和深化亚洲内部及亚洲与其他地区之间一体化进程的催化剂。

但 20 世纪 80 年代至 90 年代显然是让新兴市场国家最为失望的一段时间，如表 2.1 所示。

表 2.1　发展中国家和地区在过去 40 年中的经济增长率

	20 世纪 70 年代	20 世纪 80 年代	20 世纪 90 年代	2000—2007	2008	2009
亚洲	6.2	7.1	7	7.4	6.2	4.4
亚洲（除中国外）	6.1	6.3	5.6	5.6	4	1
中东欧	6.1	2.1	1.3	4.9	3.5	-4.8
独联体	4.2	3.3	-5.2	7.5	6.2	-6.6
拉丁美洲	6.1	2.2	2.9	3.7	4	-2.8
中东	8.2	0.9	4.2	5.2	5.8	-1.4
非洲	4.2	2.6	2.2	5.2	4.9	1.4
所有发展中国家	6.1	3.5	3.4	6	5.4	0.8

%：年增长率，按 2005 年美元不变币值计算。

资料来源：国际货币基金组织，世界银行。

随着全球抗击通货膨胀的力度不断加大，商品价格开始大幅下跌，此起彼伏的金融危机充斥了整个这一时期，从遍布拉美国家的债务和银行危机开始，直至亚洲、俄罗斯、巴西和阿根廷的金融危机才终告结束。

20 世纪 90 年代末，信息和通讯技术革命令全球化进程进入了全面加速的阶段。发展中国家的经济绩效全面改善，甚至南撒哈拉国家的年增长率也达到 5%~6%，这也是二战以来最为强势和最具持续性的经济增长。

全球化：新兴者的蜜糖还是砒霜？

柏林墙的倒塌是一个历史的转折点，此后，全球数以亿计的劳动力和企业将成为这个相互关联的全球市场经济的参与者，并在快速前进的全球化进程中找到自己的位置。

从 1980 年到 2007 年，全球经济中的有效劳动力增加了四倍。这些增长中的绝大部分出现在 1989 年之后的东亚地区。新兴市场国家劳动力适龄人口（16~64 岁）数量的增加、新兴市场国家与发达国家之间以及新兴市场国家内部贸易投资的巨大膨胀和移民人口数量的持续增加，均导致了这种劳动力数量的增长。美联储主席伯南克指出："中国、印度及前共产主义阵营中部分国家的崛起表明，全球人口中的绝大部分都已经加入了全球经济，或者说，至少将参与到全球经济当中。这样的发展局面是史无前例的。"

这种说法固然不错，但实际上，全球化趋势早在 19 世纪末到 1914 年期间便已出现。大英帝国及以美国和德国为代表的新兴经济体引领了当时快速增长的国际贸易、资本流动和移民大潮。与其他时期的全球化运动相比，当时全球化的基本动因就是消除空间距离的障碍。1869 年开通的苏伊士运河、动力更强和速度更快的轮船、水路交通的发展以及钢铁制造技术、电报电话技术的进步促使工业产品和交通运输成本大幅削减。

按照现代人的观点，尽管柏林和北京之间的空间距离是固定不变的，但更加快捷和便宜的交通运输形式却可以消除这种空间约束。当前的全球化建立在电讯、大规模计算、移动通讯设备、低成本海空运输等高度发达的基础之上，因此，这些技术上的进步无不有助于降低成本、提高速度和扩大信息的获取量。

伯南克尤其强调了全球化与新兴市场国家之间的特殊反馈环。就像我在前文中解释的那样，出口与经济发展的关联度更大。尽管发展中国家出口额占 GDP 中的比例在 1960 年时还只有 10%，但是到了 1989 年，这个比例就已经翻了两番，目前更是达到了 37% 左右。但其中也不是没有例外，譬如，印度、阿根廷和巴西等国家的出口行业规模就相对较小。但是新加坡、马来西亚、斯洛文尼亚、越南、匈牙利和泰国在内的很多国家，出口占其 GDP 的比例则要高得多。

从 1980 年到本次金融危机开始时，全球出口额已经从不足 1 万亿美元增长到了 15.8 万亿美元。在上一个 10 年期间（1990—1999），全球商品出口额的年均增长率更是达到 6%，相当于 GDP 增长率的两倍。2008 年，扣除欧盟 27 个成员国之间的贸易额，中国在全球出口额中占有的比重达到了 11.8%，远远超过其他任何新兴市场国家。例如，韩国的这一比例仅为 3.5%，新加坡的出口则在 3% 左右，而且其出口额中的大部分还属于转口贸易，其他占有比例较大的新兴市场国家几乎是清一色的石油出口国，如俄罗斯、沙特阿拉伯、墨西哥和阿联酋，他们的比例均在 2%~4% 之间。

商业性服务出口额在 1980—2007 年期间的年均增长率为 12%，约相当于商品出口增长率的两倍。在 3.7 万亿美元的服务出口总额中，发展中国家约占有 20% 的份额，但这其中的主要部分只属于“亚洲四小龙”（2 710 亿美元）、中国及印度，分别为 1 370 亿美元和 1 000 亿美元。

本次金融危机之前，外国的直接投资流入量曾创下历史新高，达到了 1.7 万亿美元。在前苏联解体之前，发展中国家接受的外国直接投资还仅仅只有 10%~15%，而 2008 年则达到最高的 40% 左右。而 1994 年到 2008 年期间，这一比例始终徘徊在 20%~40% 之间。

本次金融危机爆发之前，全球贸易和投资保持持续增长态势，中间几乎没有受到过任何扰动，这一点毫无疑问。目前，顾虑和希望之间的均衡正在越来越倾向于后者，因为无论是发达国家还是新兴市场国家都迫切地需要艰难的结构性改革。在过去的 30 年里，我们习惯的经济发展模式始终依赖于新兴经济体的出口导向型增长以及美国和其他西方国家拥有的无穷无尽的进口容量，来消化并维持着巨大的外部赤字。但时至今日，这种模式显然已经难以为继。

不过，弥散于新兴市场国家的乐观情绪依旧是全球经济的推进器，他们在产量和出口领域将继续赢得越来越大的份额，而条件便是发达国家占有份额的相对减少。很多人理直气壮地以为，西方国家为世界大市场创造了第一个 10 亿消费者，同样，新兴市场国家的人口增长、较为年轻的年龄结构以及不断加速的城市化将为世界创造出下一个 10 亿消费者。但这显然只是简单而纯粹的人口概念。尽管西方世界的“婴儿潮”一代已经在 1980—2000 年期间成为高消费、高储蓄的消费人群，但这一代人的前沿群体已经踏进退休时代而变成非生产性活动的主体。低生育率意味着他们的下一代只会更少，并比他们的长辈背负更多的负债。相比之下，发展中国家的劳动力适龄人口将在 2010—2030 年期间增加 10 亿人，30~35 岁之间的人口数量将增加 6 000 亿左右。但数字本身并不重要，更重要的是他们的平均收入水平同样应该有所增加。

我们不妨以人均收入为 4 000 美元的巴西和人均收入 1.7 万美元的意大利分布作为相对贫困和相对富裕国家的标准。根据世界银行提供的统计数据，到 2030 年，人均收入在两者之间的中产阶级人口比例将增加一倍，达到 16%。同期，中国这一群体的人口数量预计将从 2000 年的 5 600 万增加到 3.6 亿，而巴西的中产阶级人口增加比例则只有 1/3。同一时期，人均收入水平低于巴西的发展中国家，其贫困人口的比例预计将从 82% 下降到 63%。

但历史却一而再、再而三地告诫我们，以纯粹线性的方式去看待全球化和地缘政治不仅是不正确的，而且是极其危险的。除了美国和德国这样的例外情况，在 1914 年的时候，英国错失工业化时代带来的政治和经济收益，其后果绝对是不可想象的，因为仅仅在 30 年间，这样的好时光便一去不复返了。为了进一步说明这种线性推测的弊端，世界银行在考虑到 1870—1899 年期间发生了经济金融震荡的情况下，以 1900 年的世界形势为基础，对 1949 年国际经济的某些方面进行了模拟。按这种预测，美国、英国、德国、法国和意大利可能达到的最低 GDP 水平也比实际结果高出了 13%。

因此，我们唯一可以肯定的就是，世界正在变得越来越不可捉摸。金融危机带来的噩梦还将延续若干年，甚至有可能在贸易和资本流动领域引发更加严厉的保护主义政策。新的金融危机或许就在眼前，至少在中国这样的新兴市场国家还存在很大的可能性。西方国家政府或许会发现，除了控制资本流动和汇率之外，他们根本就无力支撑不断膨胀的预算赤字。全球变暖给世界经济带来的后果、环境问题、食物和水供应以及缓解风险的成本都有可能造成极为不利的影响。因此，问题的真谛在于，我们绝不应该把全球化看成是理所当然的事情。

世界级企业：新兴者的崛起助推器

2007 年，前世界银行高级官员、最早提出“新兴市场”这一概念的安东尼·范·阿格塔米尔（Antoine Van Agtmael）出版了名为《新兴市场国家世纪》（*The Emerging Markets Century*）的著作，他在书中预测，这个包括韩国和新加坡等某些相对较发达国家的异质群体，其经济产量将在 2030—2035 年超过发达国家。

阿格塔米尔的书并没有着力于分析全球权力格局将如何变化，相反，该书的主要目标在于强调把握股票市场和投资机会的重要性，他声称，金砖国家、韩国以及墨西哥的顶级公司在技术能力和商业领域进步巨大。为验证自己的观点，阿格塔米尔指出，在《福布斯》全球 500 强中，近 60 家公司来自新兴市场国家，在主要新兴市场国家的股票市场上，投资业绩也不再单纯依赖于自然资源类股票和廉价劳动力。

2009 年，在《福布斯》全球 500 强中，来自新兴市场国家或地区的公司已经达到了 91 家，其中，37 家来自中国，14 家来自韩国，8 家来自俄罗斯，7 家来自印度，来自新加坡和中国台湾的公司各有 6 家。此外，还有8家公司跻身全球50强，在这50家年销售额超过1亿美元的公司中，包括两家中国企业——中国石油化工集团公司和中国石油天然气集团公司，他们的年销售额分别达到了2 080亿美元和1 810亿美元。但跻身全球50强的新兴市场国家的企业几乎全部属于石油天然气行业，唯一的例外就是排名第40位的韩国三星集团，其年销售额为1 100亿美元。但是电子类公司中，三星则是全球第二大公司，生产iPhone的台湾鸿海精密集团排名第八。中国电网集团为全球最大的电力企业。墨西哥水泥公司在全球建筑材料领域排名第五。在航运贸易、钢铁、工程和建筑的全球10强中，均有来自新兴市场国家的公司，其中的大多数为中国公司。

娱乐业和技术领域的情况也大同小异，新兴市场国家的企业正在扮演着愈来愈重要的角色。根据联合国教科文组织的统计，在2006年，印度成为全球故事片产量最高的国家，年产影片数量达到1 091部。近几年，印度电影行业已经开始步入全球化。位于孟买的印度电影基地在国际上被称为“宝莱坞”，目前，按生产影片的数量和观众人数衡量，印度显然拥有世界上最大的电影行业。排在印度之后的是尼日利亚，年产影片872部。美国第三，年产影片数量为485部。随后是中国和韩国，分别为330部和110部。

根据互联网世界统计中心的数据，2009年，全球互联网用户已达17.34亿，而其中的3/4集中于20个国家。在这个庞大的群体中，中国网民人数为3.3亿，印度为8 100万，巴西为6 700万，韩国为3 700万，伊朗为3 200万。其他排名靠前的还有印度尼西亚、墨西哥、土耳其、菲律宾、越南和波兰。新兴市场国家通常拥有较低的互联网普及率（互联网用户占人口总数的比例）。一方面是因为人口基数较大，还有一部分原因在于社会总体欠发达、农业部门比例较高、总体教育水平较低以及新技术普及程度较低等因素。但互联网的运用率正在上升，部分新兴市场国家的互联网普及率已经达到发达国家的水平。比如，韩国和波兰的互联网用户比例分别为77%和52%。但就总体而言，新兴市场国家的互联网普及率仍只有发达国家的一半。

目前，中国已成为世界上最大的太阳能板生产国，中国政府已公开表示，将进一步增加可循环能源材料用于发电。巴西则是飞机和现代化能源勘探设备的主要生产国。而印度在信息、核设施及工程自动化技术领域享誉世界。

新兴市场国家已经在钢铁、水泥和其他基础材料及纺织品、玩具和其他消费品等低端工业品制造领域占据了一席之地。与此同时，他们正在稳步提升自己在所谓价值链中的位置，扩大包含现代技术的高质量产品及服务的生产。毫无疑问，新兴市场国家必将在巩固现有位置的基础上，进一步扩大在全球消费电子及高水平工业品总产量中的份额。

不过，阿格塔米尔在股票市场对新兴市场国家投资问题所做的预测是否已经兑现，或者说，新兴市场国家公司的股市价值是否与所在国家的经济表现存在某种关联，至今依旧不得而知。我们不妨回顾一下 19 世纪的美国铁路大潮及其对经济发展带来的影响。19 世纪 70 年代，70% 由铁路公司发行的债券均出现违约，很多公司甚至陷入破产。即便是今天也不缺少值得引以为戒的教训，譬如信息通讯技术繁荣带来的经济膨胀，在这场网络大潮中，很多信息通讯企业遭受巨额损失甚至破产。目前，在很多新兴市场国家的股票市场上，上市公司的数量相对较少，而且很多股票市场的收益性严重依赖出口及商品价格。因此，这些公司的股票价格极有可能摆脱本地经济而独立涨跌。瑞银证券新兴市场高级经济学家乔纳森·安德森（Jonathan Anderson）指出，假如在 2003 年伊始将 1 美元投资于新兴市场国家的股票市场，那么到 2009 年底，投资于拉丁美洲的 1 美元将变成 4.80 美元，投资于亚洲新兴国家的 1 美元将变成 3.30 美元，投资于欧洲新兴市场国家的 1 美元则变成 3 美元，但投资于“亚洲四小龙”的 1 美元只能增值到 1.70 美元。这显然不是仅能根据经济增长所能预测到的结果。

因此，拥有世界级的公司确实可以让投资者大赚一笔，但前提是投资者总能找到赚钱的公司。世界级公司的出现验证了新兴市场国家在世界经济中的重要地位及其对世界经济的影响力。仅就其这种现象本身而言，并不能说明新兴市场国家将“拥有一个属于自己的新世纪”。但它足以说明，随着更多的新兴市场国家拥有更多更为成功的上市公司，投资者也将拥有更多、更令人兴奋的投资目标。

实际上，《财富》500强里包含的全部42个门类大多为欧美公司所控制这一事实足以说明两个问题：

> 首先，终结西方企业的控制局面可能还需几十年的时间；
>
> 其次，随着亚洲和其他新兴市场国家的企业供应链不断延伸，商品和服务销售收入在这些企业总收入中的份额也在不断增加。

尽管少数来自新兴市场国家的企业已成为全球顶级公司，但是在全球营销、品牌以及销售等方面，他们依旧还有很多需要学习，依旧还有很长的路要走。

人口红利：新兴者的新驱动力

我曾经说过，人口特征是经济发展中的重要因素，因此，在对人口因素进行详细评估之前，我们有必要先考虑一下发展中国家的人口基数和人口特征。

联合国估测的全球人口约为69亿，而只有12亿生活在发达经济体中。如表2-2所示，人口密度最大的新兴市场国家为中国和印度，这两个国家的人口总数达到25亿，同样属于人口大国的新兴市场国家还有印度尼西亚、巴西、尼日利亚、俄罗斯、墨西哥和菲律宾。某些人口密度极大，譬如巴基斯坦和孟加拉国，人口总数分别为1.85亿和1.64亿，还有很多人口总数在4 000万到8 000万之间，如埃塞俄比亚、埃及、刚果金共和国、缅甸、坦桑尼亚、肯尼亚和苏丹。和诸多比较富裕的产油国一样，这其中的很多人口大国至少在广义上还没有达到新兴市场国家的标准，而智利、捷克共和国、匈牙利和以色列等其他人口相对较少的国家反倒属于新兴市场国家。

对于新兴市场国家的人口和一般意义上的发展中国家，他们的一个重要经济和地理特征就是城市化速度。当代社会的前10亿消费者大多来自美国、欧洲和日本的大都市。但我们将会看到，随后 10 亿潜在消费者将在新兴市场国家的城市中发挥其消费功能。

表 2-2　主要新兴市场国家的人口数量

马来西亚	27.9	越南	89
波兰	38	土耳其	75.7
阿根廷	40.7	菲律宾	93.6
乌克兰	45.4	墨西哥	110.6
哥伦比亚	46.3	俄罗斯	140.4
韩国	48.5	尼日利亚	158.3
泰国	68.1	巴西	195.4
南非	50.5	印度尼西亚	232.5
伊朗	75.1	印度	1 214.5
中国	1 354.1	世界总人口	6 908.7

（单位：100 万）

资料来源：联合国人口司

较高收入的发展中国家的城市化率已经从 1980 年的 31% 提到今天的 48% 左右，人口学家预计这一比例将在未来 20~40 年内进一步增长到 60%~70%。但是在最贫穷的发展中国家，城市化率依旧徘徊在 30% 左右。城市化的意义在于人口从低生产率和低收入的农业及乡村生产活动向高生产率和高收入的工厂、办公室及建筑性岗位转移。较大的城市人口将对住房、不动产以及社会、休闲和政府等一系列活动形成需求。

目前，新兴市场国家城市的增长速度和总体规模已经超过很多西方国家的城市。1990 年，在按人口总数超过 1 000 万定义的世界大城市中，属于发达国家的城市有五座（见图 2-1），分别是首尔、洛杉矶、大阪、纽约、东京。

到了 2005 年，在人口超过 1 000 万的大城市中，发达国家的城市仅有东京、纽约、洛杉矶和大阪。按人口排名，墨西哥城成为第二大城市，随后是圣保罗、孟买、新德里、上海和加尔各答（见图 2-2）

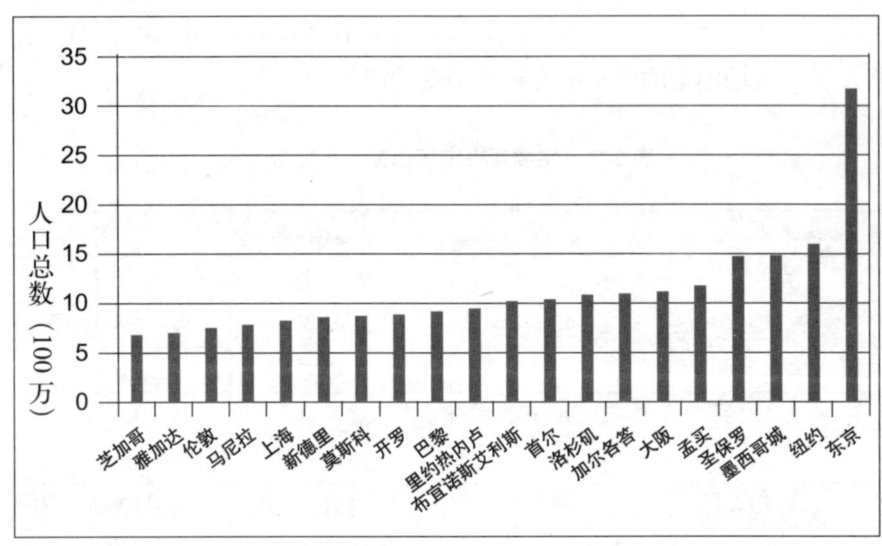

资料来源：联合国人口司

图 2-1　1990 年世界上人口最多的城市

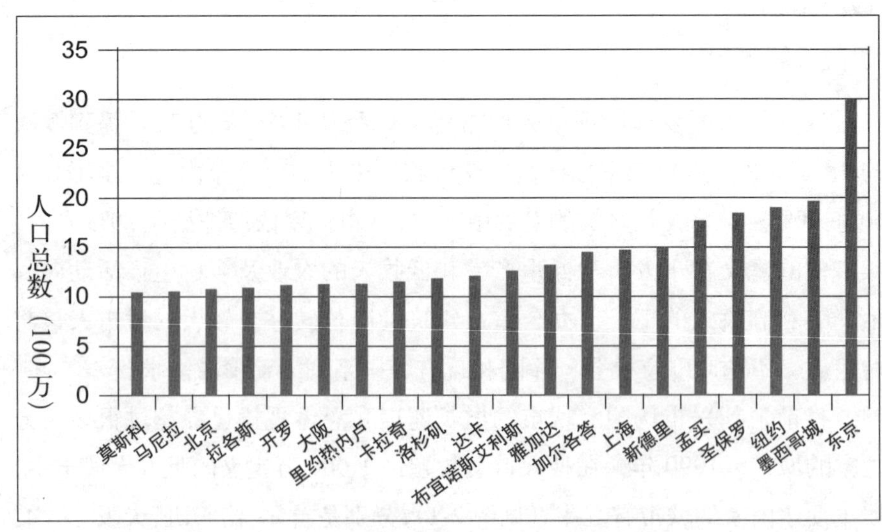

资料来源：联合国人口司

图 2-2　2005 年世界上人口最多的城市

从 2015 年和 2020 年，在人口总数超过 1 000 万的 21 座大城市中，东京仍将是人口最多的城市。纽约将位列第 7，洛杉矶排名第 12，大阪排在第 20 位。其他 17 座大城市分别为达卡、孟买、新德里、墨西哥城、雅加达、加尔各答、卡拉奇、拉各斯、上海、布宜诺斯艾利斯、马尼拉、北京、里约热内卢、开罗、伊斯坦布尔、天津。

新兴者真的有那么强大么?

人口众多并不一定会自然而然地转化为经济上的成功。拥有一两座大都市可能预示着经济与现代化的快速发展，但也有可能掩盖城市中的肮脏与污垢以及城乡边缘的极度贫困。因此，判断新兴市场国家的主要标准是 GDP 和人均收入。应该提到的是，把韩国、新加坡和香港等列为新兴市场国家和地区主要是出于分析原因，实际上，按大多数标准衡量，他们早已成为新兴市场国家和地区，或者说，他们都是不折不扣的发达国家和地区。

如表 2-3 所示，2003 年，全球 GDP 约为 60 万亿美元，其中的 28% 来源于发展中国家，而这 28% 中的一半属于金砖国家。当然，中国作为唯一最大贡献者的地位是无人能够撼动的。发展中国家在全球 GDP 中的比例主要依赖于亚洲国家，他们在这部分 GDP 中约占 40%，排在其后的分别是拉丁美洲、东欧和中亚。

我们从图 2-3 中还能看到，按当前美元价格和 2005 年美元价格统计(即扣除通货膨胀和汇率变化带来的影响)，发展中国家在全球 GDP 中的比例是如何变化的。按当前美元价格，发展中国家在全球 GDP 中占有的份额在 1960 年到 1992 年期间表现为下跌趋势，并在 20 世纪 90 年代末的东亚金融危机期间再度陷入停滞状态。而当前的颓势则可以归结为新兴市场国家在总体上落后于发达工业化国家的快速发展以及新兴市场国家自身的周期性金融危机和通货膨胀。

表 2-3　2008 年 GDP

	美元：10 亿	比例：%
美国	14 204	23.6
欧元区	13 565	22.6
中国	3 860	6.4
巴西	1 613	2.7
俄罗斯	1 608	2.7
印度	1 217	2
墨西哥	1 085	1.8
韩国	929	1.5
土耳其	794	1.3
波兰	527	0.9
印度尼西亚	514	0.9
其他国家	20 196	33.6
合计	60 115	100

资料来源：国际货币基金组织

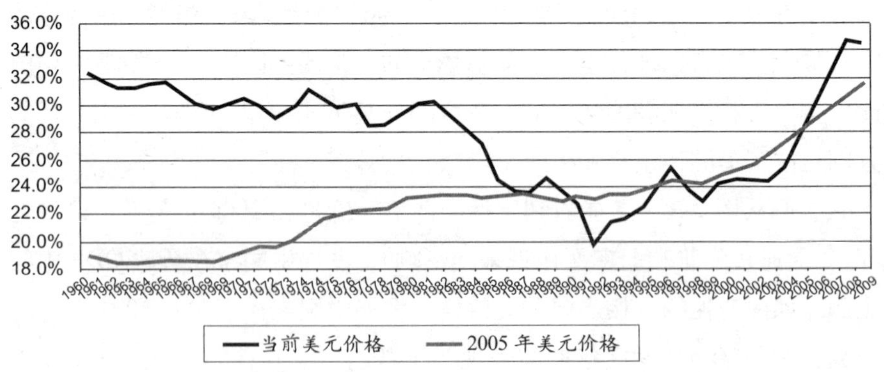

资料来源：国际货币基金组织，世界银行

图 2-3　发展中国家在全球 GDP 中占有的份额

但是在按通货膨胀和汇率调整之后，发展中国家占有的份额则表现出完全不同的另一幅图景。20 世纪 60 至 70 年代，发展中国家在全球

GDP 中占有的份额要低得多，然后在 20 世纪 80 年代进入停顿状态，直到 20 世纪 90 年代，才表现为持续增长，并一直保持到现在。

这些标准从不同角度衡量了发展中国家在国际体系中的比重，尽管它们赋予近期历史以不同的表象，但这些略有不同的版本最终还是殊途同归，归于一处。

在经济份额这个问题上，还存在另一种更具争议性的观点。它让很多人坚信，新兴市场国家会在 20 年内超越最强大的西方经济体。但我想解释的是，为什么说这样的说法还缺乏足够的依据。

原因很简单，因为如果用市场汇率将本地价格换算为美元价格，便会导致全球商品与服务价格出现明显差异，尤其是在发展中国家。比如说，吃一块巨无霸汉堡包，尽管它们是完全相同的商品，但是从波哥大到北京，从斯德哥尔摩到悉尼，它们的价格肯定会相差迥异。无论是在哪里，巨无霸汉堡包使用的食品原料、烘烤设备和包装均无二致。但毫无疑问，其中肯定存在某些不同之处，譬如劳动力成本、租金和广告费，我们随后将会讨论这些问题。现在，我们只考虑产品本身，同样一个汉堡包，却在世界各地有着完全不同的价格。因此，在我们计算印度尼西亚或是意大利的 GDP 时，虽然我们考虑的是很多相同的产品和服务，但定价却相去甚远。当然，意大利的价格应该会高于印度尼西亚。

经济学理论认为：一方面，从长期来看，随着发展中国家经济的不断增长，越来越富裕，他们的食品和服务价格也应该趋同于发达国家的价格水平；另一方面，贫困国家劳动力成本的上涨，将抬高那些主要在新兴市场国家市场上销售的产品价格，而生产率的提高则会削减国际性产品的成本和市场价格。出现这种情况时，无论是新兴市场国家的名义汇率（即按不变美元衡量的汇率），还是真实汇率（即考虑通货膨胀之后的汇率），均倾向于上涨。因此，如果继续上面的例子，印度尼西亚的汇率就会上涨，而目前盛行的“会计”差异也将不复存在。

但这将是一个非常漫长的过程，尤其是包括中国在内的几个国家采取盯住主要货币或限制汇率波动的外汇政策。为了纠正这种偏差，我们可以采用所谓的“购买力平价”（purchasing power parity，简称为

PPP。——译者注）法计算和采用不同的汇率。多数认为新兴市场国家目前有多强大或是在未来将会多强大的观点，都采用了建立在"购买力平价"基础之上的GDP，而这样的标准显然夸大了GDP，如表2-4所示。

采用"购买力平价"计算法夸大了个别国家的GDP水平和他们对全球经济增长做出的贡献。按"购买力平价"汇率计算，全球GDP将接近70万亿美元。发展中国家在其中占有的份额约为43%。在这个比例中，亚洲又占有近一半，拉丁美洲、东欧和中亚占有的比例均为19%。按"购买力平价"核算，中国占有全球GDP的11%，但是按市场汇率计算却只有6%左右。而印度按"购买力平价"标准占有的份额约为5%，而按后者核算则只有2%。

表2-4　按"购买力平价"衡量的2008年GDP

	美元：10亿	比例：%
美国	14 204	20.4
欧元区	10 899	15.6
中国	7 903	11.3
巴西	3 388	4.9
俄罗斯	2 288	3.3
印度	1 976	2.8
墨西哥	1 541	2.2
韩国	1 358	1.9
土耳其	1 029	1.5
波兰	907	1.3
印度尼西亚	672	1
其他国家	28 105	40.3
合计	70 000	100

资料来源：世界银行

认识汇率问题最简单的办法，就是按照瑞银证券的乔纳森·安德森的建议，假设整个世界仅由中国和美国构成，世界经济中只包含两件产

品—— 一台 DVD 播放机和一次理发。现在，我们再假设，在美国，两种产品的价格均为 10 美元，而在中国，DVD 的价格为 10 元人民币，理发价格则是 1 元人民币。在交易 DVD 的时候，采用 1∶1 的市场汇率（即 10 元人民币兑换 10 美元）。按 DVD 和理发总和计算的美国 GDP 为 20 美元，而中国的 GDP 则是 11 元人民币，由此得到的“购买力平价”汇率为 0.55∶1（即 5.5 元人民币兑换 10 人民币）。

因此，按这个标准，相对于全部商品和服务均按相近价格进行交易的情况，中国的汇率被低估了 45%。巧合的是，这 45% 恰恰就是目前人民币被低估的水平，即人民币对美元的实际汇率为 6.8 人民币 / 美元，而按“购买力平价”得到的汇率则是 3.7 人民币 / 美元。

这不仅仅是学术争论问题。联合国政府间气候变化专门委员会采用市场汇率估计，1990 年，发达经济体的人均收入相当于亚洲新兴市场国家的 38 倍，但是到 2100 年，前者的人均收入仅为后者的 1.5 倍，这与传统的“经济赶超”的假设不谋而合。这项预测的目的在于说明经济赶超趋势对二氧化碳排放量的影响。若按“购买力平价”汇率计算，亚洲新兴市场国家的 GDP 将在本世纪末达到发达国家的两倍。如果说“购买力平价”理论确有根据，那么，它将对二氧化碳排放量的计算产生重要影响，进而影响每个国家，让他们在经济上为全球变暖承担各自应该承担的责任。

经济学家更倾向于采用“购买力平价”的标准，以更好反映消费者对新兴市场国家各种商品及服务的购买力，进而准确计算其经济规模。按这种方法，金砖国家在全球经济中占有的比重为 22%，略高于美国的 20%。但需要注意的是，这只是理论上的分析，但如果“购买力平价”汇率较市场汇率更稳定且考虑对发展中国家的汇率低估进行调整，那么，“购买力平价”汇率的计算将极其困难。

此外，在评价贸易和资本流动、货币发展、资产市场、储蓄以及消费与投资的相对重要性时，“购买力平价”汇率同样可能会造成误解或者产生不准确的信息。因为它们让问题脱离了最关键的焦点，即造成资源低效配置的不恰当的汇率机制以及一个国家必须克服的实体经济。在任何情况下，都不会有人采用“购买力平价”汇率进行交易结算，也不会有人持有以“购买力平价”货币标价的银行账户。

可以说，问题的关键在于，新兴市场国家的价格水平之所以较低——也就是经济学家试图利用“购买力平价”汇率纠正的偏差，就是因为他们本身就贫穷。对于那些声称中国在2010年的GDP接近9万亿美元而不是4万亿美元的专业机构、金融奇才和政治谄媚者来说，他们居然想不通这样一个如此简单的事实，这似乎有点令人困惑不解。如果我们从“购买力平价”汇率的角度认识发展中国家，除以色列、委内瑞拉和阿联酋之外，所有国家的汇率均被严重低估，如图2-4所示。

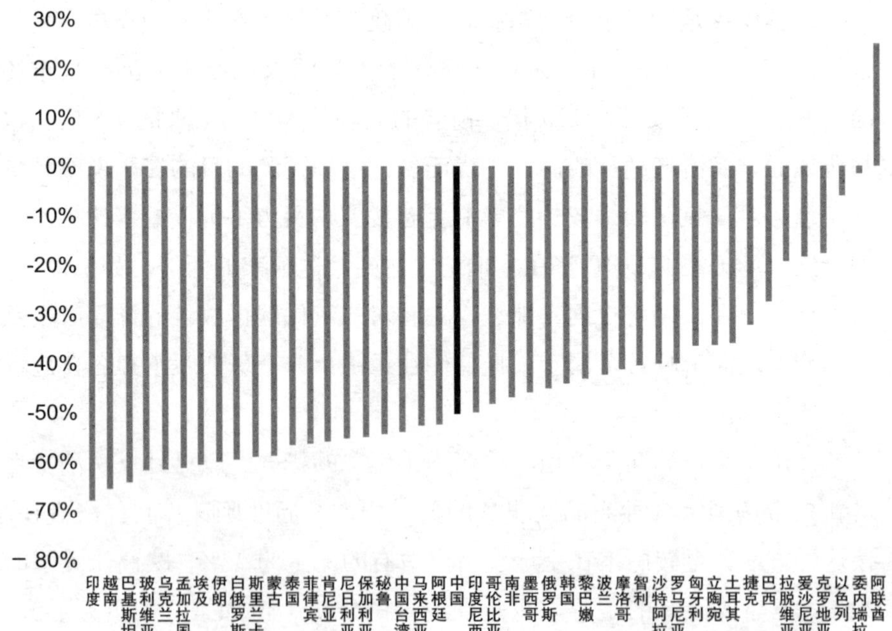

资料来源：瑞银证券，国际货币基金组织

图2-4　2009年与真实汇率对应的“购买力平价”汇率

因此，在理论上，无论是对于中国这样的对外顺差国家，印度之类的赤字国家，还是对于那些到越南、孟加拉国、巴基斯坦或是玻利维亚的旅游者而言，所有国家都应该提高其汇率水平。

归根到底，新兴市场国家越富裕，他们的市场汇率水平就越接近于理论上的“购买力平价”汇率。不过，我们没有必要进一步分析这种理论架构，或是它对评价新兴市场国家在全球经济中的地位有何影响。同样需要提到的是，新兴市场国家的低价格绝非反常现象，贫穷的经济只能带来低价格。

全部人口的人均收入是考量经济福利的一个非常有参考价值的指标。尽管它不能说明收入分配或是大多数人口的生活质量，但它在衡量社会福利方面显然是最被接受的标准。某些人口较少但拥有较大规模石油天然气资源及相应行业的国家，在人均收入排名上往往位次靠前。根据世界银行的统计，2008 年，挪威的人均国民收入水平为全球最高，超过 8.7 万美元，而总计人口只有 500 万人的卡塔尔、科威特和文莱的国民人均收入却远远超过其他主要新兴市场国家或发展中国家。

图 2-5 表明，对于美国或欧元区的人均收入，采用市场汇率和“购买力平价”汇率的区别并不大，对于后者，既定人均收入水平的误差仅限于小数点后。相比之下，主要新兴市场国家的人均收入水平则较低，即便是采用“购买力平价”汇率，中国、墨西哥和土耳其的人均收入也只能提高 3 000~4 000 美元，而俄罗斯、波兰与韩国的增加幅度更为有限。

使用“购买力平价”汇率，可以更好地反映人们对偶尔造访上海或孟买等新兴市场国家大城市时的感受。是否拥有豪华的购物中心和建筑物、喧嚣的酒吧和进口汽车或是高速互联网接口的普及程度，似乎已经把经济增长变成精彩刺激的体育竞赛。尽管它们会给人强烈的视觉冲击，但把它们当做“购买力平价”标准下的收入指标显然是有碍公众的。

除极个别情况之外，它们几乎丝毫没有考虑过这个城市的贫民窟和垃圾堆，也不能反映相对较为贫困的内陆地区和大多数人生活和工作的农村地区的真实情况。它们根本就不能揭示这个国家的真实生活标准和工资水平，也不能说明普通居民能否买得起他们自己生产并在其商业中心销售的商品。

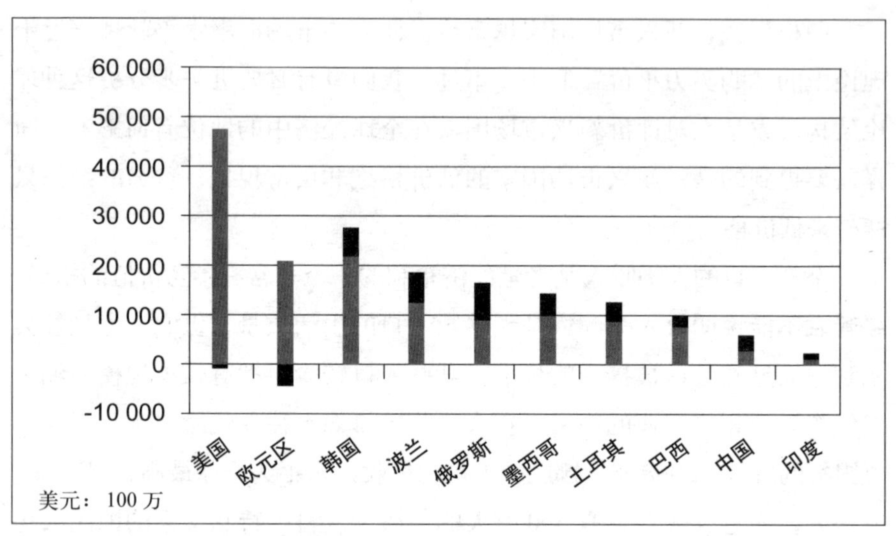

资料来源：世界银行于 2009 年 7 月公布的“世界发展指数”

图 2-5　人均国民收入

新兴者到底能走多远?

在过去的 20~30 年里，中国和印度已经在国际政治和经济舞台上取得了举足轻重的位置。而巴西、俄罗斯和南非同样也成为各自地区的重要角色。以中国为核心的亚洲供应网络迅速拓展，新兴市场经济体的制造业产量不断增长，因稀缺性而造成石油及其他商品的溢价给俄罗斯和其他原材料生产国带来的实惠，成为主导过去几十年发展的基本要素。但是若要预测新兴市场国家到底能走多远，则并非那么容易。这需要我们对如下几个问题牢记在心。

首先，在出口占据全球化主角的大环境下，如果不能参与全球化并成为其中的一员，任何新兴市场国家都不可能实现经济上强劲的可持续增长。但是，如果新兴市场国家不能继续依赖向西方出口廉价商品和服务，那么会出现怎样的结果呢?

其次，在国内储蓄额高居不下但却无法转化为投资和资本积累时，

经济不可能高速发展。例如，中国家庭和企业的储蓄总额接近 GDP 的 50%。要平稳有效地引导和疏通这些储蓄，完善的知识产权体系、强大的市场激励和金融媒介是不可或缺的。此外，始终维持高位的国内储蓄额表明，中国已经积累起巨大的外部剩余。如果中国不能继续维持巨额的对外顺差的话，又会发生什么呢？

第三，人口因素至关重要，因为稳定增长的劳动力适龄人口可以为制造业和服务业发展提供劳动力输入。在劳动力过剩情况下，只要大部分劳动力还能为生产性就业岗位所吸纳，其对经济发展的影响便依旧有可能是积极的。而这就取决于政府的治理能力以及企业创造就业机会的能力了。与韩国、新加坡、俄罗斯及东欧国家一样，从本世纪 30 年代开始，中国即将面对人口快速老龄化的挑战，同样，除非洲之外的大多数发展中国家也不得不面对这一挑战。

第四，近期发生的金融危机表明，政府和私人债务过度迟早会让一个经济体停下前进的脚步。金融危机尚未彻底尘埃落定，它极有可能在一段时间内延缓经济增长的步伐，甚至有可能加剧政治上的不稳定。例如，在 20 世纪 60 至 70 年代，发展中国家在经济发展过程中就伴随着政府预算赤字的膨胀、信贷创造过度以及用国外借款支撑国际收支赤字等现象，当然，这样的增长显然不具有可持续性。

20 世纪 70 年代，国际石油价格波动曾掀起了一轮为期 20 年的全球经济政治动荡，导致通货膨胀率扶摇直上，币值一落千丈。这场危机最初只殃及到拉丁美洲和非洲的很多国家，而后便蔓延至前苏联，并在 1990—2002 年期间传到中国、墨西哥、阿根廷、俄罗斯、巴西和“亚洲四小龙”等国家和地区。

第五，可持续快速增长必须以存在经济上“划算”的要素为前提，也就是我在前面提到的“全要素生产率”，其具体表现为政治稳定、有效监管与合理体制对经济增长带来的正效应。自二战结束以来，一些新兴市场国家在极端有利的国际环境下取得了令人瞩目的成就。但真正的挑战并不在于达到某个随意设定的终点线，而是能持续性地适应于国际政治和经济环境的变更。金融危机之后，很多新兴市场国家应对自若，但应对变化与调整依旧是不容回避的挑战，我们将在随后的两章里探讨这个问题。

第六，虽然新技术的普及和知识经济的培育是实现经济持续增长的基本要素，但唯有金砖国家，而且主要是中国和印度真正跻身技术领先国家的顶端。此外，在尖端技术领域，发达国家与新兴市场国家依旧存在显著差距。而对走在前面的新兴市场国家来说，获取和复制现代技术恰恰是他们的特长，他们的秘诀就是建立并掌握创新型文化。

把上面这六个要点融为一体并非易事。它需要我们把关注点转移到结构特征及其演变上，因为很多结构特征是动态变化的，其影响的深度和广度远远超过 GDP 指标、制造业供应网络或是现代城市给外来旅行者带来的感觉，纵使这种印象和感觉令人无比震撼。在本书随后的章节中，我们将讨论某些结构现象，并着重了解新兴市场国家的人口、技术能力及气候变化带来的问题。

在随后两章，我们将阐述金融危机及全球经济衰退对新兴市场国家的影响，新兴市场国家对全球经济的贡献程度以及他们抵御全球经济波动的能力。虽然全球化让他们在经济上受益匪浅，但也需要他们承担责任，这种责任在某些情况下会激励他们奋进，某些情况则是不确定的。

如果主要新兴市场国家能适应全球经济的变化并能作出及时调整，那么，他们就有可能实现可持续的经济发展，并在发展过程中逐渐甩掉“新兴”的头衔，成为名副其实的发达国家。相反，如果他们不能适应环境变化并作出自我调整，或者没有这样的能力的话，等待他们的则只有更加激荡汹涌的经济和政治未来。

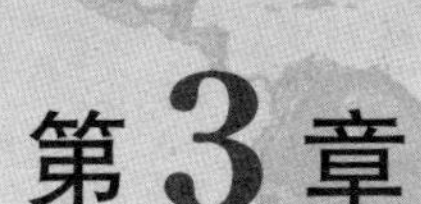

第3章 金融危机的启示

To Armageddon and Back

2008年3月，贝尔斯登被摩根大通以低价收购，次贷危机持续加剧，首次震动华尔街。随后，雷曼兄弟宣告破产，一场席卷全球的金融风暴拉开了序幕。

到底谁该来为这场危机买单？危机过后，新兴市场国家为何能够一跃成为全球经济的债权人？而我们又能从这场危机中获得什么启示呢？

爆发于2008年的金融危机把世界经济甚至政治逼到了末日决战的边缘。世界第一大保险公司和多家大型银行宣告破产，很多金融机构丧失融资能力，濒临垮台。如果走到这一步，毫无疑问，世界经济将陷入自20世纪30年代“大萧条”以来最为严重的衰退。

在新兴市场国家，很多政治家关心西方政府和国际机构在金融窜谋及欺诈方面对他们提出的批评，因此，他们开始注意美国与其他西方银行和金融体系的某些可比特征。中国外交部发言人姜瑜指出，在金融危机最初现身于拉美、东亚和俄罗斯时，西方经济学家曾把危机原因归结于这些国家或地区自身的失误。姜瑜更赞同危机根源在于全球金融体系的说法，她认为，当前的危机起源于发达国家，而把责任归咎于其他国家的做法是不恰当的。

2009年，巴西总统卢拉造访伦敦，在与英国首相布朗的会谈中，他对这场金融危机作出了一个震惊四座的评论：“某些白皮肤、蓝眼睛的家伙的不明智的行为造成和加剧了这场危机。而危机爆发之前，他们似乎还对经济了如指掌。”这位巴西总统实际上是在对西方发达国家说：“这是你们的危机，不是我们的”。

既然危机确实爆发于西方国家，那么，我们不妨绕过新兴市场国家来认真看看这场危机的来龙去脉。只有这样，我们才能重温这场危机的起源和经过，从而帮助我们从合适的角度去理解中国外交部发言人的上述那番话的含义。中国和其他得益于对外顺差的新兴市场国家在这场金融危机中受害颇深，只有认识到这一点，全球体系的管理者才能对其进行修复，使之避免重蹈覆辙。

著名经济学家、作家、外交家和政治家加尔布雷思（J.K.Galbraith）在 1990 年出版了一本精彩绝伦的短书，名为《金融狂热潮简史》（*A Short History of Financial Euphoria*）。这本只有 96 页的书不仅描述了危机的诸多细节和数据，更重要的是，它为我们认识西方世界的泡沫以及这些泡沫的形成原因进行了精辟的剖析。实际上，这本书对未来的指导意义是永恒的。加尔布雷思用犀利而痛楚的笔锋写道："投机大潮的结局未必是哭泣，而往往是重创"。他又接着指出，"但狂热大潮则会因为弄潮者的意愿而延续下去，因为他们希望这个财富美梦永远不醒"。今天，我们或许可以问："梦想真的不会破灭吗？"

尽管危机始于房地产和银行业，但很快就让所有金融机构陷入危机，包括保险公司、养老金基金、对冲基金和私募基金。此外，信贷收缩导致非金融企业现金流匮乏，信贷额度紧张，随之而来的经济衰退又让他们的销售和收入遭受到沉重打击，股价也一并暴跌。例如，标准普尔 500 指数从 2007 年 10 月的 1 500 多点跌至 2009 年 3 月初的 686 点。所有这一切显示，很多美国大企业将在这场大萧条中关门倒闭。其他国家股票市场和商品市场也如出一辙，纷纷传出噩耗。即便是投资者心目中拥有最低风险的政府债券，回报率也降至历史新低。在你存款的银行都将倒闭之时，纵然手握现金也不再安全。

自 2008 年 10 月起，各国政府和中央银行纷纷采取特殊对策，促使全球股票市场在 2009 年 3 月之后迅速反弹，大多数国家也在当年走出萧条的泥潭。这些政策包括持续向金融市场和银行注入流动性资金，让中央银行大量收购企业和政府债券，同时采取金融救助措施和国有化及大幅增加政府借款，在刺激疲软乏力的经济增势的同时，补偿因税收收入锐减而导致的财政缺口等。西方国家必须认识到市场的能量，发挥政府力量抵御这场危机。这也是为未来稳定和经济增长奠定基础的唯一出路。

与西方国家相比，新兴市场国家摆脱危机重压的速度更快，效果也更明显。他们之所以能迅速走出低谷实现反弹，原因就在于他们的银行体系在危机中几乎秋毫无损，并保持了稳健和安全。这意味着，新兴市场国家可以通过降低利率、增加政府开支以及依靠美联储提供的资金救助计划，对金融危机作出及时而有效的反应。

当然，新兴市场国家也不可能在危机中独善其身，相反，面对全球经济波动，有些国家表现出意想不到的脆弱，这就迫使他们不得不采取直接行动。这种结果的原因就在于经济体制迫使他们过分依赖于对西方经济体的出口，而这种情况还将继续下去。为了维持这种体制，新兴市场国家所制定的经济、金融和汇率政策可能会更偏重于自身的利益，但这也加剧了他们深陷于全球贸易失衡的危险，而贸易失衡则是导致全球金融体系失去稳定的核心因素。因此，了解这场危机如何折磨与纠缠西方国家以及为什么西方国家和新兴市场国家都要在危机之后面对巨大的风险和挑战，这一点显得至关重要。

次贷风暴：繁荣终结者

次级贷款最早出现于 1993 年左右，实际上，在 2007 年年初的时候，还很少有几个美国人听说过稀奇古怪的抵押贷款融资计划。但是在诞生之后的 10 年时间里，次级贷款却占到全部新发放抵押贷款的 9% 左右。而在截至到 2006 年的这 3 年时间里，它在新发放抵押贷款中的份额已经达到 20%。次级贷款的发放目标是信贷风险水平最高的贷款对象。银行不仅提供贷款给信誉度不足的借款人，也包括收入水平明显不配比的借款人，而且银行通常不进行详细的审查和确认，用以保证借款人具有还款能力并能按时还本付息。借款人通常可以获得“只付息贷款”（指在一定时间内，贷款者每月只需支付利息而不需偿付本金的贷款，但这种方式仅限于贷款期的某些特定时间。——译者注），因此，最终的还款就完全依赖于房产价格的持续上涨。其他次贷工具还包括“诱惑性”低利率，贷款人在头一两年内仅收取极低的利率，但是在初始期结束后，便重新设定为较高利率；另一个则是可选择支付抵押贷款，借款人可以自行选择每月的还款金额。

2006 年夏季，美国的房产价格达到最高峰，但自此之后，一些城市和州的贷款违约时间便开始扶摇直上。比如孟菲斯的一个区，在 2004 年到 2006 年期间发放的全部抵押贷款中，次级贷款的比例超过 40%。而在密西西比和路易斯安那两个州，当时的抵押贷款违约率已创新高，达到 10%，但人们还是驾轻就熟地把它们归咎于“卡特里娜”飓风所造成的破坏。（2005 年 8 月，这场美国历史上破坏性最为严重的飓风几乎摧毁了新奥尔良市，让整个墨西哥湾变成了一片废墟。）

那些开始把次级贷款视作潜在危机的人坚信，次级抵押贷款仅占美国全部抵押贷款的 40%，在美联储把短期利率从 2004 年的 1% 提高到 2007 年的 5.25% 之后，抵押贷款违约率有所提高是不可避免的。那么，美国抵押贷款市场出现的局部性问题，到底是如何把正处于历史上最繁荣的全球经济拉下水的呢？

2006 年年底，次级贷款违约、丧失抵押品赎回权及房产被收回等事件便开始呈现出加速局面。十几家从事次贷业务的银行纷纷破产倒闭，其中就包括美国的第二大次级抵押贷款机构——新世纪金融公司（New Century Financial Corporation）。于是，房地产金融领域的危机如野火一般迅速蔓延。它不仅影响到直接向借款人提供贷款的银行，也波及全球涉足购买抵押贷款并对其进行证券化的金融机构，后者在买进这些贷款后进行打包并通过金融工程使之转化为可公开交易的有价证券，而且这些证券大多具有较高的信用等级，并得到穆迪投资者服务公司（Moody's Investors Service）和标准普尔（S&P）等国际知名评级公司的认可。

2007 年，次贷市场开始加速恶化，投资者和银行不得不接受亏损的现实。更加糟糕的是，要对他们持有的证券化资产进行估价也变得越来越困难，因为这些资产的市场几乎已经完全停滞，某种证券化资产的市场甚至已经彻底干涸。在失去公开市场之后，证券的贷款方和持有者就不可能再像以前那样镇定自若了，因为他们虽能事先考虑可能形成损失的风险，但却不能应对因无从判断资产价值而带来的不确定性。

而这种不确定性又会导致贷款人突然开始极端厌恶风险。于是，他们开始大幅收缩信贷额度，对借款人（包括其他借款银行）采取超常规的收款方式。这也是整个危机的序幕。由此，次级贷款也从一种无足轻重的抵押贷款工具摇身一变，成为一个令整个金融界为之震颤的怪物，这甚至殃及到了那些与抵押贷款融资几乎毫无关联的金融机构和国家。

同年7月，两家从属于投资银行的对冲基金破产，其中包括在2006年年底拥有1.5万亿美元投资的贝尔斯登（Bear Stearns），他们的投资主要集中于次级贷款。一个月之后，法国巴黎银行（BNP Paribas）投资的次级贷款遭受巨额亏损与投资者的集中挤兑和大量抽资，从而被迫向投资者关闭了两支基金，并公开承认公司已无法兑现剩余资产。

到2007年9月，全世界的常规性借贷活动均受到严重影响，银行开始惜贷，银行间拆解利率也直线飙升。其他贷款的恶化让很多银行开始忧心忡忡。这其中就包括各种证券化资产，比如以信用卡、汽车贷款、常规性消费贷款和企业贷款为基础的证券化资产。一方面，为贷款提供担保的资产价格持续下跌，另一方面，债务方感到越来越难以履行偿债义务。还有一些贷款被称为“杠杆贷款”（leveraged loans），它们直接依赖于私募基金的资本运作以及经济繁荣时期的并购交易，而现在，这些用贷款收购的资产开始大幅贬值。此时，金融机构深陷两难困境：资产价值严重下跌甚至已无法估值，而他们又无法按可接受条款获得贷款支持。总之，危机直接侵蚀了银行的流动性，也给他们的偿债能力蒙上了阴影。

2008年年初，金融服务业的乌云开始蔓延，全面信贷紧缩已成既定事实。同年2月，北岩银行（Northern Rock）被收归国有，作为英国第四大私人银行，北岩银行的历史可以追溯到19世纪，目前主要依赖银行间贷款为其押贷款提供资金。此后，遭受严重亏损的银行数量开始迅速攀升。3月，贝尔斯登宣告破产，并由摩根大通银行接手。9月，美国政府将美国最大的两家抵押贷款机构——房利美（即联邦国民抵押贷款协会。——译者注）和房地美（即联邦住宅贷款抵押公司。——译者注）收归国有，此前，它们为美国全部12万亿美元抵押贷款的一半提供担保。

另外，因担心流动性枯竭，美洲银行收购了著名投资银行美林证券。保险巨头美国国际集团（AIG）以类似于国有化的形式接受政府救助。大型投资基金雷曼兄弟则直接破产清算。至此，全球金融体系开始陷入深度萧条，如同死水一潭，人们开始担心，另一场“大萧条”是否已经近在眼前。

全盘崩溃的“明斯基时刻”

2007 年 3 月，我撰写的一系列金融危机文章陆续发表，其中的第一篇文章为《我们是否已经走到“明斯基时刻”》。而到 2008 年 12 月，这个时刻终于到来了。那么，“明斯基时刻”到底有何含义呢？这个术语出自美国经济学家海曼·明斯基（Hyman Minsky），其含义是指市场繁荣与衰退之间的转折点。此时，系统性的金融危机已全面爆发，借款人和贷款人均遭遇窘境，借贷困难，经济萧条加剧，从而促使政府及其监管机构不得不实施全面干预。

明斯基指出了债务量随经济繁荣和稳定期的延长而不断积累的过程和原因。更重要的是，他还揭示了私人及企业收购债务的信心为什么会不断膨胀的原因以及膨胀的方式。明斯基指出，债务积累的过程会经历三个阶段。前两个阶段在总体上是良性的，促使经济以积极的方式不断增长。只要借款人能履约还款，用其经常性收入偿还债务，且持有资产的未来价值极有可能超过其债务，信贷支持就能保证经济高效且有序地成长。但是进入最后一个阶段，也就是明斯基所说的“庞氏骗局”阶段，债务循环便开始越来越不稳定。贷款人在放贷过程中过于激进，借款人则会过度借款。但更重要的是，借款人最终只能拆东墙补西墙，通过举借新债才能偿还旧债。此时，任何以借款来偿还信用卡欠款利息的人就是在玩弄“庞氏骗局”。

明斯基用“查尔斯·庞齐”（Charles Ponzi）的名字命名这个阶段不无原因，1903 年，庞齐从意大利移民到美国，当时，他设计了一种金字塔形投资计划，通过把向新加入的投资者预收的资金支付给已投资者作为投资回报。在因欺诈逮捕之后，庞齐被判监禁三年。当然，庞齐既不是第一个玩弄这种花招的骗子，也不是最后一个。2008 年，前纳斯达克股票市场董事长伯纳德·麦道夫（Bernard Madoff）被指控策划相同骗局。一年之后，法庭以证券欺诈、洗钱和作伪证等罪名判处麦道夫入狱 150 年。

尽管金融欺诈和欺骗投资者的行为存在于每一次金融危机，但它们却不是明斯基最关心的问题。他更关注资本主义体系的内在机制，尤其是复杂的债务工具最终何以会造成金融波动，甚至是大规模的震荡，使得公共权力机构不得不采取非常规干预手段来稳定金融体系及整体经济。

实际上，“明斯基时刻”早在 1998 年 9 月便已出现，当时，美国的对冲基金——长期资本管理公司在俄罗斯政府对外债违约后不久便宣告破产。美联储立即向市场提供了应急流动性方案，并组织对该对冲基金的资产和头寸实施有序清算，削减利率，以阻止这场金融危机演化为系统性失败。

尽管明斯基在 2007—2009 年金融危机发生的 10 年之前便已去世，但他对金融危机产生机理的剖析和诊断却一针见血。他告诉我们，危机并不是一个随机性事件，也不是因为运气不好。相反，它是 20 世纪 80 年代债务周期激化到顶点的必然产物，这些因素在 20 世纪 90 年代不断积蓄能量，并在 2002 到 2006 年之间进入迸发阶段。

不动产往往是金融危机的核心，而房地产则为我们提供了经典的例证。房产价格上涨刺激越来越多的人不断用借款购买房产或其他大额不动产。超低利率贷款和只付息贷款让借款人可以比正常情况借到更多的贷款，因为市场普遍认为继续上涨的房价能让他们偿还贷款。只要房价继续上涨，人们就能按月支付抵押贷款的月付款，因而不会有任何问题。但是，如果不动产价格的价格突然掉头下行，人们开始纷纷失业或者收入因其他原因而减少，抵押贷款融资这座大厦都会轰然倒塌。

次级贷款不过是巨大冰山的一角而已，这座冰山汇聚了普遍抵押贷款和其他消费贷款、企业贷款、复杂的金融衍生品市场以及在 2004—2007 年间占据发达经济全部信贷总额一半的所谓“影子银行”系统（指房地产贷款被加工成有价证券并在资本市场上进行交易，属于银行的证券化业务。——译者注)。不知出于何种原因，在金融创新和以市场为主导的金融全球化旗号下，这些债务工具和金融债务在此前的 20 年里居然得以巨大扩散并迅速普及开来。

2007 年 6 月 25 日，《金融时报》发表了一篇名为《为什么金融业不会彻底解放》的文章，这篇文章认为解放金融业是当前全球化时代意义最为重大的转变之一，并对全球金融资产与 GDP 之比进行了独立估计。文章指出，这一比例已从 1980 年的 109% 猛增到 2005 年的 316%。金融业全球经济中的比例在如此之短的时间里翻了三番，已经足以为我们敲响警钟。《金融时报》还进一步指出，决不能认为自由金融资本主义的存在是理所应当的事情，只有监管者审慎严谨，采取全球化的协调措施，中央银行熟悉现代化的信贷创造过程，税赋结构合理，金融全球化的优势才有可能化为现实。

虽然这些警告句句在理，但现在说这些已为时已晚。危机已经爆发，萧条已经开始，在这场经济大屠杀已经显而易见的时候，人们才开始有所反应。但到底谁应该为这场危机承担责任，新兴市场国家到底做了些什么，真正的始作俑者到底是谁，我们应该怎样应对这场风暴呢？

谁应该来为这场危机买单？

金融危机的历史告诉我们，人们往往会不遗余力地搜索出金融丑闻或金融失效背后的造恶者，而且大多能找到这样一个罪犯，但很少能将其绳之以法。这次也不例外，虽然找一个人做替罪羊是再自然不过的反应，但这样的反应往往会使人们忽略造成这场危机的更深层次、更加重要的系统性根源，也就是说，来自资本家和全球金融体系本身的诱因。

显然，银行家们采取的贷款模式缺乏深思熟虑和安全性。住房所有者陷入如此之高的负债水平是无辜的。监管者并没有履行自己的监管职责，因为最主要的破产机构恰恰来自被监管的银行业。他们根本就没有去关注那些已经逾越安全经营边界的机构。那些通过评定待入市金融产品的信用评级而得利的信用评级机构同样难逃其责，因为他们根本就没有为市场提供可靠和值得信赖的指导性信息。

但这都只不过是这场危机的表象，而不是根源。事实上，我们本可以避免这样一个自由散漫的金融体系。20 世纪 80 年代，里根和撒切尔分别在美国和英国启动金融服务的去监管政策，造就了自由化的金融体系，并导致债务水平扶摇直上，这样的政策一直持续到 1993—2001 年的克林顿政府和 1997 年之后的英国工党政府。比如，1999 年，经过银行业多年的努力及政治领袖的积极呼吁，美国国会终于废弃了《格拉斯—斯蒂格尔法案》（Glass—Steagall Act，也称作《1933 年银行法》。——译者注），这部在 60 多年前推出的法案禁止银行控股公司持有其他金融机构的股权，以彻底分离同一机构内的商业银行业务和投资银行业务。

这部法案的初衷以及取消该法案的败笔在本次危机中尽显无遗。在废除对金融机构职能设置的约束之后，大型金融机构内部的利益与文化冲突开始陡然加剧，有关风险头寸的信息被掩盖起来，成为企业无足轻重的内部事务，而这就模糊了积聚在个别金融机构内的风险。20 世纪 20 年代，银行和银行家曾经强势无比，到了 20 世纪 90 年代和新千年，他们再次成为强势者，他们不仅在各自领域内影响力巨大，在政治圈和更宽泛的经济界同样不乏震撼力。例如，到 2007 年，金融服务和不动产行业增长占英国 GDP 增长的 60%，美国则是 55%。金融业开始变得越来越庞大和强势，也越来越忘乎所以。

此外，如果不是因为全球经济的流通热钱达到疯狂地步，我们也不可能遭遇如此惨重的金融危机。一个最重要的现象就是：2008 年上半年，全球外汇的日周转量达到了 3.3 万亿美元，而在 2009 年上半年的金融危机之后，全球外汇日周转量则下降了 25% 左右，其中的一半属于银行之间的外汇周转，也就是说，不是单为某个顾客执行的外汇交易。相比之下，全球出口贸易的平均日交易额却只有 400 亿美元。金融交易量的急剧膨胀可以归结为全球信贷创造的结果，还有一部分原因则是全球贸易失衡的积聚，中国与其他新兴市场国家通过巨额国际顺差建立起庞大的外汇储备，这种趋势在 2002 年之后开始变得尤为明显。这些储备性资产要么储存于欧美银行，要么被投资于政府债券，从而导致当时的银行信贷迅速升温。

但是，只有在了解了 20 世纪 80 年代对全球经济造成破坏的一连串金融危机（见表 3-1）之后，我们才能认清这种局面发生的背景。实际上，从 1990 年到 2009 年的每一年中，银行体系至少会爆发一场危机，不动产市场都会遭遇一次暴跌。但是，为什么没有一个监管者能发现这些事件之间的关联，并为我们揭开某些信贷风险事件背后的深层原因呢？

非理性繁荣背后的真相

20 世纪 80 年代曾爆发了两次危机。第一场危机涉及美国的储蓄贷款机构，在发放了一系列缺乏足够理由的不动产贷款之后，它们在随后 10 年里遭遇了极为不利的利率调整政策，美联储为抑制通货膨胀而采取异常严厉的货币政策，迫使短期利率（即储蓄机构吸收存款的利率）大幅上调并超过长期利率水平（借款人支付的贷款利息）。第二场危机为 1987 年的全球股市暴跌，尽管人们认为这场危机极端严重，但它的经济影响似乎可以忽略不计，因而很快淡出了人们的记忆。而发展中国家尤其是拉美国家似乎成为了整个 20 世纪 80 年代的主角。1982 年，墨西哥对 800 万美元外债（大多是对美国银行的贷款）停止偿付利息及本金，由此触发了规模异常浩大的债务危机。

在这场危机的背景里，我们可以看到似曾相识的“老朋友”，譬如金融自由化和金融创新以及过分负债，尤其是短期负债过度膨胀。1979—1981 年期间，石油价格高速飞涨，而后，美国又在 20 世纪 80 年代为遏制通货膨胀而大幅上调短期利率，一场金融危机已经不可避免。1983 年，负债总额接近 2 500 亿美元的 27 个国家已计划重组其外债或已开始重组外债。在拉丁美洲，占据发展中国家外债总额 75% 的墨西哥、巴西、委内瑞拉和阿根廷等 16 个国家不得不进行外债重组。

表 3-1 发达经济体的几场大规模金融危机

年份	事件	基本特征
1982	美国银行业	拉美国家爆发主权违约，全球经济陷入萧条，墨西哥暂停偿付外债，美国爆发储贷危机。
1987	美国股票市场大跌	美国股市于 1987 年 10 月出现大跌，巴西暂停偿付外债，美国币值跌至史上最低点。
1990	日经指数暴跌	美国垃圾债券市场暴跌，日经指数下跌 50%，美国著名投资银行德崇证券破产，阿根廷、巴西、匈牙利和罗马尼亚爆发系统性银行危机。
1992	欧洲汇率机制危机	欧洲汇率体系崩溃，日本资产泡沫破裂，斯堪的纳维亚半岛爆发银行危机，阿根廷、埃及、菲律宾、波兰和南非实施债务重组。
1997	亚洲金融危机	多个国家遭遇国际收支和金融危机，泰国铢贬值，并触发地区性货币危机，资本大量外套，亚洲国家采取紧急对策，经济衰退，并在随后 6 年时间里修复资产负债表并实施债务减免。
1998	长期资本管理公司破产	美国对冲基金公司破产，俄罗斯出现主权违约，墨西哥和巴西爆发金融危机。
2000	互联网泡沫破裂	高科技板块股市大跌，俄罗斯实施债务重组，土耳其爆发系统性银行危机。
2002	世通、安然的财务丑闻	大型企业的财务丑闻引发金融市场混乱，首先导致著名会计公司安达信被收购，随后是世通破产，新兴市场国家遭遇严重危机。
2007—2009	美国次贷危机	次贷房地产市场融资市场陷入停滞和下跌，并迅速扭转整个房产系统的格局，随后引发信贷混乱，贝尔斯登经营失败并被摩根大通收购，美国联邦此时房地产抵押贷款担保的房地美和房利美被国有化，国际保险集团、北岩银行破产并接受政府救助，雷曼兄弟银行破产，苏格兰皇家银行和劳埃德银行被政府接管，欧洲银行陷入系统性危机。 全球经济陷入 20 世纪 30 年代“大萧条”以来最严重的衰落，世界各国纷纷采取了前所未有的财政、金融和货币政策来应对这场金融危机。

事实证明，日本股市崩溃给日本带来的破坏力远远超过对全球经济的影响，它引发了一场延续 20 多年的经济衰退。1992 年爆发的欧洲汇率机制（European Exchange Rate Mechanism，简称 ERM。——译者注）危机同样属于地区性事件。欧洲汇率机制是一个维护单一货币体系的长期性策略，欧洲汇率机制危机促使各国将彼此间汇率固定在特定水平，如果不对不可持续的高汇率实施惩罚，这一特定水平的固定汇率就不可能长期维持。为此，英国不得不退出欧洲汇率机制，从此之后，英国再也没有认真考虑过加入单一货币体系。这场危机并没有阻止欧元的出现，而只是推迟了它的诞生。20 世纪 90 年代初，房地产价格暴跌以及这个行业的过度投机风险动摇了斯堪的纳维亚银行体系。同样的情况也出现于英国，只不过没有让银行系统陷入危机。与此同时，阿根廷、巴西及部分东欧国家的银行系统始终麻烦不断。

1997—1998 年，泰铢贬值拉开了一场旷日持久的货币危机序幕。仅仅在两个月之后，这场危机就蔓延到了马来西亚和韩国，随即很快席卷整个亚洲。此时，美国的长期资本管理公司已倒闭，俄罗斯也开始对主权债务出现违约。1998 年，美联储开始从全球性角度应对这场危机，事实证明，在危机即将扩散之时，这样的举措对于缓解金融危机至关重要。事实上，美联储已成为一家全球中央银行，不仅需要按照本地需求、美国的就业和通货膨胀情况，还要根据全球金融的状况，适时调整全球经济的流动性状况及世界利率的总体水平。但这里的问题是，美联储只有一种运营模式，即放松信贷政策以缓燃眉之急，而不是以先发制人的方式阻止危机爆发。

实际上，中央银行完全可以在不同节点扭转或是延缓 20 世纪 80 年代以来的信贷周期。例如，1996 年 12 月，就在美国及全球股票价格的持续上涨已经让人们有所警觉时，美联储主席格林斯潘在美国企业协会发表了一场名为《民主社会中央银行的挑战》的演讲。他在演讲中提出这样一个问题——“但是，我们怎么会知道非理性繁荣到底会在什么时候不恰当地加剧资产泡沫，哪些资产会像 10 年前的日本那样陷入长期颓势，我们应该怎样把这些评估结果纳入货币政策呢？”

在随后的10年里，这些问题始终烦扰着格林斯潘，直至退休，甚至在他离开自己的美联储办公室之后，格林斯潘依旧为此感到头疼。格林斯潘及其西方同行们始终拒绝承认，中央银行有责任干预信贷泡沫和资产泡沫的滋生和膨胀。但这在当时还是无法理解的，因为利率本身是一种极其笨重的货币政策工具，举个例子，如果以提高利率来抑制股票市场的投机活动，还有可能殃及尚未陷入非理性繁荣的中小企业和其他很多借款人。不过，中央银行还可以动用其他货币工具，包括提高股票交易的保证金要求，增加对银行的资本金、流动性及准备金率等要求。他们也可以敦促政府以法律手段加强对借贷活动的控制力。尽管有如此之多的工具可以选择，但这些工具又需要更为严厉的监管，因此，把它们束之高阁显然令人遗憾。金融全球化的文化以及市场之上的思想植根于十几年之前，并在亚洲金融危机之后得到突出体现。

1999年2月15日，美国《时代周刊》在头版的照片人物是美联储主席格林斯潘、财政部长罗伯特·鲁宾（Robert Rubin）及其助理拉里·萨默斯（Larry Summers，现任奥巴马政府国家经济委员会主任），报道的主标题是《美联储将出手救市》，副标题则是《三位市场中人阻止全球经济崩溃的内幕——就在眼前》。这就是人们当时对这三位经济领军人物的确切感受，但只有这才能说明一切，最后几个字显然是这段历史中最重要的总结，只是眼前，而不代表未来。

总之，格林斯潘、鲁宾和萨默斯已成为10年前柏林墙倒塌时的胜利象征。他们完全可以凭阻止亚洲金融危机登陆美国及次年的华尔街和俄罗斯危机的功臣而自居。他们对强调市场智慧和自由放任的全球金融一体化模式坚信不疑。信息通讯技术的革命和经济持续增长的强烈预期共同造就了经济形势一片乐观和成功这一似乎无处不在的大背景，而对一系列金融危机的成功应对，也给人们留下了无穷的信心。

2005年，格林斯潘深入研究了所谓“利率谜题”的本质。所谓“利率谜题”，是指在美联储提高利率时，市场的长期利率却没有出现预期的上涨。新兴国家外汇储备在长期的政府及准政府债券投资中扮演了不可忽视的角色。也就是在同年，他的重要部下及继任者伯南克在弗吉尼亚经济学会发表的演说也提到了全球储蓄过度问题，他认为这个问题的根源在于新兴市场国家的过度储蓄及其对全球贸易失衡的重要影响以及美国的长期低利率。格林斯潘、伯南克和其他中央银行官员不约而同地认识到全球失衡带来的金融错位问题以及美国和中国及其他新兴市场国家在其中各自扮演的角色。但他们一致认为，这只是一个通过逐渐调整即可解决的长期性问题，换句话说，与其说这是潜在的危机，还不如说是好奇心使然罢了。

没有任何一个当权者认识到，全球的金融与贸易结构已病入膏肓，而很多人也同样没有意识到，华盛顿、伦敦和欧洲国家政府发起的政策措施实际是在加剧这场大病。因为我们现在都很清楚，破裂于 2007—2008 年的全球金融业和信贷体系泡沫，正是源于他们对金融自由化的坚信不疑以及 1997—1998 年亚洲危机的震动。政策制定者信仰的是权力和全球金融自由化所带来的创新效应，但他们却未能认识到中国及其他亚洲国家的经济发展策略发生 180 度大转弯所带来的影响。

新兴者如何成为全球经济债权人？

那么，中国、东亚国家、沙特阿拉伯、俄罗斯及其他主要产油国和新兴市场国家到底是怎样成为全球经济的债权人的呢？其背后的原因又何在呢？毕竟，常规性的经济发展模式通常认为，穷国往往容易成为债务国，也就是说，他们往往需要从发达国家输入资本，以维持其金融增长。换句话说，主要发展中国家的输入资本往往超过其输出资本，以维持贸易赤字，并通过向其他国家举债来支撑其赤字。而富裕国家则恰恰相反，他们通过资本输出实现贸易顺差。这的确是 1997 年之前的国际收支模式。我们不妨看看伯南克关于储蓄过剩的一段话：

“我认为，在过去的 10 年里，各种力量相结合共同促成了全球储蓄供给、或者说储蓄过剩的巨大增长，这不仅可以解释美国账户赤字过多的原因，也可以说明当前全球长期真实利率持续低

> 迷的原因。主要工业国的退休人员/劳动力之比的预期大幅度增长是造成全球储蓄水平居高不下的一个重要原因。但我认为有一点问题尚需探讨：全球储蓄过剩还有一个特别有趣的方面，这就是发展中国家和新兴市场国家的信贷资金流发生了实质性逆转，从而把这些经济体从国际资本市场的净借款国变成了威力巨大的净贷款国。”

认为发达国家人口快速老龄化或者说婴儿潮一代即将退休是造成高储蓄率的原因，这样的观点在理论上是正确的，无论过去还是现在都是如此，但在实践中却是错误的。素以节俭而著称的日本家庭在 1990 年之前始终是高储蓄者，但此后，他们的储蓄率开始持续降低。个人储蓄高显然是美国人或是英国人的特点，尽管德国算是欧美国家中鲜有的高储蓄经济体，但这与老龄化几乎没有任何联系。与日本不同，德国一直有依靠出口增长并以储蓄盈余进行投资以维持这种增长的历史传统。

但是，伯南克提到的新兴市场国家和发展中国家的转变行为显然意义非凡。而这种转变恰恰始于亚洲金融危机。

1997 年的泰铢贬值触发了亚洲自二战以来最为汹涌的经济震荡。以前，大多数亚洲国家对世界其他国家保持贸易逆差，属于典型的资本输入国。为吸引国外资本，多数亚洲国家的政府采取盯住汇率制，这就让投资贷款者有足够的信心相信，他们丝毫不必担心自己的投资、红利或利润会因汇率波动而遭受损失。泰国、马来西亚、印度尼西亚及多数其他亚洲国家都曾尝试过这样做，但结果无非都是失败。

这些国家都采取了固定汇率制，但又同时允许资本自由进出国境。这本身就是不明智的。如果要锁定本国汇率，就必须控制资本流入，只有这样，才不至于丧失对境内货币的控制，并在本币受到威胁时输出资本。如果想在资本交易中取得更大的灵活性，就必须让汇率自由浮动。你只能任选其一，但决不能像亚洲国家那样两者皆为。

实际上，他们不仅实现资本账户的开放，还通过取消针对贸易及项目融资的限制来吸引国外资本，鼓励国外银行进入。这就加剧了本地银行间的竞争，而受到排挤的本地银行也就只能去争取盈利能力越来越低的企业和项目。在进入亚洲国家的这些国外资本之中，大部分为美元形式的短期借款，且投资对象多集中于不动产、高尔夫球场及其他经济效益不明朗的项目。这与 10 年之后的东欧如出一辙。

随着泰铢的贬值，如同大坝决堤一般，其他亚洲国家的货币也迅速贬值。而资本却如退潮一般在顷刻时间退去，亚洲金融危机就此拉开序幕。为重现地区金融形势稳定，重建地区金融体系，恢复经济的可持续增长，亚洲国家整整奋斗了六年的时间。但亚洲的金融危机显然不是过眼烟云，来去匆匆，没有留下任何痕迹便消失在历史的长河里。相反，这是一个影响深远的事件，它改变了整个世界的基本格局，直到金融危机爆发，人们才真正感受到它带来的巨大的副作用。

从根本上说，亚洲的这场危机必将扭转主要新兴市场国家对其全球角色和地位的认识。但有趣的是，中国在这场危机中却几乎秋毫无损。中国同样采取的是盯住汇率制，同样对资本流动实施严格控制，但危机让中国坚信，在未来，其或许需要通过资本流动来筹集一笔巨大的军费。而其他亚洲国家，实际上主要是新兴市场国家，同样也接受了中国的思维。

这显然意味着发展战略的重大转变。而且，这样的巨变必然会改变目前以西方发达国家为中心的国际格局。这样，亚洲国家就不会再受制于贸易逆差，依赖外国资本为发展提供资金，而是依靠国外需求创造贸易顺差，培育独立增长的能力，并利用外汇盈余强化自身资金实力，提高对外贷款能力。尽管其中的重要性并不会立竿见影，但就像伯南克在上面那段里指出的那样，**亚洲危机标志着一个重要的历史转折点：新兴市场从西方资本的消费者变成资本的供应者。**

随着中国及其他亚洲国家积累起巨额贸易顺差，并将其金融资本投资于发达国家的资本市场，美国和其他西方国家就只能面对两种选择。一种选择就是适应这种转变，接受巨额贸易逆差承载者的角色；另一种选择则是拒绝转变，但这只能带来更严重的贸易摩擦。如果没有一个共同认可的国际经济与金融行为准则，全球经济活动及增长就必然要受到挑战。我们选择了迎合新兴市场国家的策略。尤其是美国，经常面临账户赤字急剧膨胀，以至于赤字额几乎达到GDP的7%，相比之下，中国的贸易顺差则进一步升至GDP的10%左右。全球性贸易失衡达到了前所未有的程度，而资本流动带来的结果就是高度震荡。

遗憾的是，时至今日，一切还依旧如故。到2010年，随着经济萧条和最终需求涨势的疲软给美国及其他发达国家的经常账户带来转机，全球贸易失衡也有所改善。与此同时，中国的贸易顺差也下降到GDP的6%左右。但这只不过是经济危机造成的周期性现象而已。不能不提到的是，决定经常账户头寸的储蓄及投资基本趋势，或者说对外顺差或逆差，存在着一个我们再熟悉不过的问题。

美国与欧洲居民的储蓄或许不少，但政府财政赤字的剧增在很大程度上让居民储蓄的增加化为虚无。而中国为遏制危机影响而采取的政策，很有可能在中期便实现难以置信的国际收支顺差。虽然中国也积极采取对策刺激国内消费，但这些政策的主要目的还是在于刺激投资、不动产及工业，至于为实现更具有长远意义的居民购买力可持续增长所需要的社会基础设施建设，并没有得到应有的关注。

面对危机前既已存在的相同的全球性失衡，我们也面对着同样的选择。如果发达国家，尤其是美国，能容忍新兴市场国家长期维持其巨额顺差，无非是因为他们的消费者再度拾起奢华挥霍的生活方式，要么是因为他们的政府无力通过限制公共借款和消费而纠正储蓄的低效性，或者两者兼而有之。

几乎可以肯定的是，最终的结果就是财政和汇率危机，这场危机不仅会把经济拉入泥潭，而且很有可能会引发又一场严重的经济衰落，甚至是萧条。2010年，希腊、西班牙和葡萄牙先后走上这条不归路。如果我们不接受这样的现实，结果极有可能是一场大规模的全球经济衰退，那么，贸易保护主义和政治冲突将再度抬头。

因此，这样的争辩并不难代表美国和欧洲的全部主张。高层次的全球化意味着，这两个占有全世界一半GDP的地区不可能独善其身，他们在制定政策时必须顾及对方的利益，他们需要合作。而占有另一半GDP的金砖国家，同样有自己的角色。如果坚决抵制或者不愿意接受体制改革和汇率升值，那么，他们的经济稳定性和安全性就必然会大打折扣，而这又会让原已陷入动荡中的全球金融体系进一步的恶化。尽管大多数新兴市场国家很快便走出危机，实现复苏，但他们仍然必须面对全球经济形势变化带来的现实挑战。

我们从金融危机中学到什么？

尽管很多人一直信誓旦旦地声称，亚洲及其他新兴市场国家将在西方国家的危机面前超然物外，但事实证明，危机带来的冲击波远远超过人们最初的预期。就在雷曼兄弟于 2008 年 9 月破产的几个月之后，在世界上吞吐量最大的集装箱港口——新加坡，如果你站在任何一座摩天大楼的窗前，都将会看到，在几百艘停靠码头的货轮中，绝大多数并没有进行装卸作业。这个集装箱工作台几乎空空如也。作为代表亚洲经济命脉象征的航运业，因全球金融危机而濒临瘫痪。这场危机导致贸易融资成本暴涨，贸易活动也陷入停滞，随着西方国家的经济一步步走入萧条，对亚洲的出口需求也大幅地下滑，需求量一度曾减少 30%~50% 之多。随着危机的负面影响不断扩散和反复地加剧，此前 10 年作为该地区经济腾飞的基石——制造业供应链，现状已经不堪入目。

如果世界贸易长时间处于瘫痪状态，全球化趋势必将面临逆转的可能，此时，全球经济中的最大受害者自然是那些最贫穷的国家，但 、金砖国家、欧洲的土耳其和波兰、亚洲的马来西亚和印度尼西亚、美洲的墨西哥和智利、南非以及南撒哈拉地区的尼日利亚同样不可能幸免于难。

尽管所有新兴市场国家和发展中国家的真实 GDP 的增长率在 2008 年还能达到 5.6%,但到 2009 年便只能以 1% 的增长率蹒跚而行了。不过，这还要归功于中国和印度分别还维持着 8.5% 和 5.5% 的高增长率。如果没有中国，亚洲的 GDP 增长率将从 4.2% 下降到 1.2%。

而在拉丁美洲，GDP 增长率将从 2008 年的 4.2% 萎缩至 2009 年的 2.4%，其中，巴西的 GDP 下降了 0.7%，阿根廷的 GDP 则下降了 2.5%。俄罗斯、中亚和东欧地区的 GDP 增长率也从 2008 年的 6% 下降为 2009

年的 -6%。中东及非洲国家在 2008 年的 GDP 增长率超过 5%，但进入 2009 年，则仅能勉强维持 1.5% 的水平。

金融危机的影响波及了所有的新兴市场国家，尤其是东欧和中亚国家，譬如匈牙利、乌克兰、哈萨克斯坦、拉脱维亚和立陶宛等承担巨额外币借款的国家。那些依赖于石油和其他原材料商品出口的国家同样深受其害。例如，在 2008 年 7 月曾创下每桶 147 美元历史价格新高的原油，到了 2008—2009 年冬季，每桶价格则狂跌至 40~50 美元。

随着西方国家的银行大规模收缩国际贷款和信贷工具，美元开始全面告急，而这挤压了新兴市场国家银行的流动性和放贷能力。2008 年下半年，西方银行对新兴市场国家发放的贷款减少了 8 000 亿美元，下降幅度高达 14% 之多。信贷紧缩以及对经济萧条的高预期促使美元币值迅速升值，这就意味着，任何持有美元借款的新兴市场国家或政府都将面对还款成本和再融资成本的增加。此时，疏通股权资本和非银行融资的资本市场几近枯竭。新兴市场国家发行的债券总额从 2007 年的 5 000 亿美元减少至 2009 年的 2 000 亿美元左右，与此同时，对新兴市场国家的国外直接投资也从 6 570 亿美元收缩到不足 3 000 亿美元，在 2007 年一度曾超过 2 300 亿美元的证券投资流（主要为股票和债券）几乎完全停滞。至于发展中国家家庭赖以生存的海外移民汇款额，则从 2008 年的接近 2 320 亿美元减少了近 30%，2009 年仅为 1 700 亿美元。

发生这样的情况似乎有点难以理解。人们认为，新兴市场国家因经济增长内源性强及内部贸易居多等特点而与发达国家相互隔离。而金融危机则毫无争议地驳斥了这种脱耦论的空洞性。它首先说明，所谓的内源性增长完全服从于对出口的依赖性；其次，新兴市场国家与全球金融和制造业供应链的高度一体化让他们很难在这个链条中任何环节的震荡面前不为所动。

在一份提交给 2009 年 4 月 G20 筹备会的报告中，世界银行提出警告，在全部新兴市场国家和发展中国家中，只有 10% 对危机具有较高的免疫力。该报告指出，这场危机对经济增长的负面影响将导致另外 5 300 万人成为贫困人口（标准为按日收入不足 2 美元），在此之前，已经有 1.30 亿 ~ 1.55 亿人口因 2008 年的食品和石油涨价而成为贫困人口。报告还做出了一个震惊的预测，如果阻碍经济增长的力量不能迅速逆转。从 2009 年到 2015 年，每年将有另外 20 万 ~ 40 万名婴儿夭折。

归根到底，大多数新兴市场国家还是有能力摆脱危机最恶劣的影响，在 20 世纪 90 年代末和新世纪初亚洲金融危机及其他债务危机中并没有发生大规模的政治和社会动荡。很多国家，尤其是中国，通过大手笔的经济和金融刺激计划抵消危机影响。因银行迫切需要流动性和外汇偿付外债，俄罗斯投入约 2 000 亿美元的资金用于救助国内金融服务业。韩国为价值 1 000 亿美元的银行债务提供担保。印度、韩国和香港的几家银行均通过接受政府资本注入，加强以资本 / 资产比例衡量的偿债能力。此外，国际货币基金组织也为巴基斯坦、匈牙利和乌克兰等 14 个国家提供了一笔价值为 500 亿美元的新备用贷款，并向哥伦比亚、墨西哥和波兰提供无条件的弹性信贷额度。

全球信贷危机之所以能逐渐得到缓解，还要归功于美联储及其他主要国家中央银行采取了不同寻常的金融及货币政策，但这并不等于说脱耦假说能站得住脚。

相反，这只能意味着，大多数新兴市场国家的政府、银行和家庭目前在财务上还非常强大，因而完全有能力抵消危机带来的负面影响。简而言之，新兴市场国家的资产负债表（即政府、银行、企业和家庭的资产与负债之间的均衡关系）依旧强大稳健。相比之下，西方经济的情况则大不相同，人们经常开玩笑地说，在他们的银行资产负债表里，左边（即资产方）几乎一无所有，右边（负债方）所有都不真实。很多新兴市场国家维持着巨大的经常项目顺差，并积累起巨额的外汇储备，他们的预算状况极为强大和健康。即便是在危机期间，巴西和印度依旧有能力增加政府支出，实施脱贫和促进就业计划。毫无疑问，中国的大规模经济刺激政策和基础设施计划注定会让整个国家避免更严重的社会动荡，尤其是在 1 亿 ~ 1.2 亿的贫困人口中。在很多新兴市场国家，政府和企业雇主对危机作出的反应就是削减工资、工作时间和社会福利，以维持就业率。

在危机期间，大多数新兴市场国家的财务状况明显不同于多数西方主要经济体，对于后者来说，巨额债务限制了他们应对危机的能力以及采取补偿措施的灵活性。新兴市场国家的资产负债表之所以能继续保持稳健洁净，在很大程度上是因为，在20世纪80年代的亚洲、俄罗斯和巴西金融危机之后，这些国家被迫采取大规模的监管与经济体制改革。但是在未来，他们或许不会再这么幸运了，因为他们无法确保这么干净而健康的资产负债表还能继续维持下去。实际上，为了应对危机，政府同样增加了借款，银行则增加了贷款，增加的幅度甚至几近疯狂。如果这些趋势继续下去，他们的财务状况必然会在面对资产价格暴跌或其他债务危机时再次变得不堪一击。

区分拥有脱耦能力和实施应对策略的资金至关重要。因为后者揭示了大多数新兴市场国家能从深度危机中迅速反弹的原因，前者强调的是，新兴市场国家对依赖于出口导向增长、发达国家的巨大需求以及金融与经济高度全球化的经济结构具有弱反应度。今天，这些条件正在变得风雨飘摇，而未来则会更加捉摸不定。

很多新兴市场国家以出口自诩。比如，马来西亚、越南和泰国的出口达到GDP的65%~90%，中国、菲律宾和韩国的出口也达到了GDP的30%~45%。但贸易结构却揭示了一个被这些数字所掩盖的严重缺陷。亚洲国家超过60%的出口商品目的地依旧是亚洲国家，也就是说，这些出口商品都属于所谓的中间商品，进入供应链的产品大多数以中国为目的地，在中国进行组装之后，出口到西方国家。此外，亚洲开发银行估计，在亚洲的全部出口商品中，22%的最终需求地还是亚洲。换句话说，78%的亚洲出口商品销往发达国家，其中，59%出口到美国、欧洲和日本，19%直接或间接销往其他国家。

在全球化加速飞跃的20年里，以高度依赖出口作为经济增长和社会发展的基本动力，始终是最强大、最具活力的转换媒介。但整个世界都在自欺欺人地认为，不断加剧的全球贸易失衡就是全球经济新秩序中的一个组成要素。但事实最终证明，一旦爆发全球经济金融危机，这种模式便成为新兴市场国家的致命要害。尽管新兴市场国家从危机中的反弹强劲有力，但这种反弹能否持久，则依然有待观察。

那么，这其中到底有什么问题呢？很简单，在新兴市场国家迎来经济复苏的同时，他们的经济和社会政策并没有发生实质性改善，以真正减少他们在中长期内对西方世界的出口依赖性。对最大的贸易导向型新兴市场国家而言，这应该成为其经济与政治战略的基本特征。西方世界正在经历一场漫长而痛苦的炼狱，造就过去 25 年繁荣的根基正在成为历史，下一轮繁荣的结构性变革还有待于打造和培育。当前的挑战不仅涵盖银行业和金融改革，也包括信贷和储蓄的角色与结构，向低碳经济的转换，为适应老龄化社会所需要的变革以及新兴生物、纳米和信息技术的开发、合成与探索等。换句话说，西方经济将回归原态，以往增长动力将一如既往的假设不过是一场梦幻。今天，西方世界消费需求增长的动力已江河日下，因此，未来的新兴市场国家将不得不另辟蹊径，寻找新的增长源。

这场危机不仅让我们感受到全球联动性的危害，也让我们学会了如何利用这种相互依赖性同步实施全球性的宏观经济与监管战略。它警示我们：

> 国际机构必须拥有适当的资源，而维持大量顺差的新兴市场国家显然应发挥更重要的作用；
>
> 危机还提醒我们，不应把国际货币基金组织和世界银行等国际机构看作为最缺乏信誉度国家提供救济快餐的厨房，而是应该在全球金融监管中发挥积极作用；
>
> 气候变化问题也是不可忽略的一个主题，尽管其数据和研究方法的精确度一直饱受争议，但作为非政策制定者的国际机构的榜样，联合国政府间气候变化委员会显然已成为推动全球气候变化讨论的最有力机构，它为如何制定和协调相互政策以解决气候变化问题创造了一个国际性的平台；
>
> 今天，我们同样可以要求 G20 为全球经济管制构建一种类似的制度和机构，以为国际经济合作或解决国际分歧而支出的成本和实现的收益作出均衡和清晰的分配。

如今的局面虽远未达到不可挽回的程度，但也的确不容乐观。从政治角度看，如果今天不能彻底解决全球失衡问题，我们只能等待更黑暗的明天。中国有句古谚："宁做太平犬，莫做乱世人"，或许最能说明这个问题。它永远都不代表致敬或者示好，而只能是诅咒。

第4章

一触即发的游资

Atomic Clouds of Footloose Funds

自 1994 年以来，中国一直保持着对外顺差，且顺差呈上升趋势。而金融危机之后，西方政府国家的政府借款和债务则出现了前所未有的膨胀，全球贸易失衡遽然加剧。

回顾历史上每一次金融危机，虽然表象不同，但诱因似乎都是一样的。问题到底出在哪里？在资本流动性日益增强的今天，中国该如何应对这个难题呢？

在2006年的亚洲开发银行理事会会议上，印度总理辛格指出，“当前全球性失衡的状况不可能永久性地维持下去。它需要经常账户顺差国家和逆差国家的携手努力。”但他的呼吁无异于耳边风。

很多私营行业和公共行业的经济学家都已关注到，长期性贸易失衡及其带来的资本流动在根本上具有破坏稳定性的作用，也就是上一章提到的游资问题。不过，政策制定者显然还没有对此作出有效的应对。世界经济在有利的环境中持续繁荣，政策制定者也自以为是地认为，一切问题都将迎刃而解，所有目标都将水到渠成。他们的观点似乎与银行业的总裁们不谋而合；花旗集团前首席执行官查克·普林斯（Chuck Prince）曾在2007年7月接受采访时说过一句语惊四座的话：“当流动性的音乐停止时，一切都将变得艰难复杂。但只要音乐还在奏响，你就依然可以舞步翩翩。现在，我们还在跳舞。”花旗银行即将为他们的自以为是付出惨重代价，实际上，整个世界都将为这些政策制定者的惯性思维付出代价。

在新世纪第一个10年中的大部分时间里，全球失衡问题始终是让国际货币基金组织和国际清算银行（号称“各国中央银行的‘中央银行’”，位于瑞士巴塞尔）的顶级经济评论家及企业经济学家们如痴如醉的一个话题。尽管这个问题在上一章里已经有所显现，但是在世界末日这样生死攸关的话题中当然算不上突出。在本章里，我们将深入探讨全球失衡问题，了解它们为什么会变得如此深重以及目前状况将如何把中国拉入我们所今天所面对的风险和危机。

金融危机的触角已超越真实经济，并触及国家安全等诸多深层次领域。它揭示出美国依赖中国及其他几个国家提供国外借款的不可靠性等一系列问题。

金融危机的诸多后果之一就是政府借款和政府债务在和平条件下出现了前所未有的膨胀。这一点至关重要，因为私营部门支出和借款陷入停滞，并且可能在很长时间内无法实现实质性恢复。2009 年，英国的政府借款上升到了 GDP 的 13% 左右，而美国的公债则增长至 GDP 的 11% 左右。毫无疑问，大量发行公债必将给未来 10 年的西方经济蒙上一层阴影，并让他们直面严峻挑战。

如果美国在未来几年继续维持巨额预算赤字，而国会又缺乏长期抑制赤字增长的意志和决心，那么，已经被本次危机拖得疲惫不堪的美国，就会面对另一场更加严重的金融危机。到 2030 年，美国的经常账户赤字可能会增加到 GDP 的 15%，或者说，每年超过 5 万亿美元，而外债余额则会从 3.5 万亿美元增加到约 50 万亿美元，这相当于 GDP 的 140% 和出口总额的 7 倍。这样的结果必将把所有新兴市场国家拉进这场危机，而不仅仅是让美国独自忍受深陷泥潭的痛楚。因此，美国自然会采取措施阻止这样的结果出现，或是在极端情况下不得不作出应对。但这也说明，国际金融体系依旧受到极端严重的威胁。而已经多少习惯于享受持续繁荣和乐观看待未来的美国人，很可能会在他们的生活水平和就业方面付出惨重代价。

事实已经很清楚，主要新兴市场国家的政府从根本上并不习惯于他们在全球金融体系中的现状。例如，中国人民银行行长周小川曾在 2009 年 3 月指出，应以“特别提款权”（Special Drawing Rights，简称 SDR，亦称“纸黄金”。——译者注）取代美元作为世界储备货币，作为国际货币基金组织的记账单位，特别提款权由美元、欧元、日元和英镑构成。或许，他并不指望这能成为现实，至少在短期内不可能成为现实，但是，他的观点显然代表了一种潮流，即以美元为基础的国际金融体系已经处于无政府状态。他或许是对的。

其他人则更进一步，对美国以促进消费摆脱经济衰退、改革医疗保险政策以及用大规模金融刺激计划稳定经济的企图提出了批评。2009 年 11 月，中国银行业监督管理委员会主席刘明康指出，疲软的美元和美国的低利率极有可能造就新的全球资产泡沫。这些批评反映了人们对以美国为中心的全球金融的失望。

我们不妨再近距离地看看全球失衡问题，请记住，在中国及其他新兴市场国家不断扩大对外顺差的同时，美国正在积蓄庞大的贸易逆差。作为一个相对贫穷的国家，中国还从未把自己的钱借给这个星球上最富裕的国家，而美国也从未像现在这样依赖一个正在向其施加政治和战略影响的债权人。

暗流涌动的全球贸易失衡

不均衡的全球贸易已经成为资本主义和全球化中不可分割的组成部分。需求和生产能力增长往往在各国和经济体之间相去甚远，这种差异最终表现为贸易顺差和逆差。顺差国家拥有可以借贷给其他国家的资本，而逆差国家则需通过借取这些资本来弥补其资本缺口。当顺差和逆差规模巨大并在结构上趋于固化，从而导致不可持续的资本流动并危及金融稳定时，就会出现长期性的贸易失衡。在本次危机的形成过程中，全球失衡的状态已清晰可鉴：美国对外逆差余额已上涨至 GDP 的 7%，而中国的贸易顺差已相当于 GDP 的 10%。通常情况下，只要顺差和逆差的余额达到 GDP 的 3%，贸易失衡的警钟便已敲响。

随着全球贸易失衡的格局持续加剧，资本流动量也相应扩大。根据国际清算银行提供的数据，在 20 世纪 80 年代，23 个主要新兴市场国家的年净资本流动量已高达 10 亿美元左右，而这已经导致他们的外汇储备增加了 115 亿美元。到了 20 世纪 90 年代，资本流动进一步加剧，他们的外汇储备每年增长 620 亿美元。进入 21 世纪，这些趋势继续维持，因此，仅在 2007 年，总资本流入量即高达 1.44 万亿美元，净资本流入量为 4 390 亿美元，外汇储备增加量将近 1 万亿美元。尽管资本流入量增长的主要来源是外国直接投资，但金融资本的重要性也显著上升，而构成外汇储备增长的一半源于国际收支经常账户的顺差增加。

新兴市场国家外汇储备的强势增长已成为全球失衡的重要标志，而在全球贸易中，资本流动量远远超过真实交易和直接投资量，也成为一个令人瞩目的现象，但这毕竟只是新近出现的现象。

外汇储备主要以美元计价，并由各国中央银行以银行存款或中短期政府债券或其他高信用等级债券形式持有。就全球情况而言，尽管美元在各国外汇储备中的比例逐年变化，但通常维持在 6% 左右。某些较富裕国家持有相当大数量的欧元及适当的日元、英镑和瑞士法郎。对于那些采取盯住美元汇率制的国家或本身属于美元区的国家，如很多亚洲及拉美国家，往往倾向于以美元作为其主要储备货币。相比之下，东欧及巴尔干国家的外汇储备则以欧元为主。

由于中央银行持有外汇储备，因此，一个国家可以在出现特殊情况下偿付支付进口货款。通常，中央银行持有的外汇储备应可支付至少三个月的进口货款。例如，印度洋地震及 2004 年底的亚洲海啸几乎彻底摧毁了斯里兰卡等很多国家的养鱼业和沿海农业。当时，这些贫困国家仅持有相当于两个月进口额的外汇储备，在这种情况下，他们只能请求国际货币基金组织延长其贷款的还款期。自然灾害、劳工罢工、商品价格波动以及政治和经济动荡等，都是一个国家持有足够外汇储备应对难关的现实理由。但是，到底多少算是足够、多少算多余呢？

从 2000 年到 2009 年底，全球外汇储备规模从 2 万亿美元增加到超过 8 万亿美元。实际上，这些增加几乎全部来自于 18 个主要新兴市场国家或地区：中国、香港、中国台湾、韩国、新加坡、马来西亚、印度尼西亚、泰国、印度、巴西、阿根廷、墨西哥、俄罗斯、波兰、土耳其以及阿尔及利亚、利比亚和尼日利亚。目前，他们的外汇储备已构成全球外汇储备的 65%，而在 2000 年，这个比例还只有 40%（见图 4-1）。

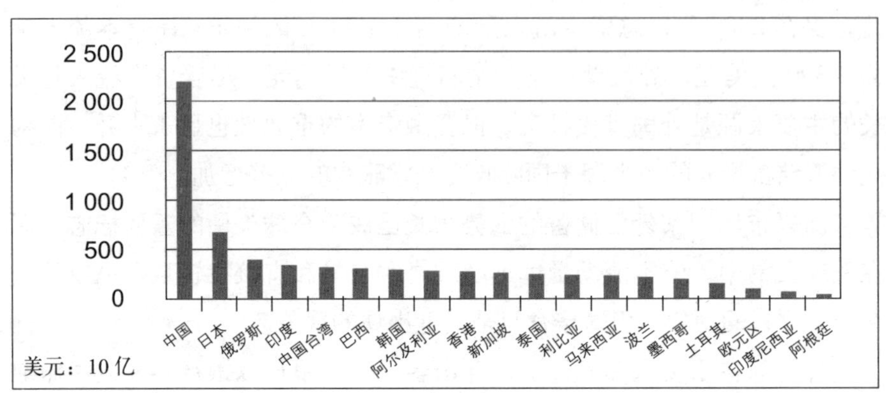

资料来源：国际货币基金组织

图 4-1　2009 年全球最大外汇储备持有国家（或地区）

同期，金砖国家的外汇储备则从 3 310 亿美元增加到 3.3 万亿美元，即在全球外汇储备中的比例从 13% 提高到 41%。其中，中国的外汇储备从 2000 年的 1 680 亿美元增至超过 2.4 万亿美元。而俄罗斯的外汇储备也从 320 亿美元增至接近 4 000 亿美元，在 2008 年油价暴涨时，这一数字一度达到史上最高峰的 6 000 亿美元。此外，巴西的外汇储备从 320 亿美元增至 2 250 亿美元，印度则从 380 亿美元增加到 2 750 亿美元。在发达经济体中，仅有日本的外汇储备实现了实质性增长，从 3 540 亿美元增至接近 1 万亿美元。

但新兴市场国家以如此大手笔积蓄外汇储备并不是什么新鲜事，外汇储备也不是他们显示金融资本实力的唯一方式。很多国家建立主权财富基金（Sovereign Wealth Funds，简称 SWFs），以独立政府机构的形式，将国际贸易创造的顺差投资于包括债券在内的各种资产形态。在产油国和资源生产国，主权财富基金投资形成的收入流和资本增值可以在能源商品价格下跌时用于政府及私人开支。而中国、俄罗斯、韩国和新加坡等国家的主权财富基金则有不同的目的，通常是为了以现时资产创造未来收益回报。

2009 年，全球拥有 50 支主权财富基金，资产总额约为 3.8 万亿美元，但其中的 11 支主权财富基金占有全部资产的 3/4。全球最大的主权财富基金为迪拜投资局（Dhabi Investment Authority），随后分别为挪威的政府全球养老基金（Government Pension Fund—Global）、沙特阿拉伯货币局下属的外国投资控股公司（Saudi Arabian Monetary Agency—Foreign Holdings）、中国外汇储备管理局旗下的华安投资管理公司和中国投资有限公司。在其他规模较大的主权财富基金中，除 1 家来自中国、2 家来自新加坡之外，其他基金分别来自香港、俄罗斯和科威特。这些基金持有的资产在 1 200 亿美元到 6 300 亿美元之间。剩余 39 家基金的资产规模相对较小，分别来自澳大利亚、爱尔兰、法国、英国和加拿大等国，其中，来自新兴市场国家的基金居多，而且主要集中于石油天然气行业。实际上，在这些基金中，2.3 万亿美元的资产由石油天然气类主权财富基金持有。

只要全球贸易失衡依旧如故，主权财富基金就会继续扩大，在全世界积累起庞大的金融资产和实物资产组合。主流投资银行认为，到 2015 年，主权财富基金控制的资产规模将达到 10 万亿 ~ 15 万亿美元。但这个预测还依赖于两个重要的前提：首先，全球失衡按目前趋势能够得以维持；其次，能源商品的价格继续上涨。但实际上，这两个假设几乎不可能成立。如果世界不能剔除失衡问题，更尖锐、更恶劣的金融动荡就不可避免。

新兴市场国家积累的 11 万亿美元投资资产给全球经济和金融市场造成的扭曲和变形还将延续下去。归根到底，如果较富裕国家被迫增加的储蓄被新兴市场国家减少的储蓄所抵消，那么，就只能以积极方式降低全球失衡。这就意味着大范围的政策调整。中国能否在不率先启动政治改革的情况下实施大规模经济改革？并是否愿意且有能力以及时有效的方式实施这些改革？如果不能的话，又会怎样？历史或许可以给我们带来一些启示。

不同的危机现象，相同的危机诱因

尽管每一次全球金融危机的剧目都有不同的情节和演员，但它们全部围绕于相同的结构和结构性现象而展开。而与这些问题相关的，是新兴市场国家在实施货币和经济政策时所面对的国内义务和国际义务间不可调和的冲突。这已逐渐演化为一种模式：这些新兴经济大国在金融体系和监管方面尚不成熟，他们强调出口导向型经济增长，完全按自身意愿抑制其本币价值。这种战略虽有利于实现某些特定的国内目标和意愿，但却有可能破坏国内稳定及全球金融秩序。在 20 世纪，美国、德国和日本实施的货币、经济和贸易政策都曾破坏过全球储蓄和投资均衡，造成了外汇市场失稳，形成资产泡沫，并最终造成了严重的金融和经济危机。

在 20 世纪 20 年代治理失衡问题过程出现的政治和制度失误，尤其值得借鉴。随着当时的基本轮廓清晰地展现在我们的面前，你或许会想到现时代的新典范：中国和美国。

咆哮的 20 年代

金本位制曾因第一次世界大战而被暂时搁置。1919 年，美国再次推行金本位制，6 年之后英国开始效仿。和传统理论一样，人们普遍认为，金本位制是恢复国际经济体系正常运转的重要前提。但战争已让全球体系丧失均衡。当时，美国在全球黄金储备中的比例快速增长，这就使得美国可以大幅增加货币供应。另一方面，欧洲虽然长期缺少黄金储备，但却可以通过大量印制钞票偿还他们在战争期间堆积起来的巨额负债。

欧洲国家需要以黄金偿付债务并为经济重建提供资金，但处于美国强势影响下的全球体系却不允许他们这么做。此时，只有美国才有能力修复全球经济体系，帮助其重归健康，因为刚走出一战的英国、德国和法国负债累累，经济与政治软弱无力。但大西洋对岸的美国则安然无恙，它成为了世界经济舞台上的新宠儿，也是世界货币黄金储备的最大持有者。这个快速增长的高储蓄经济大国，引领着新型汽车及其他消费品行业的潮流，并采取了有利于出口的政策。

1914 年前后的世界对比鲜明，也让 20 世纪 20 年代的美国陷入一个极端困境，这也是美国始终没有解决的一个难题，即是否需要实施一种支持金本位制和欧洲重建的货币政策以及如何实施这项政策，或者说，是否需要优先稳定国内通胀，来遏制“咆哮的 20 年代”（20 世纪 20 年代，包括美国和加拿大在内的北美地区在政治、经济、文化领域发生了无数的激动人心的事件，因而这 10 年被称为“咆哮的 20 年代”。——译者注）的股市投机活动。后者需要更严厉的信贷政策，而前者则要求放松信贷。尽管美联储曾坚定执行宽松信贷政策，但最终却选择了错误的时机。

需要注意的是，在那个时候，国会在 1913 年创建的美国联邦储备体系还是一个年轻羞涩、经验欠缺的机构。美联储在政治上矛盾重重。尽管联邦储备委员会委员的权力源于《美联储法案》（*Federal Reserve Act*），但委员会在货币政策和运行方面与 12 个地区联邦储备银行之间却冲突不断。

纽约联邦储备银行行长本杰明·斯特朗（Benjamin Strong）主张更多地依赖地区联邦储备银行，直至 1928 年去世的时候，他始终坚持宽松货币政策。至少在理论上可以认为，斯特朗的观点就是允许流入美国的黄金重新回到亟需黄金重建经济的欧洲。

但权力和货币政策控制权之争并不仅局限于初生的美联储内部。对于美联储的运行方式，商务部部长赫伯特·胡佛（Herbert Hoover）同样非常感兴趣。实际上，胡佛对以紧缩信贷政策遏制国内通货膨胀和股票市场狂潮的观点坚信不疑，而且他在联邦储备委员会里也不乏死党。当他的支持者们在 1928—1929 年大行其道之时（即斯特朗辞世之后），便掀起了一场金融风暴。

但美国的做法却带来了黄金储备的失衡。事实上，斯特朗的观点本身就站不住脚。在整个 20 世纪 20 年代，黄金持续流入美国，而且斯特朗认为当时的利率已经足够低，进一步降低利率只会破坏美国的低通胀。他只主张让黄金退出流通，这样，货币供给就可以保持不变。美国的利率水平对金本位制的平稳运行来说太高，但太低又难以抑制过度的信贷创造。

1925 年之后，受美国启发，英国恢复金本位制，于是，关于到底应采取何种货币政策的争论趋于白热化。但由于当时的利率水平并不适合金本位制，导致英国陷入通货紧缩，不得不降低物价、工资及就业水平。这又刺激美国创造出更多的信用和更严重的资产泡沫。在经历一轮强势上涨之后，美国股市开始在泡沫的形成和破裂之间螺旋式前进，直至 1926 年；美联储在 1927 年中旬进行了极其温和的减息，但正是这微不足道的半个百分点最终刺穿了美国股市的泡沫。2008 年 2 月到 7 月，美联储开始多次加息，并在 2009 年初再次加息，但均无济于事。到美联储决定遏制股票市场时，一切均为时已晚。之后，派系争论开始让美联储犹豫不决，像外人一样袖手旁观，眼睁睁地看着股市直冲云霄，然后又一落千丈。

这显然是美联储未能协调其国内责任和金本位制带来的后果。回顾这段历史，格林斯潘曾著文写道：

> 联邦储备银行向经济中注入过多的信用，而过量信用被股票市场吸收，并触发了投机性的暴涨。联邦储备银行曾试图吸收这些过剩（银行）储备，而且最终确实成功遏制了这种虚假繁荣。只不过这一切已经太迟了。
>
> 到了 1929 年，投机造成的经济失衡已形成气候，让美联储的紧缩政策变得无足轻重，更重要的是，它驱散了市场的信心。结果，美国经济终于一发而不可收拾地崩盘了。
>
> 大英帝国的境况更加糟糕，其不仅没能消化先前荒唐政策（1931 年彻底放弃了金本位制）带来的后果，还撕裂了苦苦支撑英国人的信心，并引起世界范围内的一系列银行破产。到了 20 世纪 30 年代，世界经济陷入“大萧条”。

回归金本位制就意味着采取不合时宜的固定汇率，在美国及欧洲国家权衡国内外财经目标的轻重缓急时，固定汇率必然会造成内外目标的对立。美国本可以更早就放弃金本位制，或者至少在汇率制度上采取更大的弹性，以便于灵活调整美元对黄金的兑换比率。但是和 1914 年之前的英国一样，美国既没有能力、也不愿意担当全球金融领袖，而且又没有 1946—1971 年布雷顿森林体系那样的共同约定，于是，美国也就成了金融危机的常客，而且往往扮演着全球性危机的主角。

行将就木的布雷顿森林体系

20 世纪 60 至 70 年代是布雷顿森林体系存在的最后几年。当时，美国正经历通货膨胀和贸易赤字的上升期，总体经济业绩乏善可陈，已落后于年经济增长率分别为 6% 和 10% 的德国和日本。当第一轮石油价格波动在 1970—1971 年袭来时，美国经济陡然下跌，美联储也将利率从 9% 下调到不足 4%。此时，美元本应贬值，但为维护每盎司黄金 35 美元的美元价格，严重依赖出口的德国和日本开始大幅增加其外汇储备，从 1968 年到 1971 年，两个国家的外汇储备占 GDP 的比例翻了三番。这让他们开始担心外汇储备中的美元会受到美国通货膨胀的影响，因此，他们希望美国能将这些美元兑换为黄金。但是到了 1971 年夏季，以外汇储备形式持有的美元已达到美国黄金储备价值的三倍，这些黄金存放在诺克斯堡美军基地附近的美国金库。

显然，诺克斯堡的黄金已不足以满足兑换黄金的需求。在 1970—1971 年，美国开始面对越来越大的压力，黄金储备不断膨胀，国际收支逆差日渐扩大，越南战争和社会福利计划支出大幅增加导致了通货膨胀持续升温。1971 年 8 月，尼克松总统终于关闭了黄金兑换的“窗口”。这意味着，美国放弃了按每盎司 35 美元的价格买卖黄金的承诺，并对美元实施贬值。尼克松还宣布暂时性冻结工资和价格，并对所有进口商品征收 10% 的附加税。这些举措不仅终结了美元与黄金的可兑换性，而且实际上也扼杀了布雷顿森林体系，尽管直到浮动汇率制在 1973 年登堂入室时，它才彻底寿终正寝。

和 20 世纪 20 年代一样，在这次变故中，作为当下世界的头号强国，美国同样需要处理结构性贸易失衡带来的与德国和日本之间的经济和金融冲突。德国和日本都是十足的趋利主义者和不断强壮的经济大国，和早些时候的美国一样，他们同样不能或者不愿调整经济增长战略，承担更多的全球金融职责。因此，恢复全球金融均衡的责任便毫无争议地全部落在美国肩上，尽管 20 世纪 70 年代的两次石油价格危机已让整个美国陷入异乎寻常的高通货膨胀，但有一点毋庸置疑：美国以及先前德国和日本采取的金融和信贷政策加剧了这种局面。

20 世纪 80 年代的日本为我们认识这种冲突性目标提供了更具说服力的例证，此时的日本在经济上飞速发展，并对美国的霸权地位发起全面挑战。日本同样是一个高储蓄、快速增长、采取贸易保护主义策略的竞争对手。日本银行持有的资产规模为全球最多，日本公司、尤其是钢铁和汽车企业，在世界各地发起收购。日本人从来就不想在全球金融体系中承担任何责任，多年以来，日本政府始终采取低估本币政策，而这就要求他们必须通过经常性地干预外汇市场来阻止日元升值。

20 世纪 80 年代上半段，美联储主席保罗·沃尔克（Paul Volcker）大力推行反通胀政策并取得巨大成功，这使得美元的强劲令人难以置信，因此，日本不需花费多大气力便可以维持疲软的日元。于是，由美国、日本、德国、法国和英国组成的五国集团首脑决定于 1985 年 9 月在纽约广场酒店召开会议，并最终签署了所谓的《广场协议》（*Plaza Accord*）。会上，美国说服日本放松货币政策，考虑实施金融体制改革，取得德国削减税收的承诺，并与参会各方达成协议，通过携手干预外汇市场对美元实施贬值，尤其对日元和德国马克进行贬值。

但是到了 1987 年，美国又开始试图阻止美元的快速贬值。在巴黎卢浮宫举行的会议上，美国再次说服德国和日本担当其全球经济“火车头”的角色。也就是说，他们同意以降低利率和更主动的预算政策直接刺激经济增长。美国希望通过这些措施稳定甚至是削减汇率，并最终让美元贬值过程告一段落。

这种想法的目的就是由美国和德国及日本分担稳定外汇市场的责任。如果由美国独资承担这一重任，必将给经济增长和就业带来更严重的副作用。到 1987 年夏季，美国利率依旧面对上调压力。但实施这一举措的最佳时机早已错过，而出于迄今为止仍不清楚的某种原因，德国和日本却双双调高利率。当德意志联邦银行在 1987 年宣布提高官方利率时，美国作出的反应就是取消美元贬值底线。于是，整个世界陷入股市崩溃带来的巨大恐慌。

日本：失去的十年

1987 年的股市大跌并没有给全球经济造成持久性的影响，但后来的事实却证明，它只不过是走向另一个更大危机的中转站。1990 年，日本股市崩盘，这场危机对日本的破坏性作用至今萦绕不散。当时，日本贸易顺差始终保持强劲，与美国和欧盟的贸易冲突不断升温，而且日本又选择了向银行体系和经济中注入大量货币以阻止汇率上升，所有这一切都导致日元持续升值。这种情况存在于 20 世纪 80 年代的大部分时间，由此酿成的投资狂潮和不动产盛世已成为一段传奇。市场崩溃前最著名的例证莫过于东京的“皇宫”，这个 7.4 平方公里的房产估值竟超过整个加利福尼亚州的不动产存货总额。

作为一个新兴大国，日本同样过分注重于出口导向型的经济策略，急于以宽松的货币和信贷政策阻止日元对美元及其他货币出现升值。此时的日本并没有采取由出口及时向国内经济增长转换的结构性改革，而是试图以错误的方式协调应对其货币问题。这种做法创造的多余流动性诱使信贷膨胀和资产泡沫陷入疯狂。1989 年，控制利率的日本银行才最终想到亡羊补牢，违背财政部的意愿开始上调利率。这成为危机的催化剂，当信贷和资产价格泡沫在 1990 年破裂时，便成为了我们今天众所周知的结果，它拉开了日本所谓“失去的十年”的序幕。但更准确地说，这场灾难让日本失落了近 20 年，而且还在延续。

在上述的三个例子中——20 世纪 20 年代的美国、20 世纪 60 年代的德国与日本以及 20 世纪 80 年代的日本，虽然金融危机均围绕汇率在全球金融体系中的作用而展开，但它们也反映出各自经济生活中的经济与金融错位现象以及当时经济霸主的贸易失衡问题。在上面的每个例子中，尽管统治者的经济地位一直是造成危机的基本原因，但他们永远也不可能独立解决贸易失衡问题。因此，这个问题的另一面就是新兴强国没有协调其内外政策目标。他们拒绝通过结构性改革降低对出口的依赖性，也没有借助于提高汇率弹性而改变其增长模式。对美国和日本来说，这个问题带来的结果就是信贷膨胀、资产泡沫和经济衰退。

拷问中国的高外汇储备

1997—1998 年的亚洲危机就是 21 世纪经济失衡的起点。在资本大量外逃和低水平外汇储备造成国家安全性不断弱化的冲击下，新兴市场国家下决心强化储备，以便更好地应对未来的任何动荡和危机。为此，他们就必须把加强贸易及经常账户头寸作为首要目标。从 20 世纪 60 年代到 2000 年，新兴市场国家的经常账户余额始终保持着有限的顺差或逆差，约占 GDP 的 -2% ~ +1%，但是从 2000 年开始，他们的顺差总额却大幅升至 GDP 的 4% ~ 5%。每年约为 7 000 亿美元。

新兴市场国家（尤其是亚洲国家）顺差的飙升，反映出储蓄水平的巨大增加，但这不等于说新兴市场国家的消费水平不高。大量证据强有力地显示，大多数新兴市场国家的消费支出和生活标准始终保持上升态势。在以往的 40 年间，新兴市场国家的平均消费支出占 GDP 比重约为 60%，尽管还低于美国和英国，却已经远远超过发达经济体的平均水平。

但是在亚洲金融危机之后，一切却发生了翻天覆地的变化。新兴市场国家的 GDP 增长率在 2002 年之后开始急速提高。虽然消费支出继续增长，但消费占 GDP 的比例却开始下降，这种趋势目前还在继续。在中国，这一比例已经从 2000 年的 45% 减少到目前的 36%，同期，俄罗斯的消费占 GDP 的比重也从 54% 下降到 45%。沙特阿拉伯的消费支出占 GDP 的比例更是从 50% 降至 25%。这种趋势表明，经济中的非消费部分增长速度已经明显超过消费增长速度。在大多数国家的增长加速度来源于对外贸易或资源商品价格上涨的情况下，中国的经济增长加速则源自出口和投资的高速发展。在 2002 年之前，中国的出口总额约为 2 500 亿美元，其经常账户余额还不足 200 亿美元，但是到了 2008 年，这两个指标却一举增至 1.3 万亿美元和 4 000 亿美元。

今天，亚洲新兴市场国家的人均年收入约为 3 000 美元。但如果我们解析一下这个数字背后的实质，就会看到一个我们既熟悉却又不愿接受的故事：与城市居民生活水平不断提高形成鲜明对比的是，低收入工人、贫民窟和多数农村居民的生活愈加艰难。在中国和印度，尽管高收入家庭的数量已足以为全球奢侈品牌提供繁荣的市场和强势增长，但却无力支撑起广泛的国内发展需求。来到新兴市场国家的大城市，琳琅满目的豪华商场、鳞次栉比的摩天大楼和高效先进的交通运输体系让我们应接不暇，但总体个人消费水平的增长速度始终不及大型知名企业的生产、进口替代和出口增长速度。

在新兴市场国家，垄断行业命脉的大型工业出口企业集团并不少见。在某种程度上，这种现象的存在是因为他们的综合经济发展水平还相对较低，金融体系和资本市场还不够成熟，整体经济发展水平还不足以建立真正的规模优势。但是不管受益者是国有经济体还是私营经济体，政治和政治利益的作用都不容忽视。在很多新兴市场国家，资本和财富往往集中于政治精英之手，这些政治精英要么直接就是政治工具的一部分，要么通过政治杠杆和优惠政策而间接受益。因此，新兴市场国家造就的全球失衡问题在很大程度上源于他们对出口工业的高度重视，而这种状况又归结于政治体制和决策机制。故我们有必要再次强调，如果没有政治变革，新兴市场国家主动参与全球再均衡过程的情况是难以想象的，因为这就要求他们摆脱对出口的高度依赖，转而更多地强调国内需求。

很多新兴市场国家，尤其是较小国家并不关心这些问题。如果他们的经济和政治体制继续维持 50 年，只要他们仍然是全球制造业供应链的重要组成部分，整个世界还会依旧如故，照旧平安无事。于是，问题的症结就变成了中国和产油国自 2000 年依赖积攒起来的无比巨大的经常账户盈余。

显然，产油国和中国并不归属于同一阵营。早在金融危机爆发之前的若干年，石油价格的飞涨就已经让这些产油国赚得盆钵满地，今天，继续攀升的石油天然气价格依旧让他们坐享其成。但是，某些产油国（如海湾国家）人口数量少、政治结构单一。而沙特阿拉伯和尼日利亚等产油国人口数量相对较多，而且年轻的成人数量在未来 10 到 20 年内预期还会大量增加。就总体而言，他们的金融体系还相对较为落后，他们的财富还主要依赖于全球能源价格水平，而且他们对全球经济的影响还仅限于对新兴市场国家和发达国家的石油消费者。作为规模相对较小、多样化程度相对较低的经济体，他们还无力以提高国内总体消费来抵消其顺差影响，以便于在石油储量萎缩甚至枯竭之前做到未雨绸缪，除非他们能以长期的经济体制改革提高国内就业水平和经济多样化程度。

经济与金融的整体规模、制造业出口能力及其作为世界头号债权国的地位使得中国远远不同于这些产油国。尽管中国的出口收入在 2009 年下降了 17%，但进入 2010 年便开始出现强势反弹。要真正了解中国在这些年里取得的巨大发展，我们不妨回顾一下 2000 年时的情况：当时的中国出口收入仅占世界出口总额的 3%。而今天，这一比例已经达到 10%，超过美国的 8%，如果中国能维持过去 10 年的出口增长率，那么，到 2014 年，中国将占有全世界出口收入的 15% 左右，到 2020 年则将达到 25%。即便美国在二战之后成为全球贸易的统治者，在 1986 年其出口收入更是达到过日本的两倍，但如今与中国相比也仍逊色不少。

实际上，2000 年，中国的外债净额已达到 GDP 的 9% 左右，但由于出口贸易表现优异，中国目前的对外资产已超过 GDP 的 30%，主要是外汇储备。对于一个人均收入只有 3 000 美元，或者说，还不足发达国家人均收入 10% 的国家来说，这样的数字显然不合常理。认识中国的储蓄增长对造成这种情况的原因和方式至关重要。

在本次危机之前，中国的出口收入占 GDP 比例从 2002 年的 22% 增加到 38%，贸易赤字占 GDP 的比例则翻了三番，达到 10%，而且注定还会进一步提高。

目前，中国居民的储蓄比例相对偏高，约占家庭收入总额的 1/4，而在 20 世纪中期，这个比例还只有 17% 左右。但考虑到整体 GDP 的规模，储蓄的增长始终较为稳定，在过去 20 年时间里，储蓄占 GDP 的比率一直在 11%~12% 左徘徊。储蓄总额从未低于 GDP 的 10%，仅在 20 世纪 90 年代末出现过相对较短的例外情况，超过 GDP 的 12%。

那么，中国人为什么会把这么大一部分的收入用作储蓄呢？在这里，我们主要从三个角度分析这个问题，而经济和社会层面的原因则是下一章的内容。

> 首先，中国的人均收入一直处于稳步增长状态，但这种增长却给年轻人口带来越来越大的压力，劳动力适龄人口占总人口的比重已经从 1985 年的 55% 下降到 2008 年的 40%。随着未成年儿童占劳动人口的比例不断下降，父母用于养育儿女的开支也开始减少。因此，当这些父母步入 40~50 岁的时候，在收入不断提高的同时，可用于储蓄的财富也不断在增加；
>
> 其次，尽管政府一直在不断改善社会福利与社会保险，但它们的覆盖面和水平依旧非常有限；
>
> 第三，储蓄率的刚性表明中国家庭在住房、教育和健康医疗等方面的负担越来越重。

总之，储蓄率居高不下，不仅是国有企业和政府机构在改革初期摆脱社会保障负担的必然产物，也是居民收入水平持续增加、人口老龄化不断加剧以及消费信贷工具日趋收紧的客观反映。

不过，真正推动中国国民储蓄总额从 2000 年的 40% 增至超过 50% 的基本力量并不是居民储蓄，而是企业收入和储蓄的飞速提高，尤其是钢铁、汽车及其他重工业企业。在此期间，企业储蓄的增长量几乎相当于中国经常账户顺差的总增长量，占 GDP 的比例从 2% 一举提高到 11%。这一切并非偶然，而是政策使然，中国一贯重视重工业和出口，强调廉价信贷，并且人为地维护低成本的资本并长期低估人民币汇率。由于中国企业的所有制结构通常较弱，企业不能或是不允许将利润以红利或其他收益权形式输送给家庭，唯一开放的渠道就是将利润留存起来进行再投资，用于新建或扩大生产和出口能力。当然，所有这一切都是在政府指导之下进行的。

中国一直存在“供给冲击”现象，即工业基础持续快速发展，以至于目前已开始出现过度投资问题。一旦中国在钢铁等领域满足其国内需求，那么，剩余产量就会以出口产品形式进入国外市场，而这就必然会影响到全球市场份额的现有格局。为了应对本次危机，中国政府拨款 6 000 亿美元资金用于增加开支与贷款项目，其中的大部分资金流进现有的主导型行业，帮助他们巩固出口。据官方发布的信息，上述资金中用于教育医疗的比例还不足4%。这些领域的支出可以让中国居民释放大量的消费能力，将可支配收入用于消费。为遏制2008年秋季房地产市场的不景气，作为钢材、汽车及其他工业材料国内最大消费对象的房地产行业，成为政府刺激计划的主要受益者，但这不应改变中国高储蓄现象根深蒂固的层次结构性及其出口导向型增长模式。

全球经济的紧迫性不允许中国去循序渐进地改变这一切。国际社会要求中国表现出切实可行改革意愿的呼声正在与日俱增，压力的焦点就在于汇率机制改革以及由出口向国内需求转换的经济发展政策。如果中国确实能做到这些，那么，全球经济再平衡的前景将大有改观，而拒绝实施这些变革并试图维持现状则可能会让中国面临金融业失稳的风险。

徘徊在十字路口的人民币

中国的外汇储备已高达2.5万亿美元，这相当于GDP的50%。如果考虑国有银行和中国投资公司持有的美元资产，储备总额可能已经远远超过3万亿美元。事实上，任何一个国家都不需要如此之多的外汇储备。为了解决储备过剩问题，中国在2007年创建了自己的主权财富基金——中国投资公司，其宗旨就是运用中央银行持有的外汇储备进行长期性投资。

1994年之前，人民币还不能与其他货币进行自由兑换，而且对不同类型交易采取不同的汇率。随着金融改革风潮席卷而来，汇率也被统一规定为1美元兑换8.7元人民币，并废除了对进出口、利息、利润和股利（即所谓的经常账户交易）等外汇收支的控制。2005年7月，美国要求中国针对其人为低估人民币汇率的做法“有所举动”。最终，中国采取了浮动盯住汇率制（即严格控制的灵活性），并立即对人民币贬值2.1%。2007年，政府放松了对工业企业、银行和旅游公司部分交易的外汇管制。然而，中国的资本流入量还是远远超过流出量，到本次危机爆发时，人民币的汇率约为6.8元人民币兑换1美元，比2005年升值 21%。此时，出于对全球经济衰退的担心及出口受到的威胁，中国再次采取盯住美元的汇率制度，直至 2010 年 6 月，中国人民银行宣布立即恢复危机前采取的浮动盯住汇率制。

令人费解的是，宣布这一决定的是中央银行，而不是政府高层，因此，这一举动的目的不得而知。值得关注的是，中国政府采取这个举措的时间恰值 G20 多伦多峰会前夕，当时，坊间普遍认为美国和包括巴西、印度在内的几个主要新兴市场国家将着重讨论中国在汇率弹性上的不妥协态度。此外，美国议会内部对中国实施贸易制裁的呼声也日益高涨。因此，中国在此时宣布这项决定，像是为了回应美国及其他国家对其汇率政策的攻击。

至于人民币在多大程度上被低估以及需要多大程度的调整才能对中国的顺差和美国的逆差产生积极影响，坊间始终争论不休。对某些人来说，人民币最多也只不过被低估了 10% 左右，甚至本身就处于合理水平。他们认为，倘若中国以货币政策对其人民币实施严格控制，并鼓励银行及其他金融企业的资本流出行为，那么，这种受到严格控制、通常仅作微调的货币就没有什么不妥的。而其他人却认为人民币可能被低估了 25%~50%。但是对人民币采取 20%~30% 的贬值是否会对缩小全球失衡发挥重要作用，却是一个仁者见仁智者见智的问题。

尽管经济学家们一直对汇率及贸易竞争力的理论和模型各执己见，但改革人民币汇率机制显然只是贸易失衡这个问题的一部分。**更重要的是，影响中国经济发展战略以及是否会在金融稳定性方面承担风险的根本，完全在于人民币的汇率机制，而不是某个具体的汇率水平。**

中国经济始终过分强调出口，而且整个国家为支持出口行业的利润及就业存在过度投资现象。相比之下，他们不太重视改善 GDP 中的消费比重以及为实现这个目标而去生产更多的商品和服务。实际上，保持相对灵活汇率的人民币就相当于是对消费征税和对出口的补贴。尽管这种发展模式确实曾经让中国在全球市场竞争中游刃有余并且满足了经济快速增长的目标，但金融危机却彻底颠覆了这种模式的合理性。最根本的理由就是，作为中国贸易顺差的对立面，美国既不愿意、也无力再继续肩负起贸易逆差的角色。更有可能的结果是，中国作出妥协，主动降低其辛苦得来的贸易地位，放弃以不可持续的汇率低估政策换来的收益。总之，要解决问题，中国的利益就必然会受到影响。

无论如何，人民币汇率的现状都会带来另外两个可以预见的结果：

首先，人民币汇率机制所造就并不断扩大的巨额贸易顺差，可能会让中国的国内利率及全球利率维持在较低水平。不管是对中国的自身经济发展而言，还是对全球金融发展来说，这都并非一个积极的信号。自金融危机发生以来，这些问题日益凸显。

严格地说，随着中国越来越多地参与全球化事务，其丰沛的劳动力供给和资本的相对短缺本应导致其真实利率（即按通货膨胀率调整后的利率）上升，以反映资本相对于劳动力的稀缺性。但盯住汇率制以及对出口的过度强调却意味着，这样的事情在中国不可能成为现实。由于全球真实利率水平过低，因此，西方投资者和金融机构开始另辟蹊径，极力追求越来越多的创新性金融产品，这些被冠之以“寻求收益”或“寻求收入”的金融创新，尽管令人振奋，但实际上却危机四伏。

其次，人民币的现有机制可能将会增加中国出现金融震荡的风险。由于中国暂时还不能通过企业或金融行业的正常资本性交易，以人民币资产的形式向世界其他国家输出资本，因此，盯住汇率制就意味着国际收支平衡暂时是不可调整的。由此带来的结果是，作为中国的中央银行机构，中国人民银行和国家外汇管理局就必须去应付大量流进中国经济运行的美元，这最终使得外汇储备膨胀，然后再由外汇管理局用来购买美国国库券和债券等美元资产，在本次危机爆发之前，中国也曾大量买进抵押支持证券。

中国始终对银行体系实施国有控股管理，并“冻结”国内储备增长对货币供给的影响，也就是说，售出人民币资产来换取本地银行的美元，正是这样的管理体制才使得中国尚未出现通货膨胀。但“冻结”政策的有效性仍存在技术和实践上的局限性，况且通货膨胀也于 2009 年底和 2010 年上半年有所抬头。

廉价货币、超低水平的利率以及不成熟的资本市场必然会带来定价偏低的资本，而这又刺激了资本支出和信贷规模的过快增长。2010 年，中国人民银行终于采取措施，并以提高银行准备金要求作为遏制银行过度放贷的第一步。但是在盯住汇率制度下，紧缩货币政策可能会吸收更多的外来资本，从而增加了信贷创造能力，因此，紧缩货币政策将不利于中国的金融稳定性。

现在的中国正处于十字路口。人民币是一种严格受控的货币，而金融市场又赌定人民币币值只增不减。在中国积累起巨大美元储备的情况下，一旦人民币升值，其货币控制力将会被大幅削弱，资产泡沫的风险也将随之增加，而最主要的风险就是金融业将遭受损失。

中国应该如何应对变局？

中国可以尝试着鼓励其他国家持有更多的人民币资产，中国毕竟已取代美国，在占世界贸易总额近一半的国家群体中，成为了毫无争议的头号贸易大国，这些国家或地区还包括：日本、俄罗斯、马来西亚、中国香港、新加坡、澳大利亚、菲律宾、韩国与印度尼西亚。此外，中国还与巴西签订了双边贸易协定，限定部分交易以人民币清算。尽管目前以人民币结算的贸易总额还只有 700 万元人民币，但这已相当于 6 个月前的 20 倍了。不过，在不改变针对资本流动和汇率兑换性的制度和监管规定之前，中国尚不能增加其人民币贷款能力，因为这样做无异于彻底放弃其外汇管理制度。不管怎样，中国的金融市场和资本市场在深度和广度上都还非常有限，外国人是否愿意持有以人民币计价的资产，显然还是未知数。原因很简单，无论是法律体系，货币的流动性以及总体上的金融监管，中国在这些方面显然都不够健全。

和其他新兴市场国家一样，中国也可以动员各国政府和国际机构在特别提款权中增加以人民币计价资产的比重，来作为美元的替代物。比如说，2009 年 4 月，在 G20 会议上通过的 2 500 亿特别提款权的最新分配方案中，中国将认购 125 亿，这一比例继续提高的可能性极大。但是，国际货币基金组织是特别提款权的唯一发行者，而控制特别提款权供给的同样是国际货币基金组织。此外，目前还尚未形成足以支撑如此规模特别提款权的资本市场，在这种情况下，谁会愿意持有大量以特别提款权计价的债券呢？保险公司和养老金基金需要对资产和负债在期限及币种中进行匹配，因此，其他任何货币显然都不及美元。

对中国来说，如果主管机构不愿意接受自由浮动的货币机制，那么，最具建设性的对策显然就是对人民币重新估值，同时加速取消对资本流动的其他限制，并通过新的制度安排提高货币管理的灵活性。如果其他国家有足够的机会发展对中国的出口，那么，这不仅有助于让中国规避贸易保护主义的损害，而且也有利于全球再均衡的过程。此外，这也有助于让本币对美元过快升值的欧盟及日本感到轻松一点。最重要的是，它有利于帮助中国经济实现体制转轨，增加针对国内需求的商品及服务产量，使其成为一个真正能够自力更生并更加强大的全球合作伙伴。

目前的麻烦在于，中国的经济战略似乎仍奉行严格的货币机制，并且非常重视重工业产能的扩大，而与此同时，西方国家早已失去耐心。贸易保护主义倾向正在日趋成型。例如，在 2009 年底，继对中国进口轮胎加征关税及欧盟政府决定对中国进口鞋制品征收反倾销关税之后，美国再次重拳出击，批准对中国进口的钢管征收关税。随着美国中期国大选的临近，针对中国的贸易摩擦很可能进一步加剧。到 2012 年，美国总统大选活动将全面展开，而到时，中国也将全力筹备第十八次全国人民代表大会。

未来 5 年，中国将不得不在国内外货币政策方面遭遇冲突，而这一时刻或许很快就会到来。如果人民币汇率和国内利率不发生重大变化，我们不可能预期中国经济能够稳定维持 8%~10% 的年增长率。要控制人民币币值（相当于在汇率上实行保护主义政策），主管机构就必须削弱本地货币和金融的稳定性，并把自己置于美国的对立面，而这肯定不是中国愿意看到的局面。

但这个陷阱迟早会土崩瓦解。按最好的情况假设，中国将主动对其国内金融体系进行改革，并在合适的时机大幅提高人民币汇率的灵活性，以更具活力和兼顾城乡发展的经济增长战略取代货币金融事务中的渐进主义。而在最坏的情况下，全球经济可能会陷入我们在上段中所描述的状况。

今天的中国正经历着美国在两次世界大战之间的命运，而这也是日本在 20 世纪 80 年代遭遇的境况，虽然已经贵为世界上最大的储蓄和外汇储备持有者，但一切却暗藏危机。美国和日本为全球经济注入了巨大的私人资本，但中国带来世界经济的资本却主要来自政府。全球金融的交易网络在本质上更具有政治性。此外，金融机制的不成熟以及金融国家主义可能会让中国丧失掉成为全球经济增长杠杆的机会，而这样的机会无疑将会使中国受益匪浅。要真正化解国内政策的冲突，就意味着中国必须与美国及国际机构通力合作，并解决那些会被视为干预和威胁中国国家利益的问题。美国不可能对这种紧张局面视而不见，并且将极力确保中国不会像过去 200 年里那样，以实行自给自足和对世界关闭国门的形式作出敌对反应。

简而言之，世界必须认识到，中国及其他新兴市场国家应该重新整治其经济，改革并深化其金融体系，消除储蓄和投资之间的过度失衡。在实践中，这就意味着中国需要增加贫困及农村人口的收入水平，普及并改善教育、医疗卫生和社会保险。而这些等同于提高居民储蓄的投资比例，强化企业收入对居民和投资者的分配机制。在这个过程中，国际货币基金组织可以发挥积极作用，从制度安排上鼓励新兴市场国家更多地关注国内经济增长和借款能力，并为储蓄资本和现金流出现震荡的特殊情况提高金融保险。

现实情况显然更为复杂。中国或许就像是一个越来越自信的孩子，他已经足够成熟，有了自己的主见，但尚未老练到能够承担全部责任的程度，因此，他还需要尽快地成长。否则，中国在迄今为止所取得的令人炫目的经济成就在未来很可能将大打折扣，甚至出现逆转。

后危机时代的困局

After the Crisis: Catharsis or Chaos?

1989 年，为了纠正日美贸易不均衡，日元被迫提高汇率，曾经完成战后奇迹般经济腾飞的日本随即跌入谷底，至今未能走出经济萧条的阴影。

今天，新兴市场国家似乎又来到了历史的十字路口。面对后金融危机时代的困局，中国会重蹈日本的覆辙吗？印度能否成为“亚洲的美国”呢？新兴者们能否打破历史的魔咒？

教授统计学的老师经常会向学生们提到一句话：趋势就是趋势，这本身就是一种趋势，但问题是，这个趋势现在是否会发生改变？它是否会通过某种未知力量更改其路径，让原本的趋势半途夭折？

在思考新兴市场国家的预期和未来前景时，我们有必要牢记这句话。我已经提到过，目前的经济和商业推理显得极为空洞无物，含混不清。金融危机以及通往世界末日之旅给我们留下的是无法解决的全球失衡问题，西方国家与日本的公共债务和借款的增长已经达到了和平时期史无前例的水平。它让世界经济与各个国家之间的关系更趋于对抗性、平民主义化甚至是民族主义化。但新兴市场国家声称自己与此次金融危机毫无关系的说法显然也不能成立。

全球化和发达国家、新兴市场国家及金融体系之间的相互关联性更像是我们家里的自来水管系统，一旦某个地方出了大问题，若不及时维修，其他地方也会跟着毛病百出。因此，在西方国家千方百计地进行重建和改革时，新兴市场国家别无选择，只能随之而行，尤其是中国等主要债权国更是如此。

故而，本章在展望未来时首先需要指出，这一轮经济疯狂和金融震荡不仅剧烈异常，而且将恒久持续。对于中国在当今世界经济中的地位，我们有必要将中国与 30 年前的日本做一番比较。我们将会看到，正像日本被奉为 20 世纪 80 年代的超级大国，但后来却陷入任何人都无法想象的困境一样，今天的中国同样也面临诸多麻烦。实际上，按照目前的趋势，中国极有可能在其经济和资产市场中产生出同样类型的泡沫。尽快刺破泡沫可能会带来危机，动摇中国的汇率体系，但此事宜早不宜迟，因为此时的危机更易于管理，而且这样做更符合长期稳定性的要求，或者可以引用麦克白的一句话："想做就做，越快越好"。

之后，我们将展开视角来审视新兴市场国家的经济赶超，并充分认识到，为什么说他们的未来不在于用表格去预测某些数据，而在于他们实施体制改革、维持长期增长的能力。在这个问题上，印度和中国尤其值得关注。对印度来说，最大的隐患来自他们的劳动力市场和就业状况，而中国的主要问题则是其不均衡的经济。

信贷潮和投资潮的背后

今天，坊间存在着一种近乎于无法抑制的乐观情绪，认为中国和印度必将充分发挥其经济潜能，而包括巴西、墨西哥、印度尼西亚、波兰和土耳其等在内的几个新兴国家将继续发展，不断走向现代化，为全世界创造令人振奋的机会。但是在全球金融和经济遭遇危机的时刻，我们怎么能保证这种狂热是否还会延续下去呢？

虽然金融危机往往是不可预测的，但它们留下的遗产更不确定。有的时候，它们会催生出更为迫切的改革，使得一代人努力去改善金融体系和经济的功能。但与此同时，它们也可能会留下永久的疤痕和未解决的难题，进而引发进一步的危机。

在发达国家，美国和日本为我们做出了两个截然相反的示例。美国在 20 世纪 30 年代遭遇的经济危机带来了经济监管的深层次调整，而当时的银行业改革更是为二战后 60 多年的经济繁荣奠定了坚实的基础。而日本在 20 世纪 90 年代爆发金融危机时，由于政府始终不愿冒着背负更多社会责任与影响社会凝聚力的风险，因此，它们始终未对银行业进行深层次的变革，或者说实施结构性改革。正是日本政府没有通过结构调整和改革，才导致日本经济陷入了长期的停滞状态，并导致国债飞速膨胀和严重的通货紧缩，因此，整个20世纪90年代才成为了日本经济“失去的十年”。而2010年标志着第三个“失去的十年”已经开始。

金融危机伊始，新兴国家也曾经历不同命运。在诸多关于金融危机的知名研究中，美国马里兰大学的卡门·莱因哈特（Carmen Reinhart）与哈佛大学的肯尼斯·罗格夫（Kenneth Rogoff）从14世纪的英格兰银行开始，对世界金融历史中的大事件进行了剖析，他们发现，在一个国家从新兴市场国家向发达经济体转变的过程中，持续性的债务违约几乎属于一个普遍现象。某些情况下，危机总会给政策制定者和投资者造成幻觉，在第二轮或是第三轮危机到来之时，他们依旧可以自欺欺人地说：“这次会有所不同。”但事实却很少如此。

阿根廷的情况就是一个典型事例。在漫长的历史中，阿根廷曾经历多次从繁荣与乐观走向违约和绝望的周期。在进入20世纪的时候，阿根廷已经成为世界上最富裕的国家之一，但也同时成为麻烦最多的国家，这种状况始终没有变化。2001年，阿根廷对1 000亿美元的外债发生违约，其中1/5的已到期债务至今尚未偿还。2010年，阿根廷勉强实现了接近4%的经济增长率，其国际收支余额约为GDP的2%。但时至今日，阿根廷仍然是国际信贷市场上最不受欢迎的客户之一，而且仍未真正摆脱其公共金融体系中的诸多病患。

一场制度与机构的冲突终于在2010年爆发，当时，阿根廷总统颁布法令，要求中央银行从外汇储备中拨款6.5万亿美元的资金，用于政府偿还对私营债权人的部分债务，并将这笔资金划拨给财政部，以便于由财政部向各方债权人偿还债务。但时任阿根廷央行行长的马丁·雷德拉多（Martin Redrado）拒绝提供这笔资金，于是，总统立即颁发另一项法令，解除了雷德拉多的职位。此时，另一个阿根廷人再熟悉不过的通货膨胀问题再度加剧，尽管官方提供的通胀率指标只有7%~9%，但经济学家认为，实际通货膨胀率肯定超过这个数字的两倍。

从本书的角度出发，最关键的问题在于它表明了制度和监管的重要性。以总统法令压制议会的民主辩论与决策显然是两败俱伤之举。但这丝毫不能否认这样一个事实：阿根廷的人均收入与巴西接近，相当于中国的两倍。不过，这并不意味着阿根廷的经济不重要。阿根廷是世界上大豆、蜂蜜和棉花等农产品的主要生产国和出口国，拥有着丰富的石油和天然气资源，制造业的产值达到 GDP 的 1/5。但政治和制度上的缺陷却让这些经济优势黯然失色，体制因素不仅严重影响了阿根廷经济的稳定性，也大大削弱了阿根廷在国际社会的信誉度。我们将会看到，只有稳定而有效的政府才能赢得民众的广泛支持。

相比之下，尽管巴西是成功改革和完善监管的楷模，但这也只不过是过去 5 年才发生的事情。从 20 世纪 60 年代初到 2002 年，巴西同样经历过一连串的经济危机、债务违约、恶性通货膨胀与货币恐慌。1983 年，巴西对其外债出现违约。1990 年，巴西遭遇了超过 2900% 的通货膨胀，这也是巴西自 19 世纪取得政治独立以来严重度排名第六的通货膨胀。但是从 20 世纪 90 年代中期开始，巴西开始努力摆脱以往政治和经济留下的不良影响，推行了一系列的改革措施，恢复经济稳定与降低通货膨胀率并严整财政收支，建立起坚挺而值得信赖的货币，从而使经济活动得到了全方位的改善。

2002 年，阿根廷经济危机伊始，为规避爆发进一步的金融危机，阿根廷不得不求助于国际货币基金组织的贷款，而与此同时，巴西则靠自己的力量挺过了难关。此后，巴西政府不断完善经济及预算监管，并坚持对税收、养老金和破产体系等方面实施结构性改革。本次全球金融危机中，巴西是最后陷入危机的国家之一，也是受影响最小的国家之一，更是第一个走出危机的国家。从巴西的例子看来，健全的政策、完善的监管和有效的民主制度不仅会给经济职能带来完全不同的影响，而且对国外债权人来说也具有特殊的含义。

莱因哈特和罗格夫的研究表明，我们从其他人的错误中汲取的教训总是非常有限，而“这次会有所不同”的说法更是愚蠢之极。他们认为，坊间对经济持乐观态度时，政府和投资者自欺欺人的做法往往会造成一定时期的极度兴奋，或者说造成市场的狂热，但最终的结果往往却是眼泪。目前对新兴市场国家的狂热吹捧以及对其持久成功的预期可以理解，但是在考虑他们的未来前景时，我们还是要加倍小心，务必不能忽略他们的政治软肋，或者说有可能削弱其经济潜质的制度缺陷。以深陷困境的希腊为例，作为前西欧的一个新兴市场国家，希腊的债务危机已经让他们在欧盟的成员国资格变得岌岌可危。在长达 181 年的政治独立里程中，希腊几乎有一半时间在违约和债务重组之中挣扎。那么，这场爆发于 2010 年的债务危机是否会让我们感到意外呢？

过分乐观和自欺欺人的同样还有俄罗斯和中东欧等国家，而贸易融资枯竭和西方国家进口需求大跌带来的贸易冲击仅仅是其中的一部分原因。国际投资者一直对这些国家津津乐道，仅仅在前几年，他们还对当地的银行和不动产市场如痴如醉。我曾在 2004—2006 年期间的一些东欧国家（譬如莫斯科、布拉格和华沙）的不动产会议上发表过演说，在这些会议上，宏观经济演说无异于国歌，尽管不可或缺但却与市场几乎毫无关联。俄罗斯等一些国家已清理掉 1998 年债务危机留下的残局，正在尽情享受能源价格飞涨带来的横财。还有一些国家则在经济和政策上紧密追随欧盟，或者说，他们已为加入单一货币区做好了准备，因而被视为“热门”国家。

但是在危机来临时，他们才发现自己手里的外债太多了，尤其是以外币计价的债务。这意味着，随着本币价值发生变动，债务价值也在变化，即以欧元和瑞士法郎为面值的债务将进一步升值，而这又削弱了银行及其他借款人的流动性。因此匈牙利和乌克兰只能求助于国际货币基金组织，而其他国家则不得不面对本币价值的大幅波动，并采取极端严厉的紧缩政策。

在过度乐观这个问题上，同样值得提及的是中国针对本次危机做出的成功对策，尽管这些强有力的反应受到国际社会的广泛称赞，但中国的信贷政策显然还值得密切关注。危机爆发之前，中国的贷款总额已达到 GDP 的 160%，远远超过巴西、印度及其他几个亚洲新兴市场国家。到 2010 年底，这一比例已高达 200%。而这已经接近日本在 1991 年时的水平，且丝毫不亚于 2007 年的美国。尽管中国热大行其道，但是被信贷潮和投资潮掩盖起来的经济风险已渐露矛头。

中国会重蹈日本的覆辙吗?

1989 年，就在日本经济达到自 1945 年以来的最高点与信贷潮达到顶峰的时候，《经济学人》前主编出版了一本带有预测性质的书，名为《太阳也会西落》(*The Sun Also Sets*)。作者比尔·艾默特 (Bill Emmott) 在该书的开篇写道：

> 40 年前，日本被踢出世界政治和经济强国的行列；20 年前，它也不过是幕后的一句旁白；今天，它已经成为国际舞台无处不在的领军者。无论是在国内还是国外，它的企业都不容忽视；它的出口同样强大无比；它的资本源源不断地运往海外；最终，它的政治家和外交家开始在国际舞台上震惊四座。日本人不会再强大了，因为它们已经足够强大。

艾默特并没有被假象所蒙蔽。他深知，美国作为世界霸主的力量正在不断衰弱，而一系列的动荡——越南战争、伊朗危机、里根政府的经济和预算政策、贸易逆差和弱势美元，已经严重削弱了美国的实力。但他也否认会出现所谓“一个属于日本人的世纪”，因为这样的预测显然需要做出超人的假设，即美国遭遇一场致命的危机，欧洲则变得愈加强硬，中国和日本与亚洲邻居之间加强合作，加快其市场与经济开放的步伐。

20 年以来，尽管艾默特所说的这些“超人的假设”均变成现实，这显然是他本人或者其他任何人都无法想象的。但是，日本人的世纪并没有因此而到来，反而止在渐行渐远，甚至已经无人提及。艾默特认为，今天的中国正在让日本黯然失色，而后者或许只能变成一个亚洲的瑞士而已——富有而闲暇，但在地缘政治和经济上的影响力却异常有限。

他不认同日本将成为一个储蓄大国和市场大国的观点，在半导体、轿车、消费电子、自动化及金融服务等领域的领先地位，也并不一定会让日本成为更强大的经济帝国。他的结论是，随着人均储蓄水平的下降，越来越多的政府和私人债务将会把昔日神话般的贸易顺差变成地狱般的逆差，老龄化不断加剧的日本帝国同样会夕阳西下。回到上一章提到的全球失衡问题上，在日本，国民储蓄的减少和借款的增加，最终必将破坏储蓄和投资的均衡，进而导致经常账户余额的下降，甚至储蓄逆差。

日本居民储蓄率（储蓄与收入之比）已经从 1990 年的 15% 左右减少到目前的 3%，这迫使政府不得不增加长期借款。早在 1990 年，日本政府的债务便已高达 GDP 的 60%，目前，这一指标已经接近 230%。经常账户顺差确实有所减少，但由于公司储蓄水平依旧保持较高水平，和居民储蓄共同抵消了高水平的政府借款。因而毕竟还能维持顺差，目前约占 GDP 的 2%。

作为后见之明，我们可以看到，当时艾默特似乎自相矛盾的观点不仅是正确的，而且很有分寸。这本书的出版适逢特殊时刻，当时日本经济正从繁荣走向衰退，柏林墙倒塌，全球化步入加速阶段。基于前述的原因，除日本以外，全球经济在 20 世纪 90 年代和新世纪之初进入过度增长阶段。但这种增长依旧缺乏稳定性，这种趋势在 1989 年显然还是无法预见到的。

在克林顿政府执掌美国时，美国衰退的概念似乎还很遥远，让人觉得不可思议，因为当时的硅谷正在让信息和通讯技术成为所有投资者最热门的话题。但随后布什的 8 年任期则毫无疑问地加速并深化了美国的衰退。尽管 2002 年至 2008 年期间的外交政策和国际关系演化进程在此已无需赘述，但经济、金融和财政领域的失误显然已经不可救药，并严重削弱了美国在全球范围内的政治和经济地位，这一点在 2007—2008 年期间显得尤为突出。

例如，就是在进入新千年之后，金融过度最终演化为危险的疯狂，而缺乏资金支撑的减税措施则让美国财政陷入结构性腐朽，美国的经常账户逆差也扩大到了前所未有的程度。奥巴马总统试图重整旗鼓，但备受争议的全面医保改革同样不能摆脱宿命，它再次告诉我们，美国将全面致力于一种全新的发展战略，即稳定经济、降低失业率、对金融业实施结构性重组、修复其日益扩大的财政赤字。但这样一种战略只能说明，经济衰退的概念至少在相对意义上仍将需要关注。

但是，如果美国目前的地位远远恶劣于 1989 年时可以想象的程度，那么，中国是否会重蹈日本在 20 年前的覆辙呢？尽管日本依旧是一股重要的经济势力，仍然占据着全球 GDP 的 8%，但它与世界经济强国的位置似乎越来越远。在过去的 20 年间，日本的年均增长率仅为 1.1%，而且这还全部归功于有限的生产增长率弥补了劳动力人口的持续性减少。日本的基础增长率一直维持着下跌的趋势，日本依旧发达和富裕的经济正处于无可争议的相对衰落阶段。随着时间的推移，它极有可能全面进入绝对的衰落。

日本与当今中国之间的比较似乎有点风马牛不相及。中国还不是一个经济发达的国家，他还缺乏像日本那样相对完善的基础设施和金融体系以及高水平的人均收入。20 世纪 90 年代，日本曾修建所谓的“绝路桥”（意为过度开发并几乎没有任何实际意义的项目。——译者注），以缓解经济的下跌趋势，而代价就是把纳税人的资金投入到非商业项目及毫无目的的公共项目。尽管中国的政府项目存在浪费和低效问题，但至少还能加强现代基础设施的建设，以支持这个拥有 13 亿人的经济体。

比如说，在本次金融危机伊始，中国开始加速高速铁路发展，并誓言在未来 10 年内将客运铁路里程增加 1/3，达到 1.6 万公里。这个项目的核心也是中国有史以来成本最高昂的工程项目，即在北京和上海之间修建高速铁路，将原有运输时间缩短一半，降至 5 个小时。从理论上说，这种类型的投资项目和机场、高速公路、大坝等一样，都将推动本地经济的发展，增加劳动力收入，并实现生产率的永久性改善。尽管此类基础设施项目的投资回收期可能会超过大多数人的预期，但很难就此认为这种投资就是烧钱。

但不加思考地撇弃这些比较显然是错误的。和日本一样，中国在世界经济中的优势并不在于 GDP，而是在于强大的出口实力，当然还有前面已做解释的资本出口及快速膨胀的国外资产输出。同样和日本相似的是，拥有巨大对外债权的中国有机会借助于外交及商务政策扩大其影响力，并利用其贷款和援助作为与其他国家和国际机构讨价还价的筹码。此外，经济上的强大也让中国有能力增强其军事及海上防卫实力。

高水平的居民储蓄和不断增长的企业储蓄，使得中国拥有远远超过其投资的庞大储蓄，这一点同样和日本相同。而中国的对外顺差则超过日本在历史上的最高水平。对政策的修补无助于解决结构性问题。受到严格控制并被严重低估的汇率，只能加剧相对落后的国内需求与高规格国外需求间的失衡。这样的汇率有助于维护中国的贸易竞争力和出口增长，让大型出口企业深受裨益，而这些出口企业拥有着把利润转化为再投资从而进一步增强其出口创汇的能力。这就确保了中国可以维持高水平的国内储蓄、高水平的对外顺差及金融资本的输出。

对于是否允许日元升值，并以更坚挺的货币为纽带，让日本经济摆脱对出口的过度依赖以及支撑出口的企业和投资结构，即使是在日本国内也尚未达成一致。这种意见上的分歧意味着，日本还不可能做到与美国通力合作，解决经济与贸易摩擦的根源。日本竭力推行的金融政策表明，走向衰退只是迟早的事情。现在最担心的是中国将在这方面再次步日本的后尘。

我们本应不急于在这个问题上过早地下结论，但是在剖析新兴市场国家的赶超和崛起历程时，我们有必要首先把研究重点从新兴市场国家的金融稳定性转移到经济发展的基本趋势和制约因素。我们尤其需要关注的是新兴市场国家实现自我调整、适应全球市场环境变化的必要性，对印度来说，就是制造更多的就业机会，对中国而言，则是恢复其经济的均衡。

新兴者经济发展趋势的独特性

30 年之前，中国和印度的人均收入仅有美国的 2%~3%。如果不考虑产油国以及人口极少的国家和地区，人均收入排名最高的则是中国香港，排名第 36 位，但其人均收入也只是接近美国的一半而已。

今天，中国的人均收入水平约为美国的 9%，印度的国民人均收入则是美国的 4%，新加坡在新兴市场国家中排名首位，相当于美国的 74%。尽管新加坡和韩国等早期新兴市场国家的赶超过程或许已经结束，但这个过程在中国还将延续下去，直至其人均收入水平至少达到美国的 50%

为止。尽管这个翻五番的相对增长过程绝对是个令人叹为观止的奇迹，但这个奇迹在 2050 年之前显然还不可能成为现实。

最近的一项研究预测，G20 的 GDP 总额将从 2009 年 38 万亿美元左右提高到 2050 年的 161.5 万亿美元，这些增长中的 60% 将来自金砖国家和墨西哥。我们还可以进一步强调这一变化的重要性。在金砖国家和墨西哥占 G20 的 GDP 比重预计从不足 19% 提高到近 50% 的同时，以前 G7（八国集团 G8 的前身，属于主要工业国家会晤和讨论政策的论坛，成员国包括加拿大、法国、德国、意大利、日本、英国和美国。——译者注）的比重则预计将从 72% 跌落至 40%。如果单看中国和印度，这两个国家的 GDP 预计将增加 60 万亿美元，而这个数字则相当于 2008 年的全球 GDP 总额。我们或许可以更保守地假设，只要新兴市场国家的政府不出现实质性的政策失误，或者是面对紧迫的改革要求却墨守成规，那么，这个赶超的进程就将持续下去。

但是，根据这项研究，新兴市场国家在 GDP 指标上的巨大成功仅仅是整个故事的一部分，因为如果考虑到人口因素，其人均收入水平依旧非常低下，而且增长速度也过于缓慢。自 1990 年以来，中国实现了令人瞠目结舌的赶超速度，在截至 2000 年的 10 年间，其国民人均收入增长了两倍，达到 1 000 美元，到了 2008 年，人均收入水平则再次翻了三番，达到 3 000 美元。根据最近的预测结果，中国的人均收入将在 2020 年达到 9 000 美元，在 2030 年达到 2 万美元，2050 年达到 3.3 万美元。

这基本相当于新加坡和西班牙在 2008 年的发展水平，但即使假设美国继续维持 2.5% 左右的年均增长率，中国在 2050 年的人均收入依旧仅相当于美国的 1/3。印度在 2050 年的人均收入预计将达到 1 万美元，相当于 2008 年的 10 倍，但仍然只有美国的 10%。

关注 GDP 是一种从表面上描述全球增长结构转换的便捷方式。但根据数字来预测和推理未来，显然并不能真正解开新兴市场国家赶超发达国家的原因。最重要的是在经济发展过程中，政府是否能确保公平分配经济增长带来的收益，引导人力资源、储蓄和投资进行高效的生产性活动，在创造财富的同时，不会影响金融市场的稳定，并以此获得民众的信任和支持。回首新兴市场国家过去 20 年的加速增长过程，瑞士银行高级国际经济学家安迪·凯茨（Andy Cates）提出了四种独特的经济发展趋势。

首先，尽管新兴市场国家已经在最近几年里取得了令人瞩目的成就，但他们带来的兴奋毕竟还为期尚短，毕竟直到 1989 年以后全球化的加速才标志着这一过程真正开始。实际上，新兴市场国家在全球经济中令人瞩目的情况是在 2000 年之后才开始的，之后他们才不断积聚能量并成为潮流。作为一个群体，他们在全球 GDP 中的比重开始不断提高，而增长的很大一部分要归功于中国的发展。

但这并不能贬低新兴市场国家在帮助千百万人摆脱贫困、实现经济的现代化以及改善政府管制方面发挥的积极作用。有一点毋庸置疑：1990 年以来的全球宏观经济状况为新兴市场国家的成功所创造的便利条件同样史无前例。全球化的大潮确实让他们的经济旗舰水涨船高，难以否认的是，作为一个整体，新兴市场国家正在不断显示他们在全球经济中的重要性。

如图 5-1 所示，自 1970 年以来，发达国家和新兴市场国家及发展中国家的实际增长率在总体上显示出相似的周期性变化，这说明，在特定的发展水平上，富裕国家和贫穷国家之间并不存在所谓的脱耦现象。但如果剔除周期性变化或噪音，我们会看到，这两个群体的增长率趋势表现出耐人寻味的发展路径，在 20 世纪 90 年代末，两者之间存在明显的收敛趋势，而在此后，两条增长率曲线开始趋向于分离，并最终形成史上最大的差距。

不过，新兴市场国家的这种特殊现象在很大程度上归功于中国和印度的表现。如果不包括这两个国家的话，新兴市场国家及发展中国家在 2007 年之前的增长水平将略低于富裕国家，而他们的整体 GDP 曲线之所以有所下降。其中最主要的原因是，从 1997 年到 2001 年，亚洲、俄罗斯和部分拉美国家先后爆发了一系列金融危机，而这些危机带来的余震持续达几年之久。

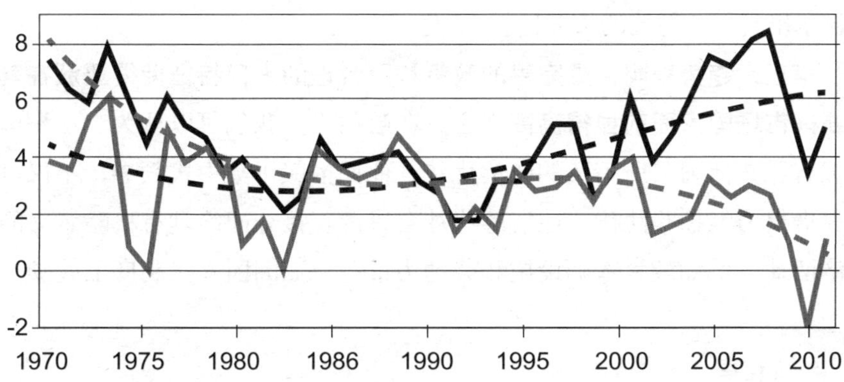

—— 新兴市场国家及发展中国家的实际增长率
— — 发达国家的预期增长率
— — 新兴市场国家及发展中国家的预期增长率
—— 发达国家的实际增长率

资料来源：DSG（亚洲）

图 5-1　呈现脱耦倾向的增长率趋势

其次，无论是否考虑中国和印度，在新兴市场国家中，最强大的国家都毫无疑问地来自亚洲。从 1998 年到 2008 年，俄罗斯和巴西在全球 GDP 中的比重都出现了下降，而其他全部发展中国家的比重也仅仅提高了 1%，这还要归功于中国、印度、“亚洲四小龙”、马来西亚、印度尼西亚及泰国共同创造出的 12% 的增长率。

在分析亚洲地区的经济发展时，只要分别考虑包括中国和印度与不包括这两个国家时的情况对比，我们就能认识到中国和印度的重要性。如图 5-2 所示，从 20 世纪 80 年代到亚洲金融危机爆发为止，中国和印度的实际增长率远比其他亚洲国家更为跌宕起伏。但随后的趋势则峰回路转。在其他亚洲国家遭遇剧烈经济震荡的同时，中国和印度的增长态势却开始变得日趋稳健。20 世纪 90 年代末爆发的亚洲金融危机导致亚洲经济一落千丈，直至 2001—2002 年才开始触底反弹。此后，亚洲国家的整体增长状况比此前 10 年的表现更为低迷消沉。在 2000 年之前，无论是否考虑中国和印度，亚洲的整体经济增长率趋势相差无几。自此之后，两种条件下的增长趋势开始逐渐分离，两个亚洲大陆的最大国家开始逐渐显示出其不可替代的重要性。

第三，趋势表明，更完善的政策和更合理的人口特征使得亚洲在其他新兴市场国家面前显得高高在上。在政治上，我们可以认为，亚洲国家拥有让其他国家所不及的政治优势。他们依赖于集中式领导，不仅可以凭借权力维护其法律，还能够将社会资源直接分配给具有战略意义的经济活动，譬如教育基础设施和劳动力市场。亚洲国家在制度上鼓励

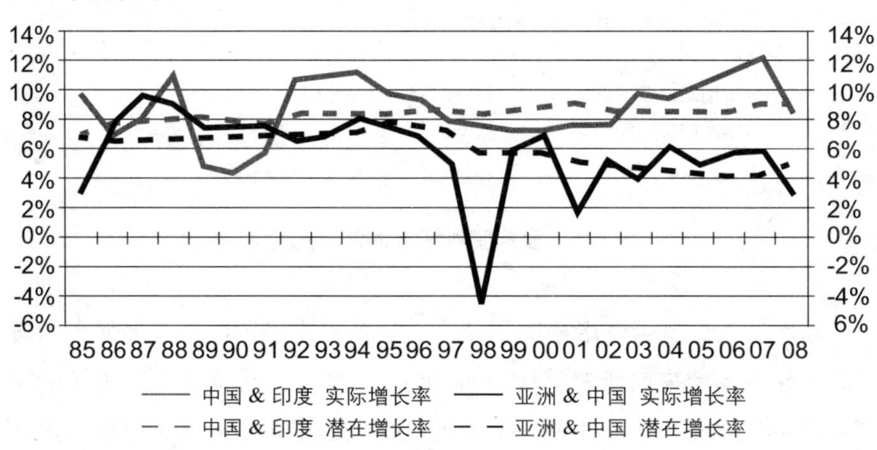

资料来源：DSG（亚洲）

图 5-2　中国与印度对亚洲经济增长的主导作用

甚至是规定企业积极参与全球化事务并从中受益，同时，他们提出一系列优惠发展战略，包括对外开放、提高教育水平、促进经济繁荣、完善劳动力及其他法律以及鼓励企业家文化等。“冷战”也让他们受益匪浅。二战之后，在军备竞赛和军事冲突的全球政治背景下，美国在几十年以来一直积极参与亚洲政治事务。在此期间，美国不仅直接为日本提供援助，还毫无保留地向日本以及“亚洲四小龙”慷慨敞开本国市场。从更宽泛的意义上说，美国更愿意扮演太平洋和大西洋两大区域的守护者的角色，美国始终认为平静而繁荣的亚洲更符合其国家利益，当然，前提是美国可以让亚洲拥有最强大的竞争对手，但这个竞争对手只能是经济

上的对手，在政治上则必须与之交好。

完善的政治体制和有利的人口特征相辅相成、相互促进。在过去的40 年里，亚洲和拉丁美洲始终拥有类似的年龄结构，目前依旧具有较高的相似度，但我们又如何解释两者在经济绩效上的巨大反差呢？在以往的 20 年里，巴西、墨西哥、土耳其和南非等某些国家的劳动力适龄人口几乎与亚洲保持相同的增长率，但他们在经济增长上的表现却乏善可陈。另一方面，在中国和韩国，虽然劳动力人口的增长态势并不比美国、加拿大和新西兰好多少，但他们的 GDP 增长速度却是这些国家的若干倍，年增长率分别达到了 10% 和 6%。换句话说，虽然有利的人口结构是实现经济赶超的重要原因，但是要真正发挥人口因素的积极作用，还需要一个不可或缺的前提，那就是：政治体制的结构必须能始终充分适合于国内社会与经济的发展及国际经济的一体化。毫无疑问，劳动力人口不断增长的新兴市场国家注定花费更少，收效更大。

以过去 20 年里的平均储蓄率（储蓄额占 GDP 的比例）为例，在这个指标方面遥遥领先的国家和地区始终是中国和马来西亚，处于 30%~50% 之间，排在其后的是新加坡、韩国、泰国、印度尼西亚和中国香港。储蓄率最低的国家则是巴西、南非、土耳其、阿根廷和墨西哥，约为 GDP 的 20%~25%，但这些国家的储蓄率仍在提高。拥有庞大的储蓄至关重要，因为储蓄转化为投资是推动未来经济增长和繁荣的必经之路。

在中国，家庭储蓄占可支配收入的比例从 1990 年的 15% 提高到 2008 年的 25% 以上，而印度的这一比例则提高得更快，从 20% 直线提升至 32%。实际上，印度一直是储蓄率最高的亚洲国家。另一方面，相对于中国和印度，韩国显然属于更加发达和富有、同时也是老龄化速度更快的国家，但他的家庭储蓄率却在过去的 20 年里从 25% 下降到只有 7%。家庭储蓄、企业储蓄及政府储蓄共同形成的投资，始终是推动未来经济增长的基本动力。在以往的这 20 年里，中国的投资占 GDP 的平均比例已接近 40%，目前估计已达到 50% 左右。这显然是其他任何国家都无法企及的，即便是马来西亚、韩国、泰国和新加坡也只能达到 30%~35% 的水平。

随着储蓄的增长，发展金融机构同样开始变得愈加重要，因为只有通过金融机构，才能有效地收集和管理储蓄，并对之进行合理的投资，同时允许企业进行储蓄的金融结构将企业储蓄（实际上就是企业利润的一部分）以某种形式对居民进行分配。而这始终是中国及其他几个国家在经济发展中的一大缺陷。均衡的经济发展必须以更加广泛和深刻的金融市场为企业和家庭提供良好的借贷平台，进而减轻对高水平储蓄的依赖性。成熟的金融市场不仅有助于提高资本的运用效率和企业活动的生产率，还有助于培养更加生机勃勃的中小型企业，而这是创造就业的基本前提之一。此外，金融机构也是绝大部分人口，尤其是农村人口消费银行、保险和证券等金融服务的基本渠道。

新兴市场国家参与全球化及贸易一体化的脚步远比其金融机构和金融市场的发育更为超前和迅速。而这种现象带来的结果就是，在中国、主要产油国和其他贸易顺差国家，大量积累的储蓄开始变得越来越难以驾驭，这些储蓄要么通过政府变成对美国及其他逆差国家的借款，要么以单向资本流的形式转化为越来越多的企业投资。过度投资始终是经济过热并演化为衰退的基本动因，即便是对高水平投资具有刚性需求的较贫穷国家，过度投资也会带来物极必反的效应。因此，虚弱落后的制度很难彻底解决国内外的结构性失衡问题。

第四，根据瑞银证券提供的数据，新兴市场国家的增长率在过去 20 年中约 3/5 的比例可以归功于人口结构、劳动力和熟练专业人员的质量和数量、人均收入的初始水平以及储蓄和投资率。其余的变动大多可以通过资本和劳动力的直接输入量以及全要素生产率予以解释。在第二章中我们就已指出，新兴市场国家始终保持着较高的经济增长率，尤其是相对于较发达国家而言。这种超常增长的主要动力就在于全要素生产率，这实际也是必然结果，较高的全要素生产率本来就是经济增长的基本动因，除非存在政治和制度障碍或者自然灾害刻意遏制或减缓这个过程。

更高水平的经济效能与经济监管、更高层次的教育、对新思维的接受和采纳、科学技术的推广尤其是互联网技术的运用、全球生产和管理技术领域“最佳实践”方式的采用以及制度质量的持续改进，都是解释高水平的全要素生产率得以出现的基本要点。而这些要点的基本落脚点无非是政治和制度，从这个角度出发，我们必须牢记一点有悖传统的道理：过去未必总是我们认识未来的好老师。

除此之外，我们同样可以毫不怀疑地坚信，在过去这 20 年期间，飞速前进的全球化步伐对上述诸多要素带来的影响是积极的。开放的贸易和金融、跨国公司和金融机构对全球商业的建设性参与以及教育、信息和技术的融合，均使得经济增长出现了质的飞跃。一旦全球化的发展速度趋于停滞或放缓，就必然会给新兴市场国家的增长态势带来某种影响。例如，在长期减速出现之前，中国和印度的年均基础经济增长速度可能会下降到 6%~8%，其他很多国家则可能会下滑至 3%~5%。这可能预示着一场温和但不算严重的衰退，但它还是会对某些主要新兴市场国家或地区的金融中心带来重大影响，譬如新加坡、中国香港以及中国计划在 2020 年打造成国际金融中心的上海。

通常情况下，全球化放缓或停滞带来的经济影响并不可怕，但衰退或倒退的后果则显然更具破坏力，贸易壁垒及税收会阻碍出口，而资本及货币管制则有可能限制信贷和金融。随着全球需求的减少、交通运输成本的上涨以及供应链的分散，开放式经济或许会对中国及其他多数严重依赖贸易的亚洲国家产生严重影响，而俄罗斯、墨西哥和印度尼西亚、智利以及巴西等商品生产国同样会遭遇悲剧。

此外，全球化以及维持全球化公平高效运转的国际关系和制度，对新兴市场国家而言更为重要。因此，我们可以认为，西方经济体在未来 10 年将如何应对他们所面对的挑战和问题以及这种模式对他们所具有的意义，直接关系到新兴市场国家的既得利益。在主要新兴市场国家中，印度或许能适应更反复无常、更受约束的全球经济，但这些问题对中国而言同样意义重大。

印度会成为“亚洲的美国”吗？

在赢得政治独立的第一个 10 年里，印度就曾经历过后殖民地时代初期的经济赶超历程，但这个过程并没有持续下来。20 世纪 60 年代，印度遭遇食品短缺危机，年经济增长率仅为 3.5%，对于一个劳动力供给以 2.5% 的速度增长的发展中国家，这样的增长率显然有点杯水车薪。而后从 20 世纪 60 年代至 70 年代初的“绿色革命”推动了高产农作物以及化肥和水灌溉资源的投入，并最终提高了农业产量和生产效率，但印度政府推行的集中式、内向型政策，依旧让经济发展的总体性指标停滞不前。尽管印度经济曾在 20 世纪 80 年代出现过高速增长，但这种增长依旧受累于持续膨胀的国债、微不足道的外汇储备、居高不下的通货膨胀和公共借款，即便是昙花一现的“冲刺式增长”，最终也只能终结于金融震荡。从 20 世纪 90 年代开始的新式改革不仅改善了印度经济的供给能力，为印度经济融入世界经济创造了有利条件，也增加了印度的出口量、外汇储备、资本流入和生产线率。印度的经济增长率从 20 世纪 90 年代的 6.6% 提高过去几年里的 8%，尽管在 2008—2009 年的全球金融危机期间这一数字有所下滑，但在总体上依然可以认为，印度的未来将更加光明。但是，2009 年夏季，印度经济再次遭遇困境，由于降雨量低于常年平均值的 28%，而且低于印度西北部的 40%，这使得依赖于农业尤其是还尚未以灌溉和水泵取代自然降雨的 6 亿印度人几乎陷入绝境。食品领域由此爆发了严重的通货膨胀，食品价格在 2010 年初飞涨 20%，并导致印度的总体通货膨胀率从零上涨至 10%。

尽管受暂时性的短期商业周期干扰，但某些经济学家依旧认为，印度已经成为亚洲的第二只猛虎。换句话说，今天的印度很有可能已经处在“亚洲四小龙”在 20 世纪 70 到 80 年代以及中国在最近时期所达到的增长率曲线的顶点。我曾经在不同的场合下提到过，如果从人口结构、发展潜能、对服务业的偏好以及技术的领先性角度出发，印度很像是“亚洲的美国”。当然，这并不是比较印度和美国目前的状况，相反，这只是说，印度在最近几十年的发展具有与美国相类似的特征——崇尚民主与创新，最重要的是，印度还是一个年轻的国家。

印度人口预计将在 2030 年增加 2.7 亿人，这本身就几乎相当于美国目前的人口总数，而到了 2050 年，还将继续增加 1.3 亿人。但值得特别关注的是，到 2030 年，印度劳动力人口的增加即相当于西欧全部劳动力人口的增加。丰沛的劳动力资源与高水平的个人储蓄以及对高新技术的推崇，完全可以让印度继续立于不败之地。

印度在服务业、高新技术、钢铁、汽车和汽车配件等领域优势明显。自 2000 年以来，印度的储蓄占 GDP 的比例提高了 15%，达到 35% 左右，因此，印度的投资支出和经济增长同样应得到强化，这一点丝毫不值得惊讶。和中国不同的是，印度并不严重依赖于贸易。商品和服务的出口额占 GDP 的比例仅为 22%，从 2005 年开始，印度始终维持着极为温和的经常账户赤字，目前约为 GDP 的 2.5%。因此，印度完全可以在未来几年将其年均增长率提高到 10% 左右。

如果印度能在未来 10 到 20 年继续维持 10% 的增长率，其在世界经济舞台上必将扮演越来越重要的角色，成为名副其实的世界经济强国，而在此前 20 年几乎保持不变的占全球总产量中的比重，也最终将会有所提高。到 2027 年，也就是印度独立 80 周年的时候，尽管印度还不可能接近中国或美国，但至少可以达到日本的发展水平。虽然国际社会一直因倾向于平民主义思潮而指责印度政府拖累了经济发展，但印度过去几年的改革措施以及国有和私人经济的转换，确实刺激了私营企业和个体经济的发展。对于政府无法提高有效供给的诸多领域，如教育和医疗卫生、灌溉和水资源以及城镇电力供应等，商品和服务的私营供应商正在发挥着越来越重要的作用。

但印度未来的发展依旧受到某些不容忽视的制约，包括目前正处于增长期的通货膨胀、已接近 GDP10% 的公共部门债务总额、落后的基础设施建设、支离破碎的区域性市场以及冗长低效的决策程序。同时，官僚体制和规章制度的束缚、软弱无力的政府监管、政府缺乏对选民的责任感，尤其是公共供给领域的低效，严重制约了经济发展的脚步，可以说，在印度，没有一个重要领域不需要深刻的结构性改革。实际上，与中国相比，印度的经济还相对较为封闭和保守，尽管这或许有助于抵御全球经济的震荡，但这也让这些改革变得更为重要。

印度的致命缺陷在于创造就业，这不仅是印度长期以来的经济痼疾，也是贫困国家服务业最不擅长的领域。相对于大规模制造业，服务业基本属于劳动密集型产业，但是在印度，适用于零售及服务业的法律与规划制约同样非常重要。让劳动力自由进入服务业，可能会让服务业大为改观，因为这至少不会让他们在未来几年被资本和机器人带来的自动化所取代。尽管印度公布的失业率仅为 7%，但其实际失业率很可能比这要高得多。很多全职就业者非常贫困或是生活水平低于贫困线，而且大多数人就职于公职部门或者非组织型机构，工资和就业条件恶劣，而且只是松散地融入到劳动力之中。

在未来的 15 年里，印度还需要为目前 0~15 岁的公民创造 3.75 亿个就业岗位，这部分人口约占印度总人口的 31%。即便是在劳动力密集的制造业，要创造出如此之多的就业机会也是前所未闻的，而印度在整个方向上的前进步伐依旧非常缓慢。

此外，尽管对印度教育体系的如何先进以及工程师、技术专家和科研人员如何多如牛毛的传闻比比皆是，但印度的文化普及率却只有 61%，而 18~24 周岁公民达到大学水平的比例仅为 7%。国民教育体系内部也相差悬殊，尽管绝大多数农村人口的居住地到中小学的直线距离不足几公里，但是在 6~14 岁青少年中，未入学比例仍高达 20%，而中途辍学的比例则更高。要真正成为经济强国中的一员，印度还需要改进其政府和制度的职能，尤其是基础设施和教育等公共商品及服务的供给。此外，印度还需要高度关注贫穷问题。根据官方数据，在印度，约有 2 亿人生活在贫困线以下，但是按非官方的估计，这个数据却有可能高达 3.5 亿。3/4 的印度人生活在农村，在这里，贫困人口比例超过 20%。一位专业人士指出，印度的贫困人口正在“艰难跋涉，爬出收入被剥夺的沼泽”。只有通过第二次“绿色革命”，印度才能真正推动农业生产率的提高。印度必须确保长期稳定的低通胀和良好的财政状况，努力加强金融市场及服务业市场的结构，发展与周边国家的贸易，打造环境友好型的制造业，改善就业率，尤其是要为年轻人创造更多的就业机会。

尽管印度自 2000 年在很多细微方面收效显著，但是要把这些愿望化为持久的成功，最大的挑战就在于政治和经济体制改革，并借鉴他国的教训，通过合理的政治制度框架确保个人和商业权利，保持恒久的商业文化。印度最大的风险或许就在于职能不健全的政治体系，因为它经常会受到惯性和无效的侵袭。

中国再均衡面临的挑战

中国在以前就经历过再平衡过程：1978 年，中国开始实施改革开放，推进社会主义市场经济。1993 年之后，中国的政策控制权再次回归改革者。今天，中国的精英和知识分子再次对改革是否必要以及如何改革展开了一系列意义重大的辩论。辩论的焦点围绕中国针对美国对台出售武器、伊朗核威慑、贸易关系和外汇体制、经济发展战略、环境和气候变化以及互联网和信息获取等方面作出的政策。

因此，对于关注中国发展态势的人来说，首要问题并不是中国在 2030 年的 GDP 会达到多少，而是中国在 20 世纪 90 年代以来形成的社会、政治和经济思维能否做出及时调整并适应新世纪的变化，从而以建设性方式解决中国在国内事务和国际关系上面临的新挑战。

从国内和国际事务两个角度考虑，中国在经济上面对最重要的挑战：失衡。我们已经讨论过某些全球性失衡问题，中国贸易顺差在其中扮演的角色以及形成这些顺差的储蓄和投资失衡对全球失衡而言所具有的重要性。但中国的经济失衡则关系到中国增长方式、经济运行方式和公共政策作用的核心问题。

我们有必要再次重申，尽管出口和资本性投资推动了中国经济的飞速增长，但中国的消费者却极为脆弱乏力。2009 年，归功于政府为抵消全球金融危机而采取的经济刺激政策，中国的消费增长速度在 10 年当中首次超过 GDP 增速。这次刺激政策带来了大量的建筑业就业岗位，提高了社会转移支付水平，并通过降低税收刺激了汽车的消费量。但有一个事实却没有因此而得到改变，即国内消费总额占 GDP 的比重依旧非常有限。在 20 世纪 80 年代初期，这一比例约为 50%，但由于中国采取优先发展出口和资本性投资的经济政策，使得消费占 GDP 比例一度下降至 36% 左右。

自金融危机爆发以来，中国的经济增长始终严重依赖于固定资产投资，2009 年上半年的经济增长几乎完全可以归功于固定资产投资的增长，在整个 2009 年度，此类投资的增速为居民家庭消费的两倍。这显然是经济失衡的一个典型标志，因此，中国最大的政策挑战就是恢复经济的均衡，这就需要重新调整就业方向，永久性地使投资倾向于消费者及国内商品和服务行业，在出现由盛而衰的拐点之前及时整治经济过热现象。

固定资产投资，尤其是对钢铁、水泥和铝业等重工业的固定资产投资，在推动中国经济增长过程中的贡献率始终徘徊在 60%~80% 之间，目前，中国的投资已连续保持过热达 12 年之久。因此，中国政府需要当机立断，及时为投资过热及信贷流过剩现象降温，否则，至少中国的银行业将面临严重的坏账问题。为避免这一恶性后果，中国已经开始调整信贷及利率政策，但是要实现经济格局的再均衡，中国显然还需要诉诸结构性改革，大幅调整其产业政策。

也就是说，发展的侧重点可能会远离新增就业能力已相当有限的重工业投资，转而依赖对更趋于劳动密集型的服务业。此外，重工业也是能源消耗增长的主要原因，因而，重工业会明显增加经济增长的环境成本和金融成本。虽然中国消费的能源与美国相差无几，但中国石油能源的使用效率却低得多，其单位 GDP 消耗的能源相当于美国的三倍。

过度投资、消费不足的另一面就是中国不同寻常的高储蓄率，这也是中国经济指标反映出的主要问题。我们在此前已经说过，中国自 2000 年以来形成的储蓄增量主要来自于重工业企业，如钢铁、汽车、机器设备、材料和石油化工等。这些行业的企业涵盖了中国 A 股市场的 10 大上市公司，这 10 家公司的盈利能力竟然相当于全部 A 股上市公司的 3/5，而且它们都是清一色的国有控股公司。总体而言，中国企业的所有权结构相对较弱。它们根本就没有办法解决剩余收益索取权问题（如向散户投资者支付红利或股利），但拥有着近乎于无限的银行借款能力，而银行对于向这些大型国有企业发放贷款同样乐此不疲。因此，只有通过特殊的改革措施才能推动企业合理分配其利润，而不是把利润转化为再投资，并且采取更合理、更符合商业原则的借贷标准。

2008 年年底，在全球金融危机达到顶峰时，中国政府宣布了一系列经济和金融刺激措施，而投资依旧是这些政策的核心。于是，在 2009 年新发放的银行贷款中，约 1/3 的资金用于新建基础设施项目，包括铁路、机场、公路、新建城镇等。还有 1/3 则被政府指定用于水资源处理、环境治理、交通运输系统以及能源电力等公用设施。只有 13% 的新增贷款被用于增加消费。2010 年上半年，信贷增速在以往的 30 年里排名第三。排在前两位的最快增速时间分别是 20 世纪 80 年代末和 1993 年，而这次最快增速的信贷膨胀带来的后果，就是导致通货膨胀率分别提高了 20% 和 25%。

工业产能过剩现象也是多年以来日积月累的产物，如果按目前的趋势持续下去，这很有可能会成为一个严重问题。在某些行业，尤其是钢铁行业，问题已经显现。2004 年，中国终于下定决心开始整治投资过热问题，当时的钢铁年产量已达到 4 亿吨。2009 年，中国的钢铁产能则突破 7 亿吨，此外，还有 5 800 万吨的产能项目处于在建阶段。但中国对钢铁的年需求量却只有 2 亿吨左右。产量过剩还广泛存在于中国的其他重工业领域，譬如铝业，其年产量几乎已达到需求量的两倍，这种现象同样存在于水泥、煤炭、造船、玻璃板、太阳能板、风力涡轮机以及大豆压榨油等行业。

基础设施投资经常被人们看成是无需证明的“良性”投资，但是在中国当前投资过热的背景之下，它却变成了一把双刃剑。它虽能在短期内创造出巨大的需求增长，但赶超式的城镇建设项目，或者说建筑业的过快增长，也有可能造就大量额外甚至是剩余的产能。如果不能充分利用这些产能并使之发挥经济效能，那么，提供基础设施贷款的银行就可能会面对越来越大的坏账风险，因为商品房的过量供给将导致房地产价格下跌。中国一位曾担任前央行货币政策委员会委员的知名学者指出，即便是大规模的基础设施投资也未必总是看上去那么“美妙”。他认为，盲目和缺乏监管的实施会带来普遍的浪费，而预期的经济和社会收益同样将会大打折扣。

这些问题显然是市场机制不够完善带来的不可避免的结果。诚然，中国还是一个相对贫穷的国家，这就是说，中国仍对公路、桥梁、铁路、机场、社会公用设施以及工厂和机器设备等基础设施的建设资金需求如饥似渴。中国的人均实物资产（如建筑物、设备和基础设施等）估计约为 9 000 美元，仅相当于日本的 8% 和美国的 5%。由此可见，根据这种比较就认为中国已出现“投资过度”是没有意义的。一家资产管理公司发布的报告曾指出，中国的人口密度极高，这一点完全不同于美国。在中国，约 96% 的人口居住在这个国家 46% 的土地上，而且主要集中在东南省份，因此，发展国家性基础设施项目的理由似乎不像美国那么充分。报告指出，中国在铁路网络运营能力建设方面已明显过剩，这使得中国已成为“绝路桥”的头号建筑商，2005 年以来，中国建设的基础设施大多位于人口稀疏的地区。我个人认为，这其中的关键并不是说中国不需要更多更加优质的基础设施，而是说，这些项目需要强有力的商业或社会理由，而且必须更好地定位于消费需求和社会需求的基础之上。

即便是在 2008 年年底宣布实施大规模公共支出和银行贷款刺激计划之前，中国便已出现过城镇建筑过热的现象，但至少在目前，很多城市还处于城市废墟状态。譬如位于中国北方的内蒙古鄂尔多斯市，这是一座人口有 150 万的大型煤矿城市。而最近通过的一个新兴房地产开发项目旨在 5 年内为这座城市 100 万人提供住房。新建的公路、宽阔的大道、林立的公寓大厦、豪华的建筑造型和优美的公园雕塑足以让他们引以为豪。鄂尔多斯是中国人均收入第二高的城市，仅次于上海。但理由很简单：鄂尔多斯实际上就是一座空城。交通警察依旧凭借手势来指挥交通，这样的方式会让任何一座现代化城市陷入混乱，虽然公寓大厦已经售出，但却无人居住。

再看看位于中国云南省昆明市的呈贡，这同样是一座只用 5~6 年时间兴建起来的新兴城镇，在这里，到处是高楼大厦。大理石贴面的市政大楼、气派的银行大楼、令人炫目的高中和大学校园、房产中介公司、现代化的市内交通体系遍布于整个城市。在 2003 年政府最初宣布开发这座城市的时候，呈贡的人口还只有 16 万，未来的规划是居住人口达到 100 万人。这或许将会成为现实，因为整个昆明的人口已达到 700 万。但在此过程中，不良贷款、住房供给过度以及产能过剩问题，也将有可能会导致金融上出现风险。

位于长江三角洲的华西村以前是一个地地道道的农村，在这里曾经随处可见茅草屋和牛车，而现在却已成为一个工商业重镇。这个仅有 3 万人口的农村号称拥有中国最高的人均收入（11 700 美元）。今天的华西村已拥有一座 328 米的高楼和一座旋转餐厅，并计划修建一座仅次于迪拜哈利法塔的世界第二高大楼。或许会有人问，为什么会这样呢？

中国政府在 2008 年 11 月推出的大规模经济刺激计划，造就了数千个所谓的“投资平台”，也就是我们在西方金融危机中经常听到的“特殊投资载体”。它们通常用借款进行投资，但无须向投资者公开披露其资产和负债等财务数据。根据官方提供的数据，2009 年中期既已建立了 8 221 个这样的平台，其中超过一半属于地方政府，其余则大多隶属于省市级政府。这些投资平台在本质上是由地方政府控制的国有企业，他们以政府拍卖土地或其他收费方式得到的资金和银行借款作为资金来源，然后再把这些资金用于水处理、道路、商业建设以及住房等基础设施项目。请记住，这些地方政府对实现中央政府确定的 8% 年经济增长率负有不可推卸的责任。

根据中国银行业监督委员会的资料，地方政府在 2009 年使用的银行贷款预计达到 6 万亿人民币（约合 8 800 亿美元），或者说，相当于中国当年 GDP 的 17%。根据独立机构的预计，地方政府在 2010 年的负债可能会达到 11 万亿人民币（约合 1.61 万亿美元）。这个数字还不包括额外承诺的 7.5 万亿人民币（1.1 万亿美元）的贷款额度（即银行已承诺但尚未发放的贷款）。但由于在中国，政府债务不属于公开事项，因而这些数字的真实性都有待商榷。因此，最值得信任和关注的数字就是中央政府债务，目前约为 GDP 的 22%。

这些稀奇古怪、晦涩难懂的“投资平台”之所以无比重要，主要有两方面的原因。

首先，它们的债务不需纳入地方政府的财政报告。换句话说，它们属于预算外事项。这些平台拥有、购买或收购的土地，经常是位置偏僻、产权存在争议的地块，它们以这些土地作为抵押物向银行申请贷款，再把贷款用于基础设施开发。如果我们把这些负债纳入官方公布的数字，那么，中国的国债占 GDP 比例肯定不再是上面提到的 22%，而有可能达到 GDP 的 60%。这个数字考虑了官方已披露债务、国有企业负债以及包括上述投资平台在内的省市级政府债务，但不包括其他国家性平台的债务及或有负债，比如银行系统非不良资产。如果再考虑这部分负债，国债将增加至 GDP 的 79%。

其次，这些投资平台不仅缺乏充足的现金流和控制力，其人员编制也大多取决于行政指令，而不是管理能力和专业资质，他们的主要收入来源就是出售土地使用权。没有人能确切说出 2008 年以来各级政府的土地销售收入总额到底是多少，估计数字大约为全部收入的 20%~40%。在中国，土地的出售极其重要，因为土地价格直接关系到房地产价格，而房地产价格又与地方政府、开发商和银行的利益休戚相关。在未来几年里，很多为基础设施项目融资的贷款无疑将成为不良贷款。在 2009—2010 年期间，2.5 万亿 ~ 3 万亿人民币的贷款可能已经成为不良资产。

关键问题是，如果房地产价格大幅下跌，这些贷款的命运最终将会如何，贷款银行和政府的财政状况将作何反应？实际上，一旦经济转入衰退或是对银行贷款和流动性实施更明确的限制，这种情况就极有可能发生。要准确预测房地产价格的上涨周期何时走到尽头以及会出现哪些催化剂因素，几乎是不可能的。但我们都知道，它们终有一天会走到尽头，而且会一落千丈。我们没有理由怀疑，在中国，任何事情都有可能与众不同。但这不仅仅只是一个关系到土地价格会上涨到何种程度以及更严厉的信贷紧缩政策到底会在何时付诸实施的问题。

2010 年，中国的房地产市场不仅成为很多经济学家和投资者关注的焦点，也引起了政府方面的焦虑。持续升温的房地产投资额已达到 GDP 的 13% 左右，全部城镇固定资产投资的 22%。到 2010 年春季，70 个大中型城市的房产价格环比上涨了近 12%，略高于金融危机前的上涨率，并比危机前的水平高出 10%。这是一个始于 2000—2001 年的漫长周期，在很多地方，房产价格上涨了 2~3 倍。很多知名投资者、对冲基金经理和一些独立经济学家曾指出，中国的房地产市场是一个迟早要破裂的巨大泡沫，而且注定将给中国经济带来深远影响。他们的依据既有定量指标——相对于收入和租金的高企房价，也有定性指标，比如说工业企业纷纷组建房地产机构。

但也有相反观点认为，价格过于昂贵的房地产主要为高端项目，推动房产价格上涨的主要因素是城市化进程的加速，而不是投机，只要限制抵押贷款审批程序就可以有效遏制不负责任的投机性融资。实际上，中国政府已在 2010 年开始大幅收缩房地产市场。4 月份，国务院开始对房地产贷款、土地拍卖和新建房地产实行限制性措施，5 月份，国务院提议征收房产税。在北京，首次购买房产的首付比例提高了 10%，达到 30%，购置第二套房产的首付比例提高到 50%，并彻底禁止购置第三套房产。

尽管北京担心房地产市场的投机性氛围，但依旧全力维护房产股票的价格。2010 年 5 月，住房和城乡建设保障部通过了各级省市政府在本年度增加 700 万套保障性住房的提议，其中包括超过 100 万套动迁房。

然而，在 2011—2012 年，中国注定将经历银行不良贷款的大幅增加。但这并不预示着中国银行业将遭遇西方国家在 2008—2009 年爆发的银行危机，因为中国的银行是国有企业，主管机构可以轻而易举地动用外汇储备为这些银行补充资本，这也是他们在 10 年前所采取的措施。北京完全有能力阻止这样一场银行危机的爆发。但不管是公开的银行危机，还是潜在的银行危机，都不存在无痛免费的解决方案。总要有人为此付出代价，总会有人成为消费者或纳税人。如果中国家庭最终不得不再次承担清理银行体系的成本，那么，中国经济迫切需要的再均衡过程就必将会进一步被推迟。

投资过热现象不可能永久持续下去。最终，投资收益将会持续递减，为投资所发生的负债将成为越来越沉重的负担，而削减资本支出则会让需求逐渐赶上产能。在未来几年的时间里，中国要么将主动削减其资本投资，遏制房产价格上涨，要么则会经历更急剧的衰退，而且极有可能伴随某种形式的银行业危机，让消费者成为最终的受害者。如果中国不能马上抓住时机，让经济重心恢复到以推进消费及国内生产为核心的轨道之上，就更有可能发生后一种情况。

中国是否已到了“刘易斯拐点”？

在演变成不可逆转的危机之前，回归消费、相对于GDP的低消费率以及低水平的人均消费同样值得关注。如果形势依旧如故，中国继续保持9%的年增长率，且储蓄—投资率在2020年维持在50%左右，以美元或人民币计价的对外顺差只能继续扩大，全球失衡问题也将进一步加剧。尽管这个国际性问题对北京政府来说并不重要，但是从国内事务角度出发，这个问题依旧不容忽视。低层次的人均消费水平可能会加剧社会动荡，尤其是考虑到中国的收入分配格局已经严重倾向于城市劳动力和沿海地区。此外，如果经济野心和社会支出需求对国有企业的投资和出口的推动作用继续退居次席，那么，中国的农村劳动力和日渐强大的中产阶级也将越来越难以被驾驭。

中国的储蓄和消费问题是一个根深蒂固的结构性现象，这个问题围绕的核心在于有待提高农村收入和就业率、企业储蓄分配制度、金融机构和金融市场、社会保险和健康医疗保障以及普及教育和未成年抚养的经费来源。

这些现象已经受到广泛重视，但关键是应该做点什么。中国已开始采取措施解决这些问题。从2005年开始，政府就一直努力在推动消费支出，通过废除农业税和提高农产品收购价格等方式增加农民的可支配收入。2009年6月，国务院宣布，近期首次公开发行股票并上市时，按实际发行股份数量的10%，将上市公司的部分国有股转由全国社会保障基金理事会。同年晚些时候，则批准个人可跨省转移其养老金账户。在2009—2011年期间，中央政府再次将约8 500万人民币（约GDP的3%）的资金投入医疗保险计划，用于降低医疗收费水平、创办新型农村合作医疗服务、增加教育支出和住房补贴。2010年通过的农民工养老金体系将首先覆盖 10% 的农村地区，并在 2020 年普及到整个农村地区。

尽管这些举措受到普遍欢迎，但它们并没有真正解决中国消费不足的根源问题。这不足 GDP1/3 的国民消费，显然不是仅靠不断扩大投资就可以提高的，它的本质在于居民的低收入，尤其是生活在广大农村的 7 亿农民，此外，当然还存在制度缺陷方面的原因，比如财产权利的有效性，福利体系不够完善，缺乏有效的工会组织等。

中国工人或许已经开始寻找自己的道路了。2010 年 5 月底至 6 月初，位于广东省的一些工厂发生工人罢工维权事件，维权的结果是工人收入大幅上涨。其中也发生了一些广为人知的事件。例如，10 名工人因不满工厂待遇而自杀，这引起了人们对改善恶劣工作条件的关注，譬如存在于很多城市工厂中的脱离社会、连续加班、装配线作业的极端枯燥以及无休无止的夜班等。这个事件发生于富士康，这家公司雇用了 30 万名员工，主要生产 iPod 等其他高科技产品，第一次罢工的结果导致个人工资提高了 30%，但随后两次罢工带来的涨薪幅度均超过了 70%。日本汽车制造商本田公司在广东的一家控股子公司中，工人因不满工资待遇而举行了罢工，这导致本田公司被迫停产，并最终将工人的工资提高了 24%~33%。但这次罢工又鼓励了另一家零部件公司的工人举行罢工，他们同样要求提高工资待遇。在丰田汽车公司位于天津的子公司——丰田合成公司（Toyoda Gosei），公司本部连同部分零部件加工厂的工人，也为提高工资水平而展开了罢工。

由此带来的工资上涨注定具有一定的“示范”效应，它鼓励其他工人要求更高的工资，让其他企业做出让步。即使是组织性的工会组织施加压力，只要中国工人能维持工资水平的稳步增加，就会对消费产生积极的推动作用。居民家庭就可以有更多可用于消费的收入，而不必维持过多的储蓄。

但这些进步或许更像是通往更高的消费山峰过程中的一段缓坡。政府可能会担心高工资带来的通货膨胀效应，并通过进一步提高利率和紧缩货币政策来抵消工资的上涨。当然，如果劳动力成本上涨造成太多利润微薄的中国出口企业丧失持续经营能力，让外国企业放弃中国而另寻其他的低成本劳动力市场，那么，中国企业的工资水平就会出现停滞。但对于中国企业和政府来说，最重要的问题在于中国是否已经来到了所谓的“刘易斯拐点”。这一术语源于美国经济学家亚瑟·刘易斯（Arthur Lewis），他在 1954 年针对亚洲国家的经济发展状况指出，**当一个国家的经济发展最终吸收了农村的全部潜在劳动力时，就会导致产业工人的工资持续上涨**。在目前的中国，这一点尤其值得关注。

由于中国正在开始耗尽其有限的廉价劳动力资源，而且其未来 25 年的人口结构也将发生重大变化，劳动力人口的比例不断下降，这些都加快了“刘易斯拐点”的到来。但是就目前状况而言，中国仍然拥有一个足够大的劳动力蓄水池，为城市源源不断地输送劳动力资源。同时，不应忘记的是，很多中国的本土企业和外国公司也可以迁移到劳动力资源相对丰富且工资水平相对较低的内陆及农村地区。

当然，中国政府可以采取多项政策鼓励居民家庭增加消费。例如，政府可以削减个人所得税，增加政府开支和提高最低工资水平，对国有企业的红利征税，增加企业收益的分配力度等。政府还可以通过多种方式增加居民收入，譬如，向储蓄者支付较高的存款利率和允许人民币自由升值。此外，他们还可以放开土地使用权、能源及公用设施的价格，以便合理反映这些商品的稀缺性以及环境因素的紧迫性，促进产业机构从制造业向服务业转移。这些措施理应成为农村经济大变革中必不可少的一部分。

1976 年，中国农村的经济总产量约占全国 GDP 的 2/3，而目前这个比例却只有区区的 11%。当时，农村人口占中国总人口的 83%，而现在则是 55%。不过，同期的农村就业比例却只有轻微的降低，从 75% 下降到 67%。中国未来的前途尤其取决于农村发展，因为在未来的若干年里，中国农村的稳定格局将面临严峻考验。

中国领导人经常提到“和谐发展”，这在本质上就意味着均衡、有序的经济和社会结构，今天“和谐发展”的本质则是强调消除农村的贫穷现象，逆转环境恶化的趋势。但研究中国农村问题的顶级专家罗伯特·阿什（Robert Ash）教授认为，中国的农村人口数量太多，但可耕种土地却太少。阿什通过大量证据指出，城市化和基础设施建设等经济政策、农业耕种方法的变化以及自然灾害等因素，共同导致中国的土地资源日渐萎缩。目前，中国可耕种土地的面积已经低于 1998 年的水平。他还认为，大量的农田因面积太小而无法产生规模化效应。

尽管中共中央委员会于 2008 年 10 月果断作出决定，明确提出通过鼓励土地转让来创建大型高效农业，但长久以来农村地区遗留积聚的社会和经济问题依旧在持续发酵。这或许并不像国内某些评论家说的那样，开辟了土地私有化的先河，而是更有可能进一步恶化农民工的状况，并危及资本密集型农业技术创造的就业机会。在失业和潜在失业状况不断加剧的情况下，这注定会给农村居民以及希望还乡的城市移民带来消极影响。

中国是否准备启动一场强调农村和消费的大规模政策转换，显然不是近期可以解决的问题，即便到了那个时候，我们也不可能知道结构性改革是否会如期而至，或是以何种方式到来。一位知名评论家曾主张，如果政治精英们不能让国家权力得到有效的制衡与监督，中国就永远也不可能面对这样的挑战，因为这些来自城市和沿海地区的政治精英，本身也得益于中国经济政策。这些来自城市和工业界的精英构成了中国权力的核心。和罗伯特·阿什一样，中国的某些政治精英同样认为，在中国的出口、制造业优势以及社会和政治成就背后，还存在着诸多农村问题等待解决。

在日本和韩国等其他亚洲国家，巨大的城乡收入差距均在其实现经济的赶超过程之中得以缩小或消除。在这个过程中，农村剩余劳动力开始减少，制造业工资逐步提高，进而推动了资本投资和创新的发展。相反，中国农村人均收入水平始终没有超过城市居民人均收入的 40%。从 20 世纪 90 年代开始，曾为农民就业创造了大量就业机会的乡镇集体企业退出历史舞台，从而导致了农业收入的进一步恶化。随后的城乡流动同样给农民收入造成了负面压力。

毫无疑问，中国的经济发展模式在过去 20 年内取得了辉煌的成功，但是面对今天的现实，这个模式显然需要加以调整。如果 2007 年之前的激情不能让全球出口贸易强劲反弹，而依赖出口、重工业及投资相结合的基础经济结构维持不变，那么，要解决全球失衡问题几乎毫无希望。这或许是中国最不担心的事情，但美国和欧洲等其他国家在这个问题上显然一致认为这是绝非可以等闲视之的事情。

在2010年的最后几个月，中国政府召开会议最终批准了《十二五规划》(2011—2015)。规划的主要目标包括实现收入公平分配、改善城市农民工的待遇、逐步发展低碳经济以及使经济增长结构由依赖出口和出口转向以国内消费为主。

但此前的“十一五”规划的经历足以揭示中国的优势和缺陷。涉及经济增长、人均收入、公共服务、人口和劳动力以及能源效率等领域的规划目标基本均已实现，但涉及发展服务业、研发支出、加强城市农民工管理以及收入分配等领域的经济与社会改革目标却和预定目标存在差距。

如何再造“中国模式”神话?

对中国而言，至关重要的不仅仅是危机后的全球状况。在国内，中国各阶层必须就改革的继续深入与进行达成共识，其中就包括对目前经济领域内诸多存在争议的政策进行调整与完善。从长远来看，这些改革可能会让中国在未来几年规避泡沫继续膨胀的风险以及随之而来的经济衰退。

人民币政策的本质意味着国内利率水平低于其应有水平。如果总GDP每年按13%的速度持续增长（例如9%的真实增长率加4%的通货膨胀率），利率应该是可以比较的，既可能略高，也可能略低，这取决于具体经济和通胀政策的总体目标。但人民币与美元的联系则意味着，中国的国内利率基本与美国保持一致，或者极为接近。在这种情况下，银行和其他机构就会有强烈的动机以较低的官方利率向中央银行借款，然后再以贷款形式把这些资金注入经济，实现经济承诺的高收益及资产价格上涨，这将吸引大量资本进入，但同时也增大了企业、行业及不动产等资产出现过度投资的风险。

这也是泡沫开始形成的过程。2007—2009 年的金融危机表明，脱缰的金融市场对这场灾难起到了推波助澜的作用，并且对控制金融危机毫无意义，但在中国，负责裁定重大信贷和金融决策的最高委员会（指银监会。——译者注）却信心满满。

虽然没有人知道资产泡沫到底会吹到多大，但每个人都知道这个泡沫已经不再安全。中国完全可以通过提高利率、征收购房产税、强迫银行提高资本金以及暂时降低国民经济增长率这些举措来将泡沫扼杀于摇篮之中，也可以放任不管，但若这样做，则要承担通货膨胀的风险。毫无疑问，治疗通货膨胀的病症显然需要更加强硬的经济猛药。在出现“硬着陆”的情况之下，土地价格可能会下跌 50% 以上，房产价格也会随之下降，虽然下跌的房地产价格仍将高于几年前的水平，但房地产市场的衰落注定将会让中国银行体系身陷危机，并导致经济与社会的动荡。

毫无疑问，中国将继续做出努力，加强已经采取的措施，重新控制如脱缰野马般的银行贷款，提高银行必须缴存中央银行的准备金要求。在 2010 年放弃盯住美元的汇率制度之后，中国必然会增加官方利率政策的使用频率和灵活性，以便最大程度地遏制信贷创造能力。但最可能的结果是，所有这些努力都无济于事并为时已晚，资产泡沫的风险将延续到 2011 年和 2012 年。对于全球金融市场来说，唯一的希望就是，中国资产价格的泡沫以及通货膨胀加剧的初期信号继续维持在相对较弱的水平之上。

中国并没有必要降低经济增长率，但随着人口老龄化的加剧以及经济的日趋成熟，长期以来的增长率注定会有所下降。对于中国来说，未来面对的最大挑战是将国内企业的关注点从国外市场转向国内需求，并确保国内需求占 GDP 的比例稳步提高。这就需要以明确的政策来保证收入的合理分配，在减少官僚程序和腐败的同时，推动资源向效益明显的本地企业倾斜，并减少币值扭曲、补贴性信贷及欠发达金融体系的缺陷。

但是，就目前而言，中国的经济发展在本质上与以往 20 年来的经济增长模式毫无二致。目前中国所采取的改良主义得到了一致认可，而其现存的货币体制也被视为经济稳定、实现经济高企的关键。不管这种观点在2007年之前多么合理，多么适应现状，在危机面前都将弱不禁风。

中国需要改变航向。在历史上，儒家式的统治已经显示出在变革方面的有效性，但同样也会在某些时候对变革、沙文主义、外界的质疑和自给自足的诱惑产生抵触。改革大潮在20世纪70年代汹涌而至，并在20世纪90年代初再次席卷而来。迄今为止，又一个20年已悄然逝去，政治改革再次开始成为影响未来经济发展趋势的关键因素。只有借助于政治改革和制度上的灵活性，中国的快速发展之路才能继续下去。

“老而愈智”的挑战

Older and Wiser: Demographic and Technological Challenges

在当今世界，人口优势与技术创新显然是评估一个强大国家的实力标杆。因此，不管对于新兴市场国家抑或发达国家而言，人口老龄化与技术匮乏都是必须面临的严峻挑战。

如何应对好未来人口变化与技术创新的挑战，显然已经成为当今新兴市场国家值得深思的一个重要课题。

我们都知道，尽管金融危机撼动了全球经济体系，并给新兴市场国家创造了机会，也带来了挑战，但完善的政治、经济管理模式与合理的制度依旧能帮助一个国家抵御不期而遇的金融风暴。虽然新兴市场国家经济快速增长的长期理由依旧强劲，但这些国家在未来几十年内的成败兴衰仍将依赖于两个他们可以控制和管理的因素——人口和技术。不妨换一种方式说，它们的实质就是一个国家的人和社会将应对人口越来越多、年龄结构越来越趋于老龄化的现实，以及如何利用由人才所体现的知识，来推动创新和提高生产力。

如果说我们一直深入探讨的金融世界变幻无常，那么，人口因素也是变化的。人口学的研究对象就是人，包括人的数量、态度、行为和技能。人决定了经济和社会进步的速度和本质。任何人都不会怀疑这一点。另一方面，技术和技术领导者的竞争并不仅仅只关乎智慧，还有社会、政治组织和制度的质量。

今天，人口因素之所以会影响到大多数人有两个方面的原因。很多人认为人口因素的重要性就在于“谁来伺候祖母?”换句话说，就是一个社会将如何去照看和关心越来越多的老年人。有些人更注重商业角度，比如说，消费品和消费模式将如何随着白发人越来越多的趋势而变化以及企业是否需要调整其品牌和营销策略。但人口因素的重要性还有更重要的原因，因为它们决定了一个国家实现经济和社会进步的能力，让一个国家有能力去追求权力，并为其他国家树立值得效仿的先例。

今天，人口变化的本质就是西方国家出现的人口快速老龄化现象，而这种现象是由生育率下降和平均寿命延长共同造成的。通常，在每个育龄妇女生育 2.07 个孩子的时候，人口总数可以基本维持不变。但是除美国之外，大多数西方国家的生育率远远低于这个数字。因此，如果没有外来移民补偿固有人口的建设，这些国家的人口总数极有可能出现停滞或者下降。但在不包括美国、加拿大和澳大利亚在内的大多数国家，为弥补本国人口下降所必需的外来移民数量在政治上是不可管理的，至少按目前状况是这样。在日本以及不包括英国在内的欧洲国家，要在未来 40 年维持劳动力人口数量的稳定性，就必须将外来移民的数量增加 5~20 倍。

西方国家的人口老龄化趋势将不断加速，因为大批出生于“婴儿潮”时代的劳动力均已逐渐接近退休年龄，丧失经济创造能力。“婴儿潮”一代正在陆续离开劳动力队伍，然后再度过 20~30 年的退休生活，但数量越来越少的下一代人却无法完全填补他们留下的空白，或者说根本就不可能填补这些劳动力空缺。因此，抚养率（老年退休人员数量 / 劳动力适龄人口数量）已经进入加速上升阶段。换句话说，在今天的发达国家，每个 65 岁以上的人大约由 4 个人来抚养，而在日本、德国和意大利，这个数字已经低于 3 个。到了 2050 年，将只有两个劳动力来抚养一个老年退休人员，而在上述三个国家里，抚养率则仅为 1.4~1.6。

快速老龄化给经济带来的主要影响就是经济可持续增长速度的放缓，并给提供养老金、医疗卫生及老年人住所的个人和政府带来沉重的经济负担。如果说这样的后果还缺乏说服力，那么，请回顾一下本次金融危机的影响，它让很多西方国家的政府不得不面对和平时期最残酷的现实——公共借款和公共债务出现史无前例的上涨。在公共开支中，规模最大、增速最快的成分就是与养老相关的支出，因此，政府不得不寻找出路，抵消人口老龄化加快带来的消极影响，比如说，寻找新的经济增长和生产力资源，调整劳动力市场和养老金体系。此外，他们还需要重建税收和公共开支制度，以确保在满足老龄化社会支付需要的同时，不至于给在职劳动力带来无法忍受的税收负担。

千万不要以为这只是西方国家才需要面对的问题。新兴市场国家也需要面对同样的挑战，只不过这个挑战的到来比发达国家晚了25~30年。降低生育率和延长平均寿命的因素在各个国家具有一定的普遍性。生育率的持续降低源于教育普及程度和文化水平的改善（尤其是女性）、简便廉价的生育控制方法以及生活水平和医疗水平的提高。在东欧地区的新兴市场国家，生育率已经达到史上最低：每个育龄妇女仅生育1.4个孩子。而东亚地区的生育率仅为1.8，除南撒哈拉国家的生育率达到4.8外，其他发展中国家的平均生育率也只有2.4。《联合国人类发展报告》指出，从2005年到2010年，39个发展中国家的生育率始终维持在相对较高的水平，每个育龄妇女生育4~7个孩子。这些国家包括大多数非洲国家、巴基斯坦、孟加拉国、阿富汗和也门。而其中的32个国家被划分为“低层次人类发展”国家。

平均寿命的提高则源于健康医疗和疫病控制水平的提高、饮食结构的改善以及体育锻炼等原因。在这个方面，世界上某些最贫困国家属于例外。对于包括所有最贫困国家在内的59个国家中，其平均寿命也最低，约为39~56岁。

几乎所有发展中国家都要比富裕国家年轻得多。尽管这些国家的生育率相对较高，但除个别国家之外，生育率均呈现持续下降趋势。劳动力适龄人口持续增长的同时，老年人口的数量也处于上涨状态，但相比之下增速极为缓慢。随着时间的推移，在很多新兴市场国家，年龄结构和老龄人口抚养率将日趋接近于大多数发达国家目前的水平。因此，这些国家同样将要面对社会加速老龄化的未来。

但是在新兴市场国家，这种基本人口模式也存在明显的例外情况，尤其是中国，当然还有新加坡和韩国。按新兴市场国家的通常标准，这些国家的历史相对较长，而且在很多方面与多数发达国家不相上下。虽然中国的总体人口要比西方国家年轻得多，但也是世界上老龄化速度最快的国家。例如，在未来20年内，中国24岁以下的年轻人口数量将出现绝对的减少，而劳动力适龄人口的数量在 2010—2011 年便已开始下降，只不过最初的下降速度较慢，但在未来 20~30 年里将表现出不断加速的势头。到 2050 年 ，中国将变成一个老态龙钟的社会。到那时，中国 65 岁以上人口的数量预计将远远超过美国的人口总数，80 岁以上人口的数量也将超过其他任何国家。

对任何一个国家的经济来说，年轻而富有活力的人口都是一个无论怎么强调都不为过的优势。但我们也必须认识到，这种优势并不一定会自然而然地转化为经济上的成功。缺乏就业机会的年轻人，反而是最容易成为激发社会不安和政治动乱的载体。此外，在新兴市场国家，随着年轻人口不断变老，这些国家的政府是否能比今天的西方国家政府更早地为人口快速老龄化做好准备，将成为一个令人关注的社会问题。实际上，大多数国家习惯把老龄化负担转嫁给未来政府。这对新兴市场国家而言尤其重要，因为这些国家老龄人口的人均收入远远不及西方国家在 20~30 年前发展到同一阶段时所达到的水平。这就是所谓“未富先老”的观点，它体现了这个问题的严峻性和紧迫性。

我们再来看看技术和生产力问题，我们传授给公民和劳动力的知识是社会进步的基础。而运用知识和创新实现的成果对于应对老龄化问题将变得愈加重要。随着农民工放弃低生产力和低收入的工作，转而到工厂、办公室和建筑工地寻找收入更可观、生产效率更高的职业，新兴市场国家也开始享受生产力提高带来的收益。贸易、外国直接投资以及更多地参与全球经济促进了知识的普及，也推进了生产力的增长，比如说，外国公司在新兴市场国家建立工厂或服务设施，或是对产品生产和服务供给进行外包。随着新兴市场国家人口结构的质量日趋退化，不断推进高新技术和加速创新将变得越来越重要。

无论是出于愿望、必要性、自豪感抑或是快速老龄化最终带来的压力，新兴市场国家都将成为先进技术的使用者和复制者，包括中国和印度在内的几个国家将会竭尽全力在全球技术创新领域超越西方国家。但是至少就目前而言，除韩国之外，新兴市场国家还不太可能在文化型劳动力、知识性行业、研发活动以及创新所需基础设施的绝对数量上挑战发达国家的领先地位。今天，美国人和欧洲人会羡慕中国和印度的大学，惊奇他们为什么总能比自己创造出更多、更有天赋的科学家和工程师。这也让很多人开始担心全球经济和经济中心将发生“不可逆转”的转移。但是在技术开发和创新领域，越多并不代表一定会越好。在美国，单位人口中科研人员和工程师的人数为中国的 3 倍，而支撑技术创新的基础设施更是中国所无法企及的。

然而，经济和商业媒体却异口同声地呼喊：中国以及不久之后的印度正在通往全球伟大创新和全球技术领导者的未来之路上。尽管这样的预期比比皆是，但它显然过于简单。

人口因素的重要性

根据联合国提供的资料，全球实际人口预计将从 2010 年的 69 亿增加到 2050 年的 91 亿。尽管这已经相当于 33% 的增长率，并让很多环境和绿色保护组织感到难以忍受，但实际上世界人口的增长率则处于持续下降状态。到本世纪中叶，世界人口增长率将下降至目前的一半，年增长率仅为 0.7%。这显然是一个好消息，因为只要实际增长率不高于这一水平，全球人口的总体福利水平就将得到进一步的改善。

但单纯的人口数量变化显然不足以帮助我们认识到人口因素的重要性。因此，我们还需要从更宽泛的视角去认识这个问题，首先是人口总量与人口分布之间的紧张对立，可获得食品、能源和资源总量与分布之间的矛盾；其次是人口年龄结构的变化。

在全球范围内增加的这 22 亿人口中，除 1 000 万人之外均生活在发展中国家。到 2050 年，在全世界人口最多的 10 个国家中，只有美国属于富裕的发达国家。全球人口增加总量的一半出现在印度、巴基斯坦、尼日利亚、中国、美国、埃塞俄比亚、坦桑尼亚和孟加拉国，约有 70% 的增加人口来自最贫穷的 24 个国家。在 2028 年左右，印度将取代中国，成为世界上人口最多的国家。

在富裕国家，年龄的中值为 40 岁，因此，半数人口属于老年人，另一半则是年轻人。到 2050 年，这个年龄就将提高到接近 46 岁。在发展中国家，年龄中值为 27 岁，到 2050 年将提高到 37 岁。但目前的情况也存在明显例外。新加坡的人口年龄中值为 41 岁，这让新加坡的人口平均寿命甚至超过了德国。中国香港的人口年龄中值为 42 岁，仅比意大利低一点。韩国的人口年龄中值为 38 岁，但在 20 年之后就会成为和日本一样的老龄化国家了。中国是世界上人口老龄化速度最快的国家，目前的年龄中值为 34 岁，但到 2050 年将提高到 45 岁，到那时，中国将成为比美国还要老态毕显的国家。

到 2050 年，全球超过 60 岁的人口比重将翻一番，达到总人口的 22%，也就是说，从目前的 7.59 亿增加到 20 亿。在较发达国家，这个比例将从 22% 提高到 33%，而发展中国家的这一比例则是从微不足道的 9% 增长到 20% 以上。15 岁以下儿童的数量预计将从 18.6 亿减少为 18 亿，或者说，占世界总人口的比重从 27% 下降为 20%，但他们中的 90% 依旧来自发展中国家，这一点和现在几乎没有区别。老龄人口和年轻人口的变动将直接影响到劳动力适龄人口，进而影响整个经济。

在西方国家，15~59 岁的人口比例预计将从 62% 降低到 52%。在发展中国家，虽然劳动力人口预期将增加 10 亿左右，但是从 2025 年开始，这部分人口占总人口的比例将会低于此前的 62%。这个数字主要还是取决于中国，如果不考虑中国的话，劳动力人口占全球人口比例开始下降的时间要推迟到 2035 年。在全部的最贫穷国家中，劳动力适龄人口将增加 7 亿人，从总人口的 55% 提高到 62%。这些国家包括尼日尔、阿富汗、索马里、乌干达、乍得和赞比亚。

打破“马尔萨斯触点”的诅咒

贫富国家的对比在人口方面的反映最为明显。到本世纪中叶，富裕国家人口仅占全世界人口的 14%，比 2010 年减少了 4%，但 60 岁以上人口的比重将显著增加。世界人口的主要增长点是平均寿命相对较短的发展中国家，因此，这些国家都将面临着为这些迅速剧增的劳动力人口提供就业机会和经济保障的挑战。

这些重要的人口差异已开始将贫穷国家和富裕国家一分为二，而且这极有可能在未来造成尖锐的对立，带来新的矛盾。请记住，马尔萨斯最担心的就是人口过剩对食品供给造成的影响，他曾预言，到18世纪末，食品供给将无法满足人口需求，因此，爆发饥荒、战争和贫穷将是不可避免的趋势。

但结果证实马尔萨斯错了。人类的智慧、科学的进步以及随后公共福利的到来彻底打消了他的顾虑。进入20世纪60至70年代，在马尔萨斯主义者们再次开始忧心忡忡时，农业产量和种植技术的巨大进步以及随后人工灌溉和新农业技术的发展，也再次验证了他们只是在杞人忧天而已。当代的马尔萨斯主义者依旧不会高枕无忧，因为人口增长和人均寿命延长对食品和自然资源供给的压力再次成为摆在我们面前的问题，这也是发达国家和不发达国家需要共同面对的首要挑战，尤其是对于贫穷国家而言，其更是影响未来的主要因素。

某些农产品的价格因金融危机和全球经济衰退而出现下跌，但它们的总体价格依旧处于高位，而且石油、食品和水资源的供给已经成为不容忽视的问题。专家们在现有传统石油储备按目前消耗速度还能维持多久这个问题上莫衷一是，但有一点达成共识，即这一时刻的到来就在未来的10年之内。除了欧佩克之外的产油国的石油产量已经从最高峰下滑，而且即便是欧佩克产油国在储量和开采速度上也存在着极大的不确定性，尤其以沙特阿拉伯为重。在任何情况下，只要全球石油需求在新兴市场国家经济增长的压力下持续上涨，欧佩克国家的定价能力就不可能受到削弱，只要全球经济还不能摆脱对石油的依赖，并且尚未找到其他的能源替代品和更先进的能源储存系统，全球石油供给就还将继续维持紧张局面。

食品及鱼类的高价位是存量下降和需求增长的反映，这不仅是因为世界人口的增长和平均寿命的延长，还因为一些国家生活水平的提高。例如，在中国，人均肉类消耗量在过去的25年里已经翻了一番。人口消费量的增加已经改变了土地使用的均衡，更多的土地开始不再用于农作物的种植。全球谷物产量正在越来越多地取决于种植技术的质量和农作物抵抗自然灾害的能力。世界银行和联合国估计，到 2030 年，全球食品需求将比目前增长 50%，这意味着，如果不能维持食品供应的同步增加，全球食品价格就会继续快速上涨，并进一步加剧现有的贫穷和疾病。

经济增长和人口增加，使得水资源的可获得性以及饮用水位的下降同样正在成为一个越来越值得担心的问题，但这种担心还有另一个层面的原因，即气候变化对冰川和天气的影响。农业灌溉使用了全球 3/4 的新鲜水源，而人口变化则直接影响到农民的水需求量。到 2035 年，新兴市场国家的城市人口还将增加 10 亿，城镇发展必然导致农田和饮用水资源的稀缺性进一步提高。联合国预计，目前世界上有 21 个这样的国家，到 2025 年，这个数字将增加到 48 个，2050 年达到 54 个，到本世纪中叶，受此影响的人数将增加到 40 亿。其中的大部分国家属于中东和非洲国家，届时，印度将有 19 座城市面对严重的供水压力。尽管中国勉强没有被列入目前的水源紧缺国家，但就长期而言，中国的水资源也仅能满足其一半的人口需求。在中国北方，已经有几亿人正在面对用水紧张的局面，北京地区的水消耗量已经导致地下水位持续下降，使之开始越来越多地依赖于自然降雨，而越来越严重的干旱无疑是雪上加霜。

另一个马尔萨斯触点则体现于阿富汗战争中，这场战争充分显示了富裕国家和贫穷国家在人口问题上的鲜明对立以及传统战争思想的局限性。阿富汗的人口年龄中值只有 17 岁，每个育龄女性生育 6.3 个孩子，46% 的人口年龄不足 15 岁，15~59 岁的人口比例为 50%。从简单的军事思想出发，塔利班应该不缺少作战士兵。相比之下，在美国及其他发达国家，人口结构则展现出另一幅与之完全不同的图景，在这里，我们不能理所当然地认为一对夫妻只想要一个孩子的观念是造成人口矛盾的主要原因。

那么，我们到底怎么才能解决这些马尔萨斯问题带来的矛盾呢？环境及其他政治派别主张立即采取人口控制措施，人为放缓经济增长速度，尤其是消费的增长速度，从而改善人口和资源现状，追求更具可持续性的增长。但不管是有意还是无意，这种观点的意图，就是让目前经济和消费增速最快的新兴市场国家主动放弃在经济上赶超发达国家和改善人们生活水平的机会。而这显然不符合事实。

相反，更具有建设意义的思路则是反问一下我们自己：为什么会出现这些人口和资源约束？我们应该怎样应对这些束缚？为此，我们或许还需要知道，环境污染、交通拥挤、能源消耗以及使用杀虫剂的增长速度为什么会达到当前全球人口增速的5~6倍。毫无疑问，马尔萨斯主义者的核心观点在于，我们正在越来越快地让有限资源消耗殆尽，而且很多是浪费掉的，而这样的消耗过程显然会危及人类的生态环境。全球人口的增加以及生活水平的改善是造成环境问题的主要原因。但是，问题的根源在于市场体系本身并不能肩负其维持可持续性的重任。我们不可能祈祷人口会自然而然地下降，让贫困国家的消费者固守清规戒律。相反，我们只能不断努力，扩大和改善市场机制的运行效果和效率，以解决人类面临的四个关键性任务。

首先，无论是否是出于人类学的原因，气候变化都和我们的生态系统休戚相关。但有一点非常清晰，即市场机制本身还无力扭转全球变暖带来的负面影响。

其次，市场并没有成功地帮助发展中国家和他们的城市克服贫困以及贫困所带来的教育落后和文盲率过高等并发症。世界银行已经修改了对全球贫困情况的预测，根据最新的估计结果，全球人口中有14亿生活在贫穷国家，而此前的估计则是9.85亿。按目前人均收入不足1.25美元/天的标准定义贫困人口的话，在过去的20~30年内，全球贫困人口的数量依旧维持在5亿左右，但这些数字已经足够清晰地告诉我们，贫困仍然是一个全球普遍性的问题，而且是一个远超过我们想象的大问题。对于生活在这种条件下的人，青少年患病夭折以及教育质量的低下，让快速的人口增长很难成为促进其经济增长的福音。

第三，消费主义或者说过度消费往往会让崇尚奢华的西方社会付出代价，但可怕的是这种消费文化已经逐渐扩散到了新兴市场国家。城市化以及崇尚现代化的动力本身就是经济高速发展的必然产物，它不可避免地会鼓励人们追求更高的生活水平。但随着生活的改善，他们必然会采取更现代的消费模式，更多地受到商业化、广告、市场营销以及豪华市场和专卖店的诱惑。

发展中国家的消费文化正在不断扩大，这不仅仅是因为人们拥有了更多的休闲时间与可支配收入，更重要的是，政府扶植或默许的现代化零售店面、制造商、市场营销和展示专家已经形成了一个制度性网络，这个网络的协同效应对消费模式的转变起到了不可估量的作用。在孟买、里约热内卢、约翰内斯堡、内罗毕或是马尼拉，旅游者肯定不会对鳞次栉比的现代化商业中心和城市周边拥挤不堪的贫民窟视而不见，实际上，有 10 亿人就是生活在这个天堂与地狱并存的世界里。

第四，市场始终没有能力让更多国家更好地获取各种技术，从而促进本地尤其是农村地区的经济发展。同时，市场也无法发展碳补给、太阳能及其他替代性能源，以此促进农业发展和提高能源效率等全球性项目。

至于对市场不能解决环境恶劣、资源的无效使用、贫困、奢侈消费主义以及技术普及等公共问题的争论，的确让我们走了很长一段弯路才摆脱人口过剩论的诱惑。如果 G20 的主要国家同意为解决这些全球重大问题（譬如预防和治疗艾滋病运动之类的全球健康问题）而投入更多的精力和资源，马尔萨斯主义者的顾虑必将随着时间的推移而消退。

因此，全球经济发展和安全问题似乎注定会在贫困国和富裕国之间产生一个临界点。对此，唯一的对策就是让他们共同认识到彼此之间的相互依赖性，强调并致力于多种制度的保存和相互尊重，并在此基础上发展出共担风险、共享收益的发展战略。但即使是欲通过签署全球性契约来推动更广泛的经济和社会发展战略，解决全球人口和资源问题，前提条件也还是需要各国政府接受和实施这些约定。美国国家情报学会曾指出，“全球机制的存在与采纳取决于领导者。当前趋势表明，实力和权力的分散化必然会造成全球监管的缺位。要逆转这些趋势，就需要包括新兴市场国家在内的一部分强国在国际机构中发挥其领导力”。

老龄化阴影笼罩全球

设想一下存在一个因为老龄化而濒临消逝的小镇。我们也许会在这个小镇看到这样一幅图景：很多人都已经超过 60 岁；学校里空空如也；不动产中介公司里贴满了“待售”的告示；当地的医院已经不再设立妇产科；很老的人不得不去照顾很小的孩子；几乎不存在任何就业机会；社会活动寥寥无几。这绝非空穴来风的虚幻世界：在日本，越来越多的小镇正在发生着这样的事情。旅游者造访意大利的山村或是穿越中东欧的乡镇，也经常会看到这番景象。而在人口老龄化最慢、外来移民最多的美国，也存在这种情况，根据 2000 年人口普查，在号称“退休者的天堂”的加州拉古纳伍德镇（Laguna Woods），全镇人口的平均年龄居然高达 78 岁，在人口超过 1 万人的美国城镇中，这也是最高的。

从经济角度看，新兴市场国家的人口结构基本相似于发达国家。他们之间的主要区别就在于人口老龄化的周期，从纵向比较，在年龄结构快速老龄化时，发达国家目前的人均收入水平明显落后于 20~30 年前相同年龄结构的水平。人口快速老龄化不仅预示着经济增长速度的放缓，也意味着越来越多的乡村变成死亡之谷，老年居民们不得不面对更艰难的生活。对于有尊崇子女奉养老人传统的国家（相对于政府赡养）而言，快速老龄化还意味着低生育率和家庭规模萎缩所带来的严重的社会问题。

在未来的若干年里，绝大多数新兴市场国家还将继续享受人口学家所说的“人口红利”。在这个阶段，人口结构趋于老龄化的主要原因并不是老年居民的大量增加，而是由于出生率下降和总人口中劳动力人口比重提高。在一些新兴市场国家，人们的寿命正在不断提高，但老年人的增速却不及劳动力人口的增速。在这里，所谓红利的来源就是劳动力人数增加所创造的价值，相比而言，他们抚养下一代和老人的压力就会缓和。但随着时间的推移，这些劳动力人口最终也将步入 50~60 岁的年龄段，然后退休，此时，人口红利则会逐渐减少，并最终消失。

在除美国以外的平均年龄较大的发达国家里，生育率已经低于每个家庭生育 2.07 个孩子的最低人口更换率。随着 60 岁以上人口在未来

20~30 年内增加一倍，西方国家将不得不提高针对养老金、医疗卫生和老年医护方面的支出，而增加幅度将达到 GDP 的 7%。如果要让政府按现在的价格水平为解决这些老年问题而签发一张支票，这个支票的数额将有可能达到 GDP 的 150%~600%。

新兴市场国家同样也需要关注这个问题，因为他们开始面对人口快速老龄化问题时，人均收入水平还远远低于目前的西方国家。很多新兴市场国家还属于世界银行定义的所谓“中等收入”国家，其 2008 年的人均收入相当于 3 260 美元。20 世纪 50 年代，当欧洲和美国的人口年龄中值还只有 29 岁时，他们的年人均收入为 1 万美元，尽管今天新兴市场国家的年龄中值略高于 20 岁，但他们的年人均收入却只有 5 000 美元。而这只不过还是二战刚刚结束时的情况，进入 20 世纪 70 年代，欧美国家的人口年龄中值达到中国目前的水平，但年人均收入已经达到 1.4 万美元，而目前的中国只有 1.2 万美元。到 2030 年，中国和美国将具有相同的人口年龄中值——约为 40 岁。但是，即使中国的人均收入水平继续按 8% 的比例逐年递增，到那时其水平也仅仅相当于 1970 年时的美国。因此，如果新兴市场国家忽视人口老龄化问题或是把这个问题扔给未来的政府去解决，必然会招致不可挽回的后果。对于同中国一样平均年龄已经很大的新兴市场国家而言，现在已经是考虑这个问题的时候了。

在人口老龄化问题上，中国和俄罗斯代表着完全不同于印度和巴西的另一种模式。中国已经是一个人口快速老龄化的国家，儿童和劳动力数量的下降在未来注定会成为现实。与此同时，俄罗斯的人口也在减少，2050 年，俄罗斯人口将有可能从目前的 1.42 亿下降到 8 000 万 ~ 9 000 万。其他东欧国家也都在经历着和俄罗斯一样的人口快速老龄化问题。印度和巴西则是另一番景象，他们展现的是一幅人口未来欣欣向荣的景象。这两个国家都具有相对较为年轻的人口结构，在未来的 20~30 年，劳动力人口不仅表现为绝对数量的增加，也将体现为相对其他年龄段人口的相对提高。在这一点上，印度表现得尤为突出，目前，印度 1/3 人口的年龄不足 15 岁，而马来西亚、印度尼西亚、墨西哥和智利等新兴市场国家则紧随其后。

顺便提一下，南撒哈拉以及中东和北非的大多数国家都曾拥有令人羡慕的人口结构，但这些优势最终也只停留于纸面之上，在残酷的现实面前，这个让人艳羡的事实显得不堪一击：艾滋病的肆虐使得南撒哈拉的诸多国家弱不禁风，而北非国家则一再被潜在乃至现实中的政治和社会冲突撕扯得七零八落。

中国人口结构承受的三重打击

中国正在承受着三重打击：年轻人口预计将会减少；劳动力人口开始下降；而超过 60 岁的人口数量即将翻上三番。从 2010 年到 2050 年，中国 0~14 岁儿童的数量将减少 5 300 万，15~24 岁青少年的数量将减少 8 000 万。同时，15~64 岁劳动力适龄人口的数量则将下降约 1 亿，或者说，从人口总数的 72% 下降为 61%。此外，超过 60 岁以上人口的数量则将增加 2.34 亿，即从占总人口的 12% 提高到 31%。进入老龄化社会将是所有亚洲国家的共同特点，但中国的速度却是前所未有的。目前，中国的老年人赡养率约为 11%，但是到了 2030 年，这一比例将上升到 24%，届时，中国 60 岁以上老人的数量将远远多于 15 岁以下的儿童，而到 2059 年，这个数字将会进一步提高至 40%。换句话说，现在由 10 个劳动力赡养一个老年人，而到那时，一个老人的生计就只能依赖 2.5 个在职劳动力了。

中国的人口结构之所以会出现这种局面，起因于 1980 年实施的“一胎化”的计划生育政策，当时，中国政府主要考虑的依据是马尔萨斯的观点，即人口过剩会造成贫困。当时，中国的生育率约为每个妇女生育 3 个孩子，这仅相当于 20 世纪 50 年代的一半。不过，这是历史上第一次国家政府以强制性政策干预居民的生育决策，当然，这也是现代历史上的唯一一次。与提高女性文化程度、改善教育等其他更常见的降低生育率的方法相比，我们很难明确鉴定“一胎化”的政策对中国人口结构的影响。不管怎样，中国目前的生育率仅为 1.7，这远比美国低得多。在北京、上海和天津等城市，生育率甚至已经下降到 1.0，而且很可能比这还要低。

中国政府在 2006 年重申了这项政策，不过，虽然某些农村地方政府仍采用奖惩性措施执行计划生育政策，但其执行力度显然已不如以前那么严厉，此外，以超声波鉴定婴儿性别的做法也在 1995 年被明令禁止。在城市中，一对夫妇通常只允许生育一个孩子，但若夫妻双方都是独生子女，则被鼓励生育第二胎。而在农村，如果第一个孩子是女孩，允许他们生育第二个孩子；如果父母出现困难，也允许生育第二个孩子，至于困难的定义则取决于地方政府的解释。而在中国偏远的西部和内蒙古，计划生育政策几乎没有得到执行。

在上海，政府于 2009 年宣布将为居民提供咨询服务，以鼓励夫妇生育第二胎。原因非常简单：上海生育率持续走低，这个城市拥有 300 万超过 60 岁的居民，相当于登记居民的 21.6%，这正在让上海成为一个年龄结构快速老龄化的城市。而到 2020 年，上海 60 岁以上人口将达到全部登记人口的 1/3。那时，上海将变得和日本一样老态龙钟。

低生育率、计划生育政策以及快速老龄化给中国带来的影响大体上可以划分为两大类：第一类是性别结构严重失衡带来的社会反响以及对中国家庭结构的威胁；第二类则体现在经济层面，譬如较低的可持续经济增长率以及社会保障的缺乏，而后者对于农村居民而言尤为突出。

计划生育政策或许并不是性别结构失衡的唯一因素，因为在拥有重男轻女传统的其他亚洲国家和印度北部地区，同样普遍存在着低生育率和以超声波鉴别婴儿性别的现象。中国目前的男女人口比例是 120：100在某些农村和内陆偏远地区，这一比例甚至已经达到了 130：100。但这只是平均数字，在中国，第一胎的性别失调现象相对还较低，男女比例仅为 108：100，但第二胎及之后的性别失调就要严重得多，男女比例可能高达 140：100~150：100。

2010 年，中国社会科学院的报告指出，到 2020 年，由于女性人数相对较少，因此，约有 20% 的年轻中国男性将终身不能结婚。在 29 岁及 29 岁以上年龄段，男性人数比女性人数多出 3 000 万 ~ 4 000 万。一位人口学家指出，目前，在超过 30 岁并接近 40 岁的男性中，约有 5% 处于单身状态，但是到了 2020 年，这一比例将提高到 15%，到 2040 年则将进一步上升到40%。随着这些单身青年男性逐渐变老并最终退休，他们必将给中国的福利制度造成额外的负担。即便是在这以前，中国也必须应对“男性过剩”带来的诸多社会问题。

低生育率、老龄化和性别失调还将改变中国的家庭结构。尼古拉斯·艾伯斯塔德（Nicholas Eberstadt）在提及上述问题时指出，生活在城镇的25~49岁成年人中，约1/4的人口属于独生子女。到2020年，这一比例预计将增加到42%，而到2040年将进一步增加到58%，如果这些独生子女依旧只生一胎或者干脆不要孩子——这也是中国最可能发生的事情，那么一向以家业为大、子女赡养老人传统而著称的中国人，将面临着家庭不断萎缩，老无所养的未来。

这几百万在没有兄弟姐妹陪伴下成长起来的孩子不仅会带来严重的社会问题，也会对经济和商业造成影响。在中国，商业活动是在所谓“关系”网络中的家庭之间进行的，这其中也夹杂着声誉和个人情感。西方的家族企业把创造财富和利润作为主要动力，而中国的家族企业则把维护家业作为主要责任。自改革开放以来，中国已经发生了翻天覆地的变化。尽管有关私营企业的数据始终缺乏准确性和及时性，但是在2006年，中国私人企业的产值已达到GDP的3/5，创造了4/5的就业，并为地方政府贡献了3/4的税收收入。但由于独生子女在同龄人当中占有绝大多数，因此，一对夫妻同时对应父母、祖父母及外祖父母现象使得中国的家庭结构呈现出明显的“头重脚轻”的特点。此外，由于城市化进程的深入，估计只有30%的家族企业将能够延续到下一代，而继承到第三代的企业将只会剩下14%。

中国人口老龄化给经济带来的影响即将显现。从1950年到2010年，中国的劳动力数量增加了2.6倍，但目前开始下降。在未来40年内，这一数字预计将减少40%。尽管15~64岁的劳动力适龄人口数量仍有8.7亿，但不能忽视的是，人口下降将更多地体现为年轻人口的下降以及60岁以上人口的明显增加。

劳动力人口的减少和老年人口社会福利的大幅上升至少会导致中国长期以来7%~8%的经济增长率下降2个百分点。但这多少也忽略了过去几十年来劳动力人口增加和子女抚养压力减少带来的贡献。此外，随着老龄化过程的加剧、政府福利开支的增加以及储蓄投资水平的下降，高生产力增长率在长期内也将出现下降。到 2020 年，如果不发生任何金融震荡或其他经济灾难，中国的年基础增长率将维持在 5% 左右的水平。尽管这仍然是任何西方国家都无法实现的成就，但它也深刻地强调：不考虑人口快速老龄化的经济增长预测是毫无意义的。

就目前而言，800 万 ~1 000 万青年农民工还能弥补城市劳动力老龄化造成的劳动力空缺，但他们最终还是会在 30 岁左右时回家照顾父母，对于独生子女来说，这一点尤为重要。此外，继承父母遗产也最终将使他们返家还乡。随着青少年和壮年人数的减少，这个劳动力蓄水池会在未来 10 年内日趋干涸。

而在此之前，中国面对的根本问题并不是劳动力人口的绝对减少，而是廉价劳动力的匮乏。中国企业要吸引和留住劳动力，就必须提高其工资待遇。从 2005 年到 2007 年，中国制造业的工资年增长率为 10%~12%，这甚至要高于 2009 年和 2010 年第一季度，据报道，城镇劳动力的工资较前一年提高了近 13%。在出口额超过巴西和南非总额的江苏沿海地区，月最低工资水平在 2008 年刚刚进行了调整，增长了 13%（达到 960 元人民币，相当于 140 美元）。而北京及其他大城市的最低工资则增幅更大。这些趋势表明中国正在出现一种新的社会现象，即劳动力市场的日趋紧张迫使工资水平上涨。尽管劳动力市场总体短缺的问题还将持续若干年，但中国显然不会对工资上涨造成的通货膨胀效应视而不见，尤其是考虑到本书前述的泡沫风险时更是如此。

中国人口老龄化对经济的影响同样也是社会保险体系的核心，这也是中国人为什么这么喜欢储蓄的根源。在计划经济时代创造的“铁饭碗”制度中，政府授权党内领导控制国有企业的工作安排、工作保险和工资，决定住房、食用油和棉花等所有物资的分配，甚至负责员工的旅游休假、婚姻和生育。反之，政府为居民提供从生到死的免费福利。始于 1980 年代初的改革让这种计划经济体制退出了历史舞台，但它却给城市劳动力的社会保险留下了巨大的真空。虽然农村劳动力也受到影响，但他们原本享受的福利水平就非常低下，而且普及性也远不及城市。

自2000年以来，中国官方采取了各种措施来拓宽社会保险的覆盖面，并提高福利支付水平，但中国在健康医疗、住房补贴、退休金和社会福利等方面依旧缺乏统一的制度。例如，中国的养老金资产仅占GDP的2%~3%，相比之下，新加坡和马来西亚的这一比例则是60%和50%。中国的政府养老金已达到平均工资水平的一半，这在亚洲国家当中已相对较高，但只有20%的城市劳动力被纳入福利享受范围，而享受这些待遇的农村劳动力还不足10%。医疗保险在补贴工作单位和工作地点之间不能自由转移。在超过60岁的中国人中，一半以上的人不得不自费承担医疗费，大部分还要由家庭独立负担。

1958年，为控制内部人口流动，中国开始推行所谓的“户口”制度，它不仅是遏制农民工生活水平的障碍，也是使储蓄增加和城乡差距持续扩大的重要原因。它把城市居住者以制度形式人为划分为正式居民和农民工。如果你不是城市的登记人口，没有城市户口，那么，你就无权平等享受就业机会、收入补贴、住房补贴、医疗保险和义务教育。而这类城市移民的人数已经多达2亿人。根据一项报告，2007年以后在北京出生的46万名婴儿中，有一半未能获得正式的北京户口。户口对中国人的重要性相当于社会保险对美国人的重要性。人的本性之一就是愿意接受问题，但在如何解决问题上却总是争论不休。而如果彻底废除户口制度，必然会导致城市移民大面积爆发，进而带来大规模的动荡。但在近年来我们欣喜地看到了中国政府在改善这个问题上的努力。

“户口”制度人为地将城市居民划分为两大类，这个事关公平的问题成为当今中国的一个争论热点。2010年，在全国人民代表大会上，国务院总理温家宝表示，中国将逐渐放宽户口制度，并从小城镇开始试点。但这个试点到底能在什么时候获得成效，还需拭目以待。这其中的部分问题在于，越是拥有大量就业机会的大城市，这个问题也越为严重。

一部分着眼于未来的中国学者已经开始从户口改革试点中总结出经验与教训，敦促政府放开视野，大胆开拓。针对中国未来的发展，他们提出了所谓“国进民退”的概念，即在私营经济收缩的同时，国有经济大幅前进。他们指出，政府应以放松人口流动控制为契机，继续推进市场体制改革。同时，也可以对部分国有企业实施私有化，减少政府对经济的干预。但是让所有人最担心的，还是公权力缺乏有力的监督所带来的诸多问题正在成为诸多社会问题的导火索。位于北京的中国经济研究中心主任姚洋就曾指出，民众的不满情绪和经济失衡现象正在让中国走向一场大规模危机，强势群体、特权阶层以及地方政府有必要对收入和社会福利分配不均现象给予越来越多的关注。

为了扭转已经失衡的中国经济，我仍主张采取本书先前提出的建议，即通过各种形式的改革，加速经济向依赖国内资源促进收入与生产增长的方向转轨。这就需要中国完善现有的汇率制度，提高农民收入水平和最低工资标准，扩大与深化社会保险体系，允许企业将更多的利润以红利形式予以分配。在理想条件下，改革将缩小城乡在收入和生活标准方面的差距，实现中国经济中心从沿海地区向内陆转移，从而减少农村向城市的人口流动。另一方面，如果中国不能改变其弱不禁风的社会保险体系和不断扩大的城乡收入差别，继续让越来越多的人成为城市中不被关注的二等公民，那么，人口结构变化带来的经济和社会压力不仅会抑制中国的增长率，还将带来比这更为严重的社会问题。

印度的人口红利还能持续多久？

作为全世界最年轻的国家之一，印度已经成为新兴市场国家的楷模。印度的人口将在 2028—2030 年期间超过中国，而目前其正处于收获人口红利的最佳时刻。换句话说，印度的出生率将从目前的一家三个孩子开始逐步下降，15~64 岁年龄段的人口将在未来 20 年内达到最高峰，因此，印度在 2030 年之前还不会遭遇人口快速老龄化问题，这也是认为印度经济能在未来几年实现 10% 的可持续增长率的根本原因。和中国一样，印度同样有重男轻女的传统，在很多地区，性别失调问题已经非常严重，但是在人口结构的大多数方面，印度与中国差别迥然。

从 1947 年政治独立到 20 世纪 90 年代中期，印度的年人口增长率超过 2%。目前，印度的人口增速已降至 1.3%，到本世纪中叶，印度的人口将基本停止增长。但是，人口红利将让印度在未来 20~30 年内经济加速增长和不断繁荣的前景无限光明。从经济角度看，印度的总体经济在过去 10~15 年里显著提高，究其主要原因，在于印度政府采取了对外开放的贸易和投资政策，对国内政策实施了大刀阔斧的改革。如果这种趋势能继续维持下去，人口结构将让已经印度令人羡慕的前景更加灿烂。

有必要强调的是，印度的人口规模也在变化。人口总数预计将增长 4 亿人，达到 16 亿。劳动力人口数量预计将从 7.8 亿增加到 11 亿。仅在 2010 年到 2020 年，印度劳动力人口的增长就相当于西欧的劳动力人口总数，按照联合国的定义，即等于德国、法国、荷兰、比利时和瑞士的总人口。从 2010 年到 2040 年，印度的劳动力人口增量将超过西欧国家的人口总数。

自 1965 年达到 76% 的历史最高峰以来，印度的儿童抚养率，即不足 15 岁人口占劳动力人口的比例持续下降，但直到 2008—2010 年期间才降至略低于 50%。到 2050 年，儿童抚养率将降至 25%。因此，印度将在未来若干年内始终处于儿童抚养率持续下降和老年赡养率（每 10 个劳动力抚养的老年人数量）持续上涨的“甜蜜点”阶段。

但这种基于人口因素的乐观预测也带来了严重问题。如果不断扩大的贫穷和失业状况继续蔓延，未来 30~40 年里劳动力人口数量继续增加 2 亿，那么，印度的人口红利或许就会变成一场人口灾难。因此，现在已经到了一个非常关键的时刻，印度必须采取强有力的措施应对贫困，并提高教育水平和调整经济结构使之更有利于扩大就业。如果印度没有采取合理的战略或是采取的策略未能在实践中取得成功，严重失衡且失灵的劳动力市场将很容易形成一股巨大的阻力，抵触印度社会必需的社会与经济改革，甚至危及社会和政治的稳定。

到 2050 年，印度在人口结构上将变得更像今天的美国。那时印度总人口的年龄中值将在 38 岁左右，而美国在 2010 年的年龄中值为 36 岁；而到时印度的生育率预计将下降至每个妇女生育 1.9 个孩子，美国目前为 2 个。印度在 2050 年的人口抚养率将约为 47%，其中，对子女的抚养率为 27%，对老人的抚养率为 20%。在美国，目前的抚养率为 49%，其中对子女和老人的抚养率分别为 30% 和 19%。两者之间的主要差异或许就在于人均寿命，印度的人均寿命预计在 10 年后延长到刚刚超过 73 岁，但这仍比美国目前的人均寿命少 10 年。

2050 年，印度的 0~14 岁人口将达到人口总数的 18%，美国目前的这一比例则是 20%；到时印度劳动力人口及 60 岁以上人口的比例将分别为 68% 和 19%，与美国目前的情况基本相同。而印度的优势在于，未来几十年内的人口变化有利于支持长时期的高储蓄、投资和经济增长。和其他快速老龄化的国家一样，如果美国不能以较高的就业率和生产率增长补偿其劳动力人口的减少，那么，就会出现恰恰相反的情况。

值得关注的是，随着时间逐步进入 21 世纪中叶，印度的人口快速老龄化的信号也愈加明显。到了那时，印度将拥有 3.15 亿 60 岁以上的人口，而 15 岁以下的人口则将是 2.93 亿，这也将是印度历史上第一次 60 岁以上人口超过 15 岁以下人口的数量。实际上，后一组人口的数量目前正处于历史以来的最高峰，约为 3.74 亿，占印度总人口的 31%，而 60 岁以上人口的数量还不足 1 亿。

印度在 40 年后的人口结构将非常接近于今天的美国。在此期间，印度的年龄结构和抚养率同样将类似于 1970 年以来的美国。此外，在服务业方面，两个国家同样有可比之处。服务业一直是印度经济腾飞的基石，占 GDP 的比例从 1980 年的 38% 已经增长到 2009 年的 54%。1970 年，美国服务业占 GDP 的比例与此非常接近。

但印度与美国的可比之处就在此时戛然而止，因为从此之后，美国的服务业开始持续快速发展，一度曾达到 GDP 的 70%，而发生这种情况的背景在于去工业化、制造业生产率不断改善以及较高水平的总体就业率。印度的条件可能并没有什么不同，而且 40 年的时间对于一个和美国如此相似的经济体来说，也算不上漫长。实际上，印度似乎更想从低收入的农业国一跃成为以服务业为基础的富裕国家，并跨越经济发展过程中的一个关键性阶段，这个阶段的典型特征包括劳动密集型制造业的发展、教育水平的提高和劳动力市场的改革。

由于服务业不可能像制造业那样创造如此之多的就业机会，因此，印度对服务业的高度依赖既是其有别于其他国家的优势，也是最致命的软肋。服务业为印度创造的就业量仅占全部就业量的25%，或者说，仅相当于其占GDP比重的一半；而制造业对就业的贡献率为19%，对GDP的贡献率为17%，这一比例在随后的40年里几乎未发生任何重大变化。尽管制造业的就业能力从1980年以来一直以3%~3.5%的速度稳步增长，但这样的速度仍然只相当于韩国和中国一半。此外，尽管农业和农村经济对GDP的贡献率在过去25年里已从40%下降到20%，但它依旧是印度经济的主导力量。农村地区吸纳了70%的印度人口，并为印度提供了56%的就业机会。不同于中国的是，印度人并不喜欢离开农业生产，到城市中去寻找就业机会，开创新的生活方式。虽然印度的农业人口比例也在下降，但下降速度仅相当于中国的1/3，而城市人口比例的增长速度仅有中国的一半。

然而，在医生、化学分析师、科研人员、工程师及计算机程序员等代表当今经济的专业人员培养方面，印度还远远落后于其他亚洲经济体。例如，印度的初中入学率低于中国，高等教育入学人数的增长速度仅为中国的一半。相反，农业人口只有小学层次的文盲率约为50%，初中层次的文盲率约为70%。而中国的总文盲率据报道还不足10%。文化程度归根到底与贫困程度和未成年人的疾病等现象有关。在不满5岁的印度未成年人中，约有一半的体重在不同程度上低于正常同龄人，而中国的这一比例仅为7%，这一现象显然会影响这些未成年人的未来学习能力。从更宽泛的意义上说，在印度，75%的人口生活在日平均收入不足2美元的状态下，42%的生活水平不足每天1.25美元，29%的居民生活在营养不良以及官方划定的贫困线以下。相比之下，中国的上述比例则低得多，分别为36%、16%和3%。教育水平低下的后果就是有更多的人没有能力从事有利于提高生产效率的劳动。

在印度，约有60%的土地属于农业用地。土地仍然是8亿印度人赖以生存的支柱，但却只为他们提供了2亿个就业机会。虽然印度在食品方面已实现了自给自足，并且是世界上牛奶、小麦和棉花产量最高的国家之一，但是，20 世纪 60 年代至 80 年代期间的农业“绿色革命”对印度生产效率和产量增长带来的推进作用已近强弩之末。更重要的是，印度对季风这样的自然灾害几乎毫无还手之力。2009 年，印度遭受了一场 37 年以来最严重的季风灾害，导致其国民生产总值减少近 3%。此外，很多人为性失误也使得这一状况雪上加霜。这些失误包括对农业投资的匮乏、低层次的机械化和恶劣的仓储设施以及严重的官僚作风和管制过度等。这些天灾人祸导致政府根本就无力打造一个强大的基础性农业，并使他们无法像 1978 年后的中国那样，嫁接出一个繁荣昌盛的制造业。

长期性的高失业足以反映印度教育水平的低下、四处蔓延的贫穷以及政府对农业的视而不见。尽管有记录以来印度的最高失业率仅为 7%，但半失业状态比比皆是，尤其对于农民而言。虽然目前尚缺乏可靠数据，但高达 27% 的贫困人口完全可以说明，印度的真实失业率可能不会低于 30%~35%，约为 2.5 亿人。如果考虑到季节性或临时性就业以及那些希望全职就业但却不能找到工作的人，实际的失业情况肯定会比这更加严重。

失业及未充分就业率最高的年龄群体为处于 15~29 岁的人口，从 2010 年到 2025 年，这一人口群体的数量将增加 3 000 万，即增长 10%。对这些人以及比他们稍微年长一些的人来说，严格的劳动法让原本就屈指可数的就业机会更加少得可怜，因为印度的劳动法往往会促使企业限制所谓“有组织”领域设立的工作职位（即常规性和契约性的就业岗位），进而增加所谓“非组织”领域的就业岗位（即低工资、基本没有任何福利以及工作条件较为恶劣的就业岗位）。

要成功缓解目前的失业状况，让更多的劳动力实现就业，印度必须进行大刀阔斧的改革，大力普及教育，全面改善城乡基础设施，消除某些限制就业的非必要管制，创造一个更具活力、更能有效吸纳劳动力的制造业。印度在纺织和汽车零部件等某些行业取得的成功已经为世人所瞩目，他们成为世界技术生产枢纽的野心同样令人赞叹。但这是否能替代传统大规模生产制造业在创造就业方面留下的真空，提供与印度人口规模相适应的就业岗位，决定印度未来经济的走向，还存在疑问。

得技术者才能得未来?

新兴市场国家已经不再满足于被视为廉价劳动和低成本人才的蓄水池。他们需要用更先进的技术推进经济发展，获得更强大的经济势力。3 000 美元的轿车、300 美元计算机和 30 美元移动电话的出现，验证了他们具有把廉价、跨越性的技术融入全球经济的能力。尤其值得提到的是金砖国家，他们不仅拥有巨大的城市和庞大的人口，通过大规模重组并购而不是独立发展的成长能力，更具有坚持其固有的经营模型、产品和服务以及管理体系的信心。

西方国家需要新的技术维护其现有的相对优势和经济繁荣，抵消人口快速老龄化对经济的负面影响。但是，我们在 2010 年的时候又能对 10 年之后的技术做出怎样的预测呢？未来 20~30 年的技术又将发展到何种程度呢？不能忘记的是，人类从来就没有准确地预测到以往的任何一场技术革命。

信息革命因其改造社会的速度及其令人炫目的变革方式而受到人们的敬畏。但它在这两个方面都算不上独一无二。从 18 世纪末人类发明蒸汽机到 50 年后铁路、邮政和电报的全部推广，第一次工业革命彻底更新了组织理论，并促成了工厂、银行、无形资产、有限责任、商业同盟、技术性大学以及新闻报刊等体制和机构的重大变革。而它在意识形态领域带来的影响力同样不可忽视。马克思和恩格斯在 1848 年完成《共产党宣言》的时候，欧洲正处于水深火热的革命时期。第二次工业革命则是从铁路大发展延续到第二次世界大战，它给社会制度和思维意识同样带来了巨大变革，比如福利型国家的出现、现代型企业与各种形式的民主体制、令人深不可测的金融机构以及女性参与社会活动的启蒙性发展。

我们或许可以把当前的变革同样称之为革命，这场革命的基础就是出现在 20 世纪 40 年代的计算机，它造就了另一场信息领域的革命，而互联网又带动了这场革命以更为迅猛的速度飞速蔓延。这场革命的某些结果已经显现，但是对于未来，我们却无从知晓。我们能看到的只有企业和家庭发生的深刻变革以及超国家型组织和大型跨国公司和银行的巨大发展，它们跨越了国家和局部利益的界限，把整个世界融为一体。在未来的几十年里，信息革命将继续让世界经济处于高速运转状态，因为创新和变革的力量是无穷无尽的。它将以两种相对更新颖的技术推动和促进创新——生物技术和纳米技术。最终，这些技术的融合将再次对制造业完成革命性的改造。经济上的回报同样充满诱惑，以往的工业革命历史告诉我们，在革命的里程中，我们必将遭遇很多新的理论和制度，甚至是政治价值观和意识形态的彻底革命，而且我们必须要把这些新的理论、制度、价值观和意识形态融入到实践当中。而把这种回报转化为现实收益的关键，则是制度的完善性以及它们接受和鼓励差异和变革的程度。

因此，技术领域的先行者不仅要有能力引进和吸收现代技术，还要拥有强大而富有活力的自主创新能力。韩国、马来西亚和新加坡就是新兴市场国家中展现创新价值和知识运用能力的典范。他们积极参与和推动全球知识经济，建立起一整套从中小学到大学的高质量教育体系，培育国民拥有持续终生的学习能力，大力推动创新。而他们的手段就是吸引外国投资、为企业提供建设性指导和税收优惠政策、积极支持和鼓励创业、大力发展对信息技术和互联网的投资。但是，如果没有国民、企业、公职人员和政府之间的高度信任，没有各方利害关系人支持下的结构性改革和及时有效地应对环境和形势变化的能力，那么一个国家就不可能真正落实这些措施。

因此，对改革和社会进步的阻碍无疑将成为一种根本性的制度性缺陷。由于政治和经济机构的现实组织形式是推动和传播变革的基本媒介，因此，我想指出的是，即使中国将来会变得越来越强大，越来越先进，但其与美国的差距仍然很大。在长期内，印度或许更有可能成为新兴市场国家中的技术领头羊，因为其已经在技术领域取得了令世人瞩目的成就，而且印度的制度似乎也更适合于创新和创造。

总体而言，发展中国家还缺乏实现技术创新所需要的经济成熟度、财富增长量和制度稳健性。在以往的 20~30 年里，技术始终是经济增长和社会福利进步的核心要素。而社会福利则是 GDP 等传统经济指标所无法反映的，而且它又是解决气候变化和培育未来经济增长新动力的关键。

我认为，我们可以从两个角度对创新做出定义。一种方式就是通过现有技术的渐进性调整，让我们能比以前更快、更好、以更低成本的方式完成某项工作。事实证明，日本就是这种创新形式的楷模，而中国对这种创新模式的运用则说明他们的成功理所当然。另一种方式则强调创造新的产品和过程，它往往是通过经济和科技等诸多领域的融合带来新的创造和发明。而这种创新形式更多地属于美国和部分欧洲企业的长项。

很多发展中国家能在最短的时间内吸收和利用某些新技术。例如，在发展中国家，移动电话在 15 年之前就已经达到了发达国家的普及程度。但是，在很大程度上，多数国家的技术进步还有赖于对现有技术的采纳和适应，这些技术的来源通常是对发达国家跨国公司的收购。即使是收入水平相对较高、代表新兴市场国家先进技术主流的金砖国家，技术的普及程度也极不均衡。在北京、孟买或者其他城市，你可以在很多企业目睹到世界一流的技术，但是在大多数企业和农村地区中，你几乎找不到现代化的痕迹。

以印度为例，班加罗尔等一些城市始终以高新技术、软件、计算机、生物科技、医药和汽车行业以及他们的专业型劳动力和研发型大学而著称。印度本身就是一个以服务业而闻名的国家，他们在很多服务领域引领着国际潮流，譬如税收返还的处理、医疗用 X 射线以及最近出现的“医疗旅游”医院，这种医院的医疗成本仅相当于日本、北美和欧洲的一小部分。而在衡量技术水平的很多指标上，印度也只能排名在发展中国家的中游而已，他们在技术普及程度方面甚至还只能与很多非洲国家相提并论。例如，2007 年，在每 100 人购买的有线和无线服务的人数方面，印度的城市居民为 52.3%，农村地区却只有 6.5%。

某些反映技术领先性的指标，如专利技术和发表科研论文的数量等，和一个国家的人均收入直接相关，因此，发展中国家在技术领先性方面明显滞后于工业化国家也就不足为奇了。这并不是说他们不善于进步。比如说，中国在前期专利技术中占有的比例从 20 世纪 80 年代末的 1.5% 增加到 2004 年 10%，此外，在美国的 2 200 万名科研人员和工程师中，有 250 人出生于发展中国家。由此可见，在考虑全球技术领头羊和未来技术领导者的时候，必须关注的是，我们正在讨论的问题是新兴市场国家是否已经或者可能形成一种有利于技术进步的结构性特征以及他们是否能借助于这些特征赶超西方竞争对手。

在这里，我们并不想探讨如何通过与西方企业的贸易往来或是借助于他们在亚洲、东欧或拉美的低收入地区兴建制造型或服务性企业，从而推动国外先进技术及过程在本地的融合。很多技术成果，诸如专利技术和发表科研论文的数量、能源消耗量、电话网络数量、高科技专业人才、互联网用户、计算机使用者等，都属于考量现代化经济的标准。按照这样的标准，金砖国家、泰国、土耳其和马来西亚在过去 15 年里的发展速度已达到发达国家的两倍，而在全球化不断加速的时代，我们完全可以有更多的期待。

不过，新兴市场国家在技术领域取得的辉煌成就尚不能让他们成为技术上的领先者：以先进复杂的设备在现代化工厂里生产和分销 iPhone 或是 iPod 是一回事，而构思、设计、注册商标并对其实施商业化运作则是另外一回事。苹果公司把 iPod 的绝大部分制造流程外包给中国台湾的鸿海公司，而鸿海公司再通过他们设在中国广东深圳的富士通科技集团进行组装。此外，这里的生产线上还忙碌着超过 30 万的工人，为索尼生产电子游戏机，为诺基亚制造移动电话。虽然这对中国经济并没有什么坏处，但绝对算不上什么好生意。加州大学欧文分校的研究人员认为，在 iPod 的全部市场价值中，只有 5% 左右的部分留在了中国，而大部分则归属于苹果公司、零售商和零部件供应商。

同样，很多新兴市场国家都曾经历过高速的生产率增长阶段，但最主要的增长源来自劳动力生产率的提高，即通过加大资本投入与大量劳动力适龄人口相结合。在 1988—2008 年期间，新兴市场国家或地区中劳动力效率增长幅度排名前三位的分别是韩国（年均 8%）、中国台湾（年均 6%）和中国大陆（年均 5%），紧随其后的是中国香港、新加坡、土耳其和智利（3%~4.5%）。俄罗斯和印度在某些指标上同样表现不俗，而巴西则始终居于下风。在很大程度上，劳动力生产效率的提高与资本性投资存量的增加密切相关，而投资存量的增加则源于较高的储蓄—投资率。

和前面提到的“全要素生产率”类似的是，来源于知识和创新的生产率依赖于各种持久性、结构性的输入。考虑到“全要素生产率”属于剩余变量，即 GDP 增长中仅凭借考量劳动力和资本投入而无法反映的部分，因此，在知识和创新带来的生产增长方面，1998 年以来收益最大的新兴市场国家大多居于亚洲，其中，中国、新加坡和印度的年均增长率达到 2%~4%，而巴西和俄罗斯在这个方面则明显滞后，其年增长率仅为 0.5%。

通过创新和运用知识所实现的生产率增长取决于对贸易、外国投资、新构思以及对教育、技术信息、经济和司法监管体系的开放程度。其他关键性标准还包括小企业的融资能力、技术与文化的普及程度以及提倡辩论和异议的风险文化等。技术领头羊显然应该具备所有这些特质。此外，他们还需要具备与众不同的特殊能力，即能通过不同领域活动之间的相互融合与相互促进，实现可持续的创新，并创造真正的创新文化和创新动力，促进社会福利的积累与强化。

尽管智利和印度尼西亚并不是技术进步处于最高水平的前沿国家，但世界银行还是以他们为例，说明新兴市场国家在成功过程中遭遇的障碍。智利的大马哈鱼养殖行业曾经仅次于挪威，他们在大马哈鱼的人工种苗库、鱼卵发育、养殖和加工以及新型疫苗等多个领域位居世界前茅。2009 年，智利为防止出现不卫生养殖及人工养殖场过度拥挤现象而采取人工干预技术，但这项技术却意外地造成一种传染性的大马哈鱼贫血症，这种病症迅速扩散，导致当年大马哈鱼产量减少了 80% 以上。因此，技术领先依赖的并不是只有技术本身。另一个例子就是印度尼西亚，作为世界上一直以来最大的棕榈油生产国，其商业用含油种子的产量位居世界第一，最近几年，印度尼西亚更是通过开发新品种棕榈以及新建原油和加工油提炼厂等措施，占据了 45% 的全球市场份额。但这些成功的基础则是对环境的巨大破坏，包括乱砍滥伐、野生动物的濒危以及温室气体排放量的增加。不难想象，印尼的棕榈油供应商必将面对来自大型食品企业的巨大压力，要么调整其生产模式，要么丢掉合同。

21 世纪的技术以及气候变化和人口迅速老龄化带来的现实挑战让

技术进步的福利因素显得尤其重要。工业化高速推进显著提高了中国的GDP，但没有人去考虑空气、河流和田野污染带来的环境成本。虽然印度的经济发展令世人瞩目，但没人真正去研究过，如果采取强化现有技术发展经济的战略，而不是一味去追逐前沿型技术，是否能更好地服务于经济和社会的进步。

在印度和其他贫困国家，人们对 GDP 的痴迷和盲从以及对现代化的疯狂追逐，已经让人们忽视了基本生活水平、农业效率、水供应、卫生及疾病控防等基本要素改善带来的长期性收益。这些基础性方面既不像核武器和导弹技术那样有助于提高国家地位和形象，也不像高速列车和摩天大厦上的旋转餐厅那样令人羡慕不已，但它们却会带来一系列社会矛盾，使得一方面是工业技术的高速发展，而另一方面则是农业与农村技术的结构性缺陷，还有过分关注推进技术进步、追求技术领先所带来的诸多问题。

移动电话、互联网和计算机在新兴市场国家的传播与普及意义深远，任何人都不会否认它们在加强经济增长基础方面发挥的作用。它们直接创造了就业机会，印度便是个好例子。此外，通过协助中小企业发展、搜索就业机会和促进企业家创业等形式，促成了整体生产力的提高。例如，在交通、传统电话系统和商业基础设施成本较高、技术较为落后甚至一无所有的发展中国家，手机银行业务也就成了几亿个人和小企业的福音，在非洲以及南亚较贫困地区，这种现象尤为突出。农民和渔民可以在农田或是渔船等各种各样的地点随时查阅价格信息和天气情况。电讯巨头沃达丰曾指出，在印度，手机普及率每高出 10%，年均经济增长率就高要出 1.2%。当然，经济增长率较高往往也意味着拥有更高的手机普及率，因此，这样的因果关系自然也就顺理成章了。

但现代经济的这些外在标志并不能替代专业技术的作用。实际上，很多国家在发电、运输网络基础设施、道路和灌溉系统建设等“简单”事物上还存在致命缺陷。尽管这些缺陷在非洲最贫困国家里司空见惯，但即使是在收入较高的亚洲国家，电能缺口（或者说部分地区的暂时性限电）造成的损失约合总发电量收益的 1/3 左右。此外，考虑到南亚和南撒哈拉地区的农业生产率极其低下，因此，在未来几年，随着人口的增长和年龄的增加，食品价格通胀和食品进口大增将成为不可避免的趋势。

谁是真正的全球科技霸主？

我们都会发现，美国和欧洲正在与金砖国家以及其他几个新兴市场国家展开争夺科技领先的竞争。大多数人会认为，对研发的资金投入、科研人员和工程师的培养、专利权的注册、专业论文以及高科技人才是技术进步的基本标志。按照这种看法，美国和部分欧洲国家绝对是无可争议的领先者，但中国在科技领域取得的巨大进步同样也有目共睹。而在中国继续向这些领域投入大量资源和财力的同时，西方国家还陷在低增长的苦恼之中，他们还需要为未来几年的囊中羞涩而惆怅。所有这些都表明，科技领先常常只是一个美好的故事，现实或许并不总是看上去那么美好。

中国的很多高科技企业已经走在世界前沿，如拥有近8亿注册用户的中国互联网搜索引擎——百度，从事电子商务、在线零售及云计算服务的民营企业——阿里巴巴，以及中国最大的网络及通讯设备供应商——华为科技公司等，都是中国正在步入全球高科技俱乐部殿堂的几个鲜明例证，但这些中国企业所从事的业务并不是什么新鲜事，更谈不上领先于西方国家。以华为为例，他们之所以能以高端软件定制业务成功打进全球市场，凭借的是低人工成本和国内的技术精英。

实际上，唯一能表明中国目前领先于美国和欧盟国家的主要指标就是他在高科技出口方面的贸易顺差。但这些产品大多属于所谓的“中国制造”，即国外高科技企业在中国生产的产品，而不是中国独立研发制造的产品。在科研论文发表数量及其相对影响力、在欧美和日本注册的发明专利数量、科学和工程学博士以及诺贝尔奖获奖人数等方面，中国也远远落在后面。根据美国专利商标办公室提供的数据，在2008年注册的157 772项发明专利中，美国占据了50%（按第一发明人的居住地确定），来自日本的发明专利为33 682项，韩国和中国台湾均为15 000项，而中国仅有 1 225 项。要知道，仅加利福尼亚一个州的专利注册数量便达到了 19 181 项。

当然，我们可以凭借中国在诸多科技成就（除诺贝尔奖）指标上的飞速发展而认为，在未来的 10 到 20 年内，中国将与美国和欧盟展开正面竞争，并战而胜之。实际上，中国已经在包括太阳能、风能、核电、碳捕获和储存、蓄电池在内的清洁能源技术、先进的汽车技术和高速铁路的挑战中赢得了领先权。

据最新报道，亚洲的清洁能源“三巨头”——中国、日本和韩国，已在多项空气清洁技术上超过美国，针对这些领域的投资预计将在未来几年再增加两倍。这些成就已经显示出巨大威力。美国预计将在 2010 年第一次从中国进口涡轮机。实际上，美国还没有自己的高速铁路生产企业，核电运用也处于落后位置，目前的核发电量尚不足全球太阳能发电量的 10%，在混合动力及电动汽车开发生产方面也落后于日本和韩国。

这些证据意义非凡，因为它们足以说明，按目前的发展态势，美国和欧盟国家政府对中等教育、能源、水利及基础设施的投资严重不足，因此，他们不得不对以维护科技领先地位为直接目标的大型项目减少投入。回顾过去，美国政府的首要政策目标是实现并维护其在无线电技术、航空、电讯、微电子和互联网等领域的领导权。虽然美国从来就不是复制创造明星企业方面的胜利者，但始终对某些决定未来世界发展导向的领域给予特殊支持。

展望未来，如果对高新技术缺乏资金和人力投入的状况继续维持甚至不断恶化，那么，西方国家很可能会越来越依赖于国外的高新技术进口，尤其是新兴市场国家的进口技术。这无疑将削弱他们的经济增长能力和应对危机的弹性，更重要的是，这将危及西方世界的经济安全。仅仅是出于这个原因，美国、德国和日本等国家也应该为自己敲响警钟，加大力度弥补这些不足。

另一方面，我们也可能会认为，单纯引证创新能力以及创新投入毫无意义，就像我在前面提到的，孤立讨论 GDP 并不能帮助我们正确认识后金融危机时代的现实。从专利技术、科研人员和工程师的数量触发，去线形地预测科技领先的未来格局，不过是一种认识国家发展未来的教条式思维。我们还要考虑技术进步的质量和背景。比如说，科研论文发表数量的增加，并不能代表论文的质量、被引用的次数以及与现实社会的相关性。

曾著有《中国的科学精英》（*China's Scientific Elite*）等科技著作的作者曹聪曾深刻地指出，中国存在“科学界的不当行为”。同时，这也是中国在 2010 年争取成为创新领头羊的雄心遭遇挫折的重要原因。这些所谓的“不当行为”涉及科研论文的抄袭、剽窃和欺骗，由于片面强调追求国际影响力和领先地位，学术界形成了为追求奖励和职务晋升而只重数量、不看质量的浮夸风气，因此，学术腐败层出不穷，与日俱增。由于缺乏自我约束的制度监督，因此，要真正揭露和防止这类不当行为的出现极为困难。追逐这种形式上的成功以及片面强调科研专业成果数量的做法，并不一定能掌握培养人才和以创业和社会创新为基础的技能。因此，目前的现状不一定能让中国在更广泛意义上把自己打造成世界一流的科技强国。

以日本为例，它在汽车和消费电子领域的领先地位和突出成就是无可置疑的。此外，它还拥有全球 40% 的机器人制造能力。在日本，机器人已经广泛应用于工厂，它们在这里受到的欢迎程度几乎已经到了顶礼膜拜的地步。日本人把机器人用于农业生产，用作接待员以及家庭和医院的护理员。尽管用途如此广泛，但很多机器人或者缺乏商业应用价值，或者还只是处于科幻境界。虽然日本在科技和机器人方面处于世界绝对领先水平，但它依旧受制于人口快速老龄化、未来高达 GDP230% 的公债压力及拒绝实施结构性政治和经济体制改革带来的重负，而这些却恰恰是推动行业转型和实现未来繁荣的基本动力。

如果说我们对新兴市场国家真正应该看重的是其质量和声誉，那么我们就不应该只盯着中国和印度这样的超级巨人。从投资角度来看，作为新兴市场国家的以色列同样不可小觑，作为一个仅有 750 万人口的国家，以色列的科研人员和工程师占有率甚至让美国人自叹弗如，而其高科技产出额也达到 GDP 的 1/3，高科技带来的出口额占工业出口总值的

3/4。在世界经济论坛《2009—2010 年全球竞争力报告》中，以色列在科研机构质量方面排名世界第一，相比之下，中国在这个指标上的排名仅为第 35。此外，以色列发明专利数量在世界排名第 4（中国排名第 50 位）、创新能力排名第 8（中国为第 22 位）、新型技术普及度排名第 16（中国为第 36 位）。实际上，即便是印度，在最后一项指标上的排名也达到了第四名，仅落后芬兰、日本和瑞典，而超过了美国。

我们很容易会片面地看到中国高等教育机构创造出的研究人员和工程师的庞大数量，但如果没有创新能力的发展，数量与规模本身没有任何意义。在这里，所谓的创新能力意味着以强有力的推进型制度和机构为后盾，把生产商品和服务的新理念和新方法运用于各个领域。这些机构尤其是研究机构通常拥有较高程度的学术自由，不存在阻碍新思路和新思维形成的地域性障碍，拥有能够广泛吸纳知识界精英的组织机构，同时能够虚心接受针对理论和实践的任何质疑和批评。根据英国高等教育调查机构 QS 公司发布的 2009 年调查报告，在全球 600 所顶级大学中，中国只有 13 所，其中，清华大学和北京大学分别排名第 49 和第 52 位。相比而言，在排名前 20 所大学中，美国大学拥有 13 所。

显然，中国教育界存在一些不正常现象，这些现象扼杀了中国产生世界一流历史学家、经济学家和政治思想家的可能，更让中国寻求世界级科学家和创新家的探索前景变得扑朔迷离。造成这些问题的根源既有规范约束和学术自由的僵化，也有高等院校学术抄袭和剽窃行为的增长。

例如，《中国日报》曾在 2009 年 8 月的一篇报道中指出，武汉科技大学校长周祖德曾在一篇提交给国际学术会议的论文中多次抄袭一位同事的研究成果，因而这篇论文没有被采纳。《上海日报》也在一篇发表于 2010 年 1 月的文章中指出，同济大学副教授将同事在网上公开发表的文章擅自用于自己的学术论文，并因此而受到处罚（后引咎辞职）。据 2010 年 7 月《成都晚报》报道，西南交通大学副校长黄庆被指在未注明出处的情况下擅自截取诺贝尔奖获奖科学家的学术成果，骗取博士学位从而达到职称晋升的目的。

在这里，核心问题并不在于不当学位本身，而在于它本身就是所谓社会思想的内生变量，而具有同一性的社会思维恰恰是中国的主导思维，相比之下，西方国家崇尚的则是个人思想。在中国，强调社会的稳定性与和谐性必然会带来这样的观点——社会中的任何成员都可以使用这个社会中的任何部分（包括思想）推进其共同利益。尽管这在哲学意义上没有任何错误，但它显然不同于鼓励个人创新及竞争性的思想体系。

因此，美国教育和科学机构的多元化及其世界大学的一流水平足以表明，美国有无数理由在可预见的未来保持其技术领头羊地位。这种观点的缺陷或许在于，主权债务危机让美国和其他西方国家的高等教育在资金上受到严重制约，并由此给他们带来了难以估量的威胁，而中国似乎可以利用这个机会乘胜追击。金融危机以及公债负担不可持续的增长，已导致很多西方国家提高了大学学费，或削减了对高等教育机构的公共资金。

因此，全球科技领导权之争已经展开。美国在科学技术的大多数重要领域及创新能力等方面拥有无法撼动的领先地位，但在未来几年，美国不得不面对严重的资金约束，而中国正在迎头追赶，而且至少在最近几年不存在资金因素的束缚。但是在可预见的未来，日渐重要的科学技术运用能力将使得美国超过中国及其他金砖国家的能力范围。

就在几年之前，兰德公司曾发布了一份全球科技状况报告，对可能在 2020 年之前投入商业运用的 56 项新技术进行了检验。这份报告还对各个国家和地区的 16 项最重要的科学实用技术运用能力进行了评估，并将这些实用技术分为三大类：健康医疗服务、信息运用及商品和服务的环境可维持性。在这些领域,金砖国家注定不同于其他发展中国家。因此，这些所谓的“其他发展中国家”尽管有望享受太阳能和移动电话等基础性新技术带来的收益，但却无法克服科技基础设施（研究型大学、商业和技术中心以及研发机构）缺乏、技术普及率低下以及科研和工程技术人员匮乏造成的束缚。

另一方面，金砖国家及东欧国家在这些领域受到的约束则小得多。按目前趋势预测，他们将在大多数最新型技术上脱颖而出，并达到工业化国家的发展水平。但是在某些最尖端的复杂高新技术领域，如器官工程学、基因遗传学（包括针对基因和有机物的完整基因信息进行的研究）及其与信息、生物和纳米技术的融合等方面，他们在未来的 10~20 年内还无法在高层次的创新形式上实现实质性突破。

在 16 项最重要的实用型技术中，有 5 项技术将由所有国家共同掌握，其中包括低成本的太阳能、农村地区无线通讯、转基因农作物、过滤剂和催化剂（水净化剂和去污剂）以及廉价自给型住房（可根据当地条件实现自我调节的自给型住宅）。而随后 4 项有可能把中东及非洲国家挡在门外的技术：1. 快速生物检验（对物体或物质进行生物学检验）；2. 绿色生产；3. 普及型无线电频率识别（RFID）产品标签；4. 混合动力汽车。而最复杂的实用技术则很可能只属于金砖国家、东欧和发达国家，这些技术包括定位药物进给（如癌症治疗）、改进型诊断和手术技术以及量子密码技术（数据解码和安全通讯）。最后四项预计仅有发达国家（包括韩国）掌握的技术则是非受限信息获取（随时随地获取信息）、活体组织工程、普及型传感器（可实现联网用于监视的公共区域传感器）和便携式电脑。

在技术频谱中站在最顶端的国家之所以与众不同，就在于他们不仅拥有获取现代技术的强大能力，还拥有实施和利用这些技术的能力。而这种能力显然依赖于强大的支持性机构、充足的资金来源、合理的政治和文化氛围，这些因素能在最大程度减少创新壁垒，维持和扩大实用型技术的普及。在技术深度和技术实用能力方面，紧随发达国家之后的国家包括印度、巴西、波兰和俄罗斯，而有望加入这一行列的国家则包括智利、墨西哥和土耳其。当然，真正的辉煌和荣耀还要归属于中国。

亚洲科技巨龙如何真正腾飞？

中国对 21 世纪的统治权建立于 13 亿人口的基础之上，而不是以人均收入衡量的国民财富，更不是他们的总体创新和科技实力，尽管中国已经在这些领域取得了令人瞩目的成就。毫无疑问，中国确实代表了另一种以更多管制约束复杂市场和社会的经营模式。同样毋庸置疑的是，以非汉语为母语的下一代人将会越来越多地把中国看做全球强国和技术竞争者，在西方国家，很多大学已经开始把汉语作为学位选修课程，很多中小学甚至也把基础汉语和中国研究纳入必修课。但我们也应该看到，中国的品牌、时装、音乐、体育和娱乐产品也将迎头赶上，并引领新的世界潮流。

谷歌已威胁退出中国业务，并把越来越多的注意力集中到目前人们对中国的不同观点以及中国在成为全球技术领军者过程中所拥有的诸多能力。代表微软、波音和英特尔等几家美国大型企业利益的美国贸易游说机构曾全力支持中国加入世界贸易组织，但却一直游说国会通过旨在限制中国进口的法案。自金融危机尤其是谷歌宣布退出中国业务以来，他们开始变得愈加肆无忌惮。外国在华公司为他们在当地企业的收入和利润大增而欣喜若狂，但除了金融服务和零售业公司之外，不可预测的经营环境、地方政府执行的各种形式的保护主义政策等举措，也开始让他们变得愈加忐忑不安。西方国家政府也开始对这些不平等的规则感到不悦。例如，在2010年，中国著名汽车制造商吉利集团以接近20亿美元的价格收购沃尔沃，但本田和丰田等国外汽车公司却只能采取与当地企业建立合资企业的方式在中国生产汽车。

外国在华公司一直不满政府对当地企业给予优惠待遇。根据最新一项旨在鼓励“本土创新”的政府采购计划，中国将逐步扩大对本土公司的采购额，尤其是国有企业。这一计划的具体措施包括对移动电话和汽车等商品采取有利于本土企业的严格标准；同时修改专利法，以便于让外国企业把关键技术移交给当地政府；另外，还包括制定反垄断法案限制外国企业进入建筑、机器制造、电讯和能源等基础性行业。以前，美国公司及其贸易代表或许只是对中国的人民币政策及其他出口扶植政策感到闷闷不乐，但是现在，他们显然已经开始公开表达自己的愤怒了。如果继续维持这样的局面，美国及其大型外国公司将随时准备放弃中国的巨大市场。但西方企业是否会调整其对外投资项目的目标，把眼光转向亚洲其他国家甚至是回归本土，显然将是一个非常有趣的看点。

显然，中国需要谨言慎行。除了包括华为科技、联想集团、海尔集团、

TCL 公司、浙江吉利控股公司和吉瑞汽车公司等少数超大型本土公司之外，中国并没有很多的本土明星级企业，而真正的世界级知名品牌就更加寥寥无几了。中国的目标是成为 DVD 播放机以及笔记本电脑等高科技消费品的生产和出口领域的领头羊，大力发展电动汽车模型和相关技术以及太阳能板和风力涡轮机等清洁能源技术。尽管旨在打造更多的本土明星级企业和全球知名品牌的政策在中国并不少见，但是在尖端技术领域，政策本身显然不可能自然而然地转化为恒久优势。此外，要提升其在全球价值链中的地位，并加强在世界基础制造业枢纽中的位置，中国还需要获取更多的国外先进技术，而且只要条件允许，中国就会不失时机地去收购全球性技术和国际知名品牌，比如说，吉利集团在 2010 年从福特手中收购沃尔沃。

认识到上述问题的重要性，中国科技部调整了本国的发展布局，并在 2010 年 4 月对外宣布，按照内生性创新原则，中国将考虑向尊重中国法律、制度和技术政策的企业提供订单，前提是他们必须遵守与知识产权相关的法律制度。美国和欧洲公司的游说团体对这一政策调整表示欢迎，他们希望更多技术领先型产品或服务可以借此机会进入政府的采购范围，而不会涉及到相关的知识产权。

尽管迄今为止，中国已在科学技术领域取得了突飞猛进的发展，但是要真正登上世界经济领先者的圣坛，中国依旧要面对漫漫长路。但任何人都不可能就此认为中国没有前进，或者说，中国政府没有能力通过有效的组织实现他们预定的发展目标。不过，制度在创造和维护竞争优势方面的作用同样不可低估。

要对中国成为全球技术领头羊以及消除美国竞争优势的能力做出理性判断，不应依赖于科学家们对其技术能力的教条式推论，而是更平常、更易于构造的标准。即中国在适应、强化和普及持续性创新方面目前相对较弱的制度能力，是否会经历巨变性革命，从而使得中国能够稳步削弱美国的优势，并最终超越美国。简单地说，这一能力既包括成为绿色商品和绿色能源产品世界头号生产大国所需要的能力，也包括完全成为航空、生物技术和信息技术行业领先地位所需要的能力。而在这些能力上，美国和部分欧洲国家在较长时期内将继续维持其一枝独秀的领导地位。

除此以外，中国想要成为全球技术领域的领头羊，就必须保证：在创新过程中，即使是对于敌对性矛盾，但只要具有建设性，都会得到他们的支持，对于保护现代科技的程序、专利和版权的所有权益，他们都会给予应有的尊重。他们积极鼓励建立无阶层、非政治性的组织结构。而不受限制的批判、自由的思想、透明度、相互信任以及法律法规也都是创新文化的基本要素。

管理学大师德鲁克在2005年就曾指出，21世纪不可能只有一个唯我独尊的世界经济霸主。他认为，发展中国家的人口使得他们将无法再支撑起这样的世界格局，在任何时候，资金和技术都不可能抵消他们与发达国家之间日趋严重的劳动力失衡。而发达国家则受益于人才培养和教育方法的发展，尤其是美国创建起来的科技开发体制，能迅速把毫无技能的劳动力转化为高生产率的劳动力。

如果西方世界接受他们在相对优势即知识型劳动力的供给、技能水平以及他们所依赖和服从的基础制度上不可量化的损失，那么，他们注定将无法维持这种优势。在后金融危机时代，随着金融压力日益增大，相对经济衰退的观点日趋被认同，而这种优势似乎也受到了威胁。但是，我们为什么仍认为美国将在未来20~30年将继续独霸全球呢？原因很简单，其技术领先地位所依赖的雄厚基础不可能就这样消沉下去。如果中国能在未来10~20年成功复苏新技术的研发和创新能力，他当然有可能在世界科技大舞台上为自己赢得一席之地。

第7章

气候变化的难题

The Climate Change Catch-22

无法协调经济增长与环境保护之间的矛盾，历来是许多国家经济高速发展时期的不可承受之重。而过于限制新兴者的发展诉求，显然又悖于公平与现实。

面对各种扑朔迷离的“气候灾变论”，我们究竟应该相信谁？新兴者又如何在保持经济高速增长的同时兼顾环境呢？这个死结真的无法解开吗？

在相对较短的时间里，气候变化就已经成为21世纪最受重视的环境问题，当然，这还要归功于科学认识的加深、政治参与的加强以及消费者意识的提高。除了极个别极端严寒和人烟稀少的地域会受益于全球平均温度的提高之外，全球变暖给世界绝大部分人口带来的都将是灾难。而生活、财产、经济和生态系统受损最严重的莫过于新兴市场国家和发展中国家，部分原因在于他们的地理条件，而更多的原因则是他们相对较为贫困。

我们已经讨论过，人口老龄化和争取新技术的竞争将构成对新兴市场国家的两大挑战，但气候变化则完全不同，因为任何政府都无法独立控制气候变化的结果。每一个国家都会在追求经济增长的过程中，或多或少遭遇不同程度的气候变化问题，但即使是实施最洁净的绿色发展战略，也不可能让这个国家彻底躲过气候变化带来的副作用。因此，解决气候变化问题的唯一答案就是通过全球的通力合作以及能让世界各国围绕这个问题紧密团结在一起的某种机制。但是，富裕国家和新兴市场国家在气候变化问题上的对立由来已久，绝非一日之功可以解决。

即便是发达国家发现过度利用世界资源带来的环境影响，这也仅仅是出于事后诸葛亮的后见之明，而且是在他们已经达到收入的历史高点之后。因此，到今天再来关心环境不过是礼仪之举而已。但新兴市场国家则是以先见之明的眼光来看待这个问题。对于他们来说，这个问题还事关公平、历史和经济增长。自 19 世纪以来，发达国家生产了全球碳排放量的 2/3，因此，新兴市场国家坚持认为，规避环境灾难的成本不应该由所有国家平均承担。他们也拥有追求经济增长的权利，否则，改善人民的生活水平又从何谈起呢？混乱不堪的 2009 年哥本哈根全球气候峰会彻底改变了这场谈判的基调，要让跨越富国和穷国的不同利益集团、能源和商品的生产国和消费国以及初识绿色科技的落后国家和深谙绿色科技的传统强国坐到一起，共同致力于全球环境问题，绝对是一个难以想象的巨大挑战。我们只能寄希望于未来的气候谈判有一个相对友好的氛围。

依据他们建立的假设和检验，科学家们不难回答气候变化的根源以及气候变化对全球变暖的影响——环境问题既是自然问题，也是人类学问题，也就是说，它们是人为的结果。但其他人却只能认识到，基于目前的趋势，气候变化将进一步加剧环境破坏和环境污染，削弱经济增长的根基。因此，我们很容易理解为什么新兴市场国家对气候变化问题更加敏感。

对他们来说，气候变化是一个非常棘手的问题，原因有三点。

首先，很多新兴市场国家深受全球变暖的负面影响，其中的部分原因在于这些国家本身就地处易发生洪水及干旱等自然灾害的地势较低或炎热地区，还有一部分原因则在于，较贫困国家缺乏抵御这些环境灾害的资金。对他们来说，不仅生活的某些基本方面（譬如生存），甚至连基本生活条件、住房、健康、土地质量、低成本食品的供给以及新鲜水的获取都会出现问题。因此，气候变化让他们的经济未来不得不面对不确定的变数。这种情况不仅仅存在于孟加拉国等极端贫困国家以及南撒哈拉和中东等贫困地区，同样也适合于中国和印度，在这里，洪水和干旱的出现频率和强度已经有所抬头。因此，即便是已拥有较高收入水平的新兴市场国家，同样也要遭受气候变化带来的经济震荡，而这种震荡极有可能进一步加剧，进而演变为对社会和政治稳定性的威胁。

其次，无论是气候变化的起因，还是它带来的结果，都不完全是他

们可以控制的。因此，要分担防止全球变暖的责任和创造低碳经济的成本，他们还需要和较富裕国家进行谈判。

第三，新兴市场国家正在面对一种气候变化的两难困境，或者说一种“没有赢家”的局面。如果以实现经济快速增长为目标，新兴市场国家的温室气体排放量就会继续快速增加，而这个过程又必然将加剧对环境的破坏以及全球经济增长的整体态势。并且他们自己也将成为这种经济增长模式的受害者。但如果选择放慢经济增长的脚步，采取环境友好型的经济增长模式，他们或许永远都无法通过适度的投资抵御其他国家温室气体排放带来的影响，也无法获取足够的经济发展动能，推行为维护全球体系所必需的绿色工业革命。因此，如果没有经济增长，新兴市场国家同样会成为受害者。这也是本章讨论的基本要点之一，而这个要点的复杂本质又要求我们透析气候争论的若干主要问题将给新兴市场国家带来的主要后果，以及他们将如何打破经济增长和温室气体排放之间的魔鬼锁链。

解开全球变暖与经济增长的死结

英国财政部在 2006 年公布的《斯特恩气候变化经济学评论》(*Stern Review on the Economics of Climate Change*) 报告中指出，单位 GDP 对应的经济增长率和单位二氧化碳排放量对应的经济增长率之间高度相关。金融危机和经济衰退以来发生的若干事件实际已经加剧了这种对应关系。在 2007—2009 年的经济下滑期间，温室气体排放量的增加也进入了停滞状态。例如，美国能源信息部指出，在 2009 年，能源消耗造成的二氧化碳排放量在绝对下降值和相对下降幅度两个指标上均达到历史最高水平(分别为 4.05 亿吨和 7%)。

因此，**解开经济增长和温室气体排放量之间关系链条的唯一出路，就在于我们对获取和消耗能源与基础设施的方式做出深刻而广泛的结构性调整**。人类造成的二氧化碳总排放量取决于一系列因素，包括全球人口总数、人均 GDP、单位 GDP 的能源消耗量以及能源本身的碳浓度（指消耗每吨能源所产生的碳排放量。——译者注)。正常情况下,随着国家越来越富裕,人口增长开始倾向于减缓(反之亦然),于是,随着时间的推移,政府就必须更多地关注针对能源和碳浓度的环境政策,对运输、工业、燃料型能源、公共事业和建筑业等主要碳排放行业实施结构性重组。

但对于包括中国在内的绝大多数新兴市场国家而言,尽管其人口规模更为稳定,但增加财富显然不是一个可以选择的问题。不断增加的人口规模或劳动力适龄人口数量以及对更高生活水平的需求将继续成为决定未来温室气体排放量的主要变量。因此,新兴市场国家的温室气体排放量增长速度很可能会明显快于发达国家。而最终的结果或许就是,主要新兴市场国家将对排放量之争给予更多的关注,譬如中国、印度和巴西。

中国和其他几个新兴市场国家已经大幅削减了碳排放的浓度。比如说,1992—2002 这 10 年期间,中国的年均 GDP 增长约为 8.5%,而人口增长幅度则是 0.9%,与此同时,中国的能源使用效率也大幅提高,因此,其碳排放量的年增长率仅为 3.7%。如果中国的能源使用效率仅达到联合国经合组织中发达国家的水平,那么,2009 年的全球碳排放量将比实际数字高出 10%。印度和其他新兴市场国家同样也在能源使用效率上取得了巨大进步,这在一定程度上弥补了其人口和人均 GDP 增加带来的负面影响,但他们的排放量增长率依旧达到了 3%~3.5%,而联合国经合组织成员国的这一指标仅为 1.3%。

对新兴市场国家来说,向低碳能源经济的转变将是打破这一两难困境的关键一步,因此,他们对获取实现这一目标的技术拥有既得利益。能源创新有助于新兴市场国家维护经济增长的诉求。但至少就目前而言,减少能源消耗和碳排放浓度将会抵消人口和生活方式等简单因素决定的总排放量增量。

新兴市场国家的抱怨不无理由:富裕国家让他们约束对更高生活水平的追求的建议显然是不公平的。他们认为,政策调整的主要责任属于发达国家,因为他们才是制造温室气体排放量的罪魁祸首,也只有他们才有充足的资金能力,实现高碳增长模式向"绿色"工业革命的转化,并最终造福于全人类。而发达国家则表示如果新兴市场国家不能做出相应的政策调整，他们为缓解气候变化所做出的努力也将功亏一篑。

尽管以高度合作、而不是对抗作为改善环境质量的出路已毋庸置疑，但是经济发展水平和二氧化碳排放量之间的高相关性说明，这项任务无比艰难，这样的合作绝非易事。我们不妨看看图 7-1，图中的横轴为人均 GDP，纵轴为 GDP 增长率。经济发展为一条从左下角伸向右上角的假想曲线。

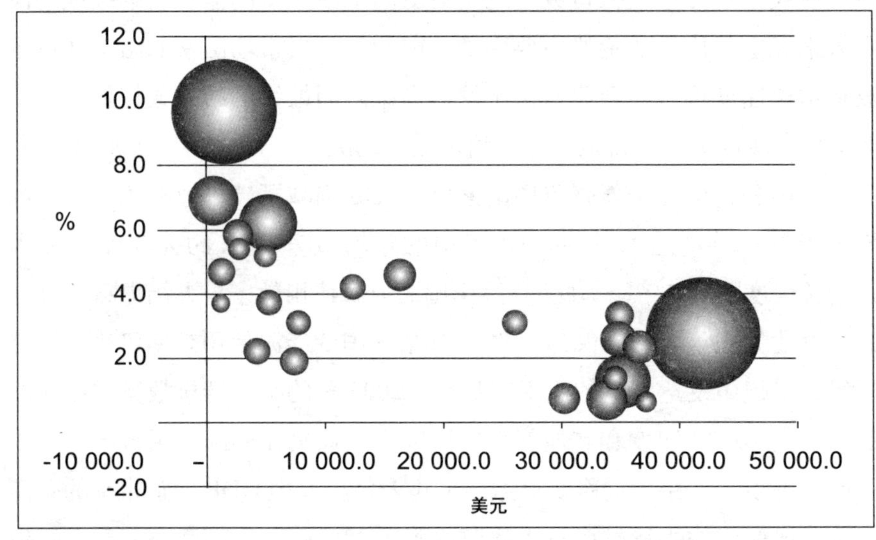

资料来源：世界银行《世界发展报告》

图 7-1　人均 GDP、GDP 增长率和温室气体排放量气泡

在图中，每个气泡都代表一个国家，气泡的大小为这个国家在 2005 年的温室气体排放量（全部依据最新数据）。但是在现实中，只有两个气泡最为关键。可以看到，位于左上角的中国（年 GDP 增长率接近 10%），其人均 GDP 水平依旧较低。另一个则是位于右上角的美国，作为一个成熟的经济体，其碳排放量呈现出更为稳定的增长态势，而人均 GDP 水平显然是最值得美国炫耀的资本。

美国和中国的二氧化碳排放量气泡大小基本相同，均代表每年 60 亿吨的二氧化碳排放量，分别相当于全球总二氧化碳排放量的 20%。尽管所有国家均在不同程度上对世界气候变化负有责任，但美国和中国在其中的重要性则意味着，气候变化问题存在着明显的地缘政治特征。

从气候变化角度看，我们有理由相信，随着新兴市场国家不断加大经济赶超力度，中国的气泡位置将不断向美国的方向移动，但是最关键的问题在于，中国在沿着这个方向移动的同时，会不会形成更大的二氧化碳气泡以及美国是否能同时减小其二氧化碳气泡，并在逐步摆脱石油依赖症的同时不会向左移动。

这张图很像是一个拳击台，两个重量级拳击手站在拳击台的对角，虎视眈眈地盯着对手，这绝非巧合。在 2009 年的哥本哈根全球气候峰会上，美国和中国之间不太友好的交流以极为有趣而微妙的方式再一次考验了国际关系。在某种程度上，气候变化的行为就是一种经济博弈，一方根据对另一方预期的反应作为基础，而决定采取各种措施。

“冷战”时期，在“确保同归于尽”的根本原则下，美国和前苏联展开了人类历史上最大规模的这种博弈。这个原则的基本含义就是，一方在担心另一方有可能做出核打击的时候，首先实施核打击。但如今这场博弈的条件和形势既不那么危险，也不紧迫，却要复杂得多，因为这场冲突的背后不存在任何显而易见的触发点。不过，如果气候学家的预测没有错的话，气候变化带来的危险同样不可低估，这将使得造成冲突的触发点比比皆是。以美国和中国为代表的富国与穷国不可能在这个根本问题上永远僵持下去。

但新兴市场国家的底线在于，经济增长绝不是可以选择的问题，而是别无选择的选择。经济发展是创造财富的基础，财富则是改善基础设施、提高教育和科学研究的前提，并最终决定着在必要时刻实施结构性调整的能力，而面对全球变暖这个更加具体的风险，财富显然是不可或缺的手段。新兴市场国家最合乎情理的决策依旧应该是追求“快速致富”。单方面放弃经济增长极有可能带来政治上的风险，财富和资本积累的快速增长不仅有助于他们的生态系统，而且有利于提高他们抵御其他国家排放量负面影响的能力。

但这同样是一个矛盾，因为假如所有新兴市场国家都这样认为，他们很快就要面对全球变暖带来的后果，而规避这样的后果显然符合所有国家的利益。我们将在下文再来探讨新兴市场国家可以做出的选择，但在此之前，有必要先详细了解一下有关气候问题的诸多论调，尤其是这些争辩对新兴市场国家的现在和未来将有何影响。

言过其实的气候恐怖论？

在经历了一个半世纪的工业化发展之后，尤其自新兴市场国家在过去 20~30 年之间加入这场大潮之后，越来越多的证据显示，持续性的经济和人口增长在不断耗尽能源和污染环境的同时，也开始导致社会愈加地依赖于环境。这些增长既提高了对能源、水和蛋白质等植物性资源的需求量，也增加了对环境排放的废物量。

历史上发达国家的工业革命和今天新兴市场国家的革命最大的区别就是今天的环境损失具有较大的不确定性。环境是一个全球性问题，而非局部性问题。无论从哪一个指标（包括平方英里土地、立方米的空气、水货废物以及受影响人群的数量）来看，环境恶化带来的损失都是以前所无法企及的。毋庸置疑，在环境问题上，预防总比治愈更合适，成本也更低，但这并不意味着每个国家或社会都会在这个问题上意见一致。

人类的所有行为几乎都会在不同程度上带来温室气体，尤其是二氧化碳。争论人类到底应该为此承担多大责任，无异于宗教辩论。对于任何一种宗教而言，它总会有自己的狂热追求者，也会有冷眼相待的异教徒，他们都在质疑彼此的可信度。在 2009—2010 年期间，爆发了一系列事件，这些事件包括："气候门"电子邮件丑闻（指 2009 年 11 月多位世界顶级气候学家的邮件和文件被黑客公开的事件。这些邮件和文件显示，一些科学家在操纵数据，伪造科学流程来支持他们有关气候变化的说法。——译者注）直指对气候变化数据的操纵；"冰川门"（联合国曾在发布气候变化评估报告时，称喜马拉雅冰川很可能会在 2035 年之前消失。这个结论曾经轰动一时，但相关人士随即承认，这一说法根本站不住脚，并为此向公众郑重道歉。——译者注）表明，有关冰川消融速度的预测既没有经过合理的检验，又缺乏科学的研究过程；“雨林门”事件中，联合国宣称 40% 的亚马逊雨林将因全球变暖而处于危境的说法遭到质疑；以及认为 20 世纪 90 年代和 2000 年以后的温度变化源于大气中水蒸气含量过高的研究结论，这个结论显然与大多数人认可的气候变化源于人为因素的观点格格不入，尤其是在某些大规模自然灾害事件（如 2005 年曾造成 8 000 亿美元损失的“卡特里娜”飓风）面前，争论也愈加显得激烈。

但科学家和政治家显然有着截然不同的利益点。前者凭借的是假设和推论，通过科学实验验证世界末日即将到来，除非这个世界能找到更好的出路。在科学家的字典里，永远不会有“绝对”这个词。但对政治家和我们这些已经痴迷于信息和数字的人来说，要证明气候变化的存在，就需要找到决定性的证据，用“是”或“不是”的回答来证明把纳税人的钱用于缓解气候变化或是采取更环保的激进政策是多么的“不便”。

大多数人更习惯于关注在电视或互联网上听到、看到的事件或故事，并把它们作为自己思考的佐证。但我们往往习惯于忽略概念上的细微差别：“气候变化”中所指的气候，是指温度和湿度等气候条件在长期内的平均态势，或者说趋势，而天气（也就是我们经常提到的气候）则是指随机性更强的短期变化。譬如，很多人把“卡特里娜”飓风这样非趋势性的极端事件看做全球变暖的征兆。

专业人士既担心趋势，也要考虑极端事件。他们关心的是趋势的驱动因素，因为认识这些动力，或许可以帮助他们识别某些有可能长期改变大气温度的人类行为。他们同样也关心极端事件，因为全球变暖本身就可能是天气的“极端事件”，或者说，它预示着更多的“卡特里娜”飓风、更多的环境恶化以及对建立洪水防护设施等基础设施的更多需求。

为什么气候难题如此棘手？

存在于大气中的水蒸气、二氧化碳、甲醛以及臭氧等温室气体可以吸收和放出辐射。所谓的“温室效应”是指这些气体造成地球变暖进而导致环境不适于人类居住。气候学家目前所设想的全球变暖源于上述气体在大气中的积累及持续增加，其中尤以二氧化碳为主。任何人都不可能通过某一简单行为明显减少其“碳足迹”（即碳消耗量）。今天进入大气的温室气体与过去几十年积累起来的温室气体结合到一起，并在未来的几十年内继续影响世界上的每一个国家，无论他们是排放大国还是鲜有排放的小国，都无一能幸免。环境影响主要体现为温室气体排放量，或者说，以二氧化碳当量作为统一的衡量标准，通过二氧化碳当量这一指标，可以把各种温室气体的影响转化为单一指数。

大气中的二氧化碳浓度以百万分率（parts per million，简称 ppm，指每一百万单位质量的空气中含有的二氧化碳质量。——译者注）表示，气候学家已证明，在工业革命之前的几百万年里，二氧化碳浓度一直稳定地维持在 180~300ppm 之间，但是到 2010 年 5 月底，这个指标已增至 400ppm（单纯对二氧化碳而言相当于 350 ppm）左右。要在未来几十年内守住总温室气体浓度的 350 ppm 安全上限，现在就需要立即遏制住全球碳排放量的增势。因此，气候学家需要定义的是如何限制碳排放量的增长速度，即目前已达到历史最高点的 2% 的年增长率，以便于完成将全球平均气温升幅控制在 2 摄氏度以内的目标。

总之，他们认为，为了将全球平均升温幅度限制在 2~3 摄氏度以内，就必须让大气中以二氧化碳当量表示的浓度维持在目前的 430~500ppm 水平上。单独对二氧化碳来说，就相当于维持目前 400 ppm 左右的水平。很明显，如果温度上升超过这个限度，气候变化的后果可能会更为严重。即便不会带来明显的后果，温度变化的平均化也会让各个国家和地区之间的显著差异被掩盖。如果继续维持现状，到 2050 年，全球排放量预计将导致温室气体浓度提高到 550ppm 的二氧化碳当量，到 21 世纪末，则将达到 650~700ppm。

没人知道遏制排放的努力能否成功，或者说，减轻温室效应的成本到底是多少，更不用说静观其变的做法会让我们付出怎样的代价。如果再考虑到其他不太重要的气候变化现象，譬如水供应紧缺、物种减少、森林砍伐以及进入大气、水和土地的污染物增加，我们就会发现，气候变化为什么会成为环境争论的核心。但如下两个方面的原因让这个问题变得异常复杂。

第一个原因具有普遍性。根据世界银行发布的《世界发展报告》，美国在 1850 年到 2005 年期间的温室气体累积排放量相当于随后三大排放国（德国、俄罗斯和中国）的 3 倍，在此期间，美国的温室气体总排放量占全球累积排放量的 18.5%，相比之下，中国为 5.8%，俄罗斯为 5.7%，印度为 1.8%，巴西为 0.5%，但美国和金砖国家在经济规模上的差距则要大得多。

同样，在目前的温室气体排放中，来自新兴市场国家的比例正在不断提高，他们将在未来几十年里继续抬高全球气温。当近在眼前的生存温饱还没有着落时，人类和他们的政治代表们总是习惯于对前行途中尚不清晰的风险视而不见。这些因素制约了人们对气候变化采取行动的意愿和决心，而人均收入更低的新兴市场国家更是如此。

其次，温室气体排放量是不可能得到遏制的。不妨想想爱德华·李尔（Edward Lear）的诗歌《混沌怪》(*Jumblies*)：小精灵们不顾众人劝告，不怕艰险，乘着一只筛子出海冒险，巧妙地用吸墨纸吸干筛子里的水。这种行为在现实中恐怕毫无可能，因为成功需要人们面对不可能任务表现出精诚合作的态度。减缓温室气体排放速度同样需要在各个国家和人群之间建立起史无前例的合作，而合作的对象显然不是李尔笔下的蓝色精灵，相反，他们有着彼此不同的思维和意识形态，最重要的，他们根本就不喜欢或者尊重对方。

最大的二氧化碳排放国一分为二，一方面是发达国家，另一方面则是中低收入国家。在总排放量方面，俄罗斯、中国和美国位居前三位，随后包括印度、巴西、德国、英国和加拿大。中国在全球能源需求量中占有 16% 的份额，或者说，相当于中国占全球经济比重的 2 倍。但是中国对能源的巨大需要与其对汽车和空调机等消费品需求上涨的关系并不大，相反，这更多与中国偏重对重工业的投资有关，其重工业的能源消耗量占国内总消耗量的 2/3。这就是说，随着人均收入水平逐渐接近于 5 000 美元，即达到与汽车消费相适宜的水平，中国居民对汽车的需求必然会相应提高。到本世纪中叶，中国的家庭汽车保有量将增加5亿，而印度则只会增加2亿辆。

按人均基础衡量，排放量的座次将出现明显变化，排在前3位的分别是美国、澳大利亚和加拿大，随后是沙特阿拉伯、俄罗斯、日本、德国和英国。总排放量和人均排放量的差异非常重要，因为它是富国和穷国在气候变化以及应对策略上诸多摩擦的根源所在。

我们身处于怎样的现实之中？

今天，有关气候变化的研究成果比比皆是，它们大多强调的是气候变化对新兴市场国家的负面影响，而且主要的关注对象是农业、林业、渔业及旅游业。根据一份未经考证的资料，海平面预计将在2050年和2100年上升15厘米和34厘米。到2050年，因森林砍伐造成的二氧化碳上升量将占到二氧化碳总排放量的15%，而且主要来自亚马逊区域。

水资源短缺情况正在加速恶化，它增加了数亿人的生活压力，也让依赖尼罗河、恒河、约旦河以及底格里斯河—幼发拉底河沿岸人民的生存日益艰难。沙漠化则正在让中国、巴西、尼日利亚和北非国家遭受痛苦。实际上，如果再考虑到土地使用和森林砍伐的影响，目前的新兴市场国家对二氧化碳排放承担的责任很可能高于发达国家。

气候变化的其他原因还包括农业用地数量和质量的恶化、农业产量和渔业储量的减少以及热带风暴和自然灾难的频发与加剧。健康专家担心莱姆病、疟疾、哮喘、肺炎、肠胃疾病以及皮肤癌等疾病出现爆发式传播。气候变化的影响还有可能形成突发性的人口迁移。根据联合国提供的资料，目前全世界约有2.15亿移民，其中超过一半居住在发达国家，约1/4属于“环境难民”。尽管总迁移人口数量的年增长率不超过2%，但“环境难民”的数量预计将在2050年增至目前的4倍。

气候变化对个别新兴市场国家的确切影响尚不得而知，但它们仍将反映在初始温度和经济发展水平上。初始温度非常重要，初始温度越低，忍受甚至受益于平均温度适度上升的能力也越强。当然，反之亦然。经济发展水平则是关键，因为贫困国家或地区更有可能拥有相对比重较大的农业、较低的人均收入、缺位的公共服务和弱化的公共监管。初始温度较高、收入水平较低的南撒哈拉地区在气候变化面前显然将更为脆弱。但大多数新兴市场国家都要面对不同程度的风险，比如印度次大陆和南亚地区、中国的部分地区、中东、巴西、太平洋和加勒比海的小岛国。

平均温度只升高 2 摄氏度，这听上去似乎无足轻重，但平均温度的含义在于，在较高的变动区间内，处于最高端的气温完全可以达到令人无法忍受的程度。例如，2003 年席卷欧洲的热浪和干旱，曾被认为是夺走 37 000 人生命的罪魁祸首。尽管印度河—恒河平原等地区已经异常炎热，但温暖的气候却让俄罗斯等国家在经济上受益匪浅。越来越多的农田被开垦，越来越多的资源被发现，西伯利亚地区的经济也展现出了光明的前景。

但对大多数新兴市场国家来说，气候变化带来的环境、全球资源及生态系统的变化将更多的是担忧。因为这将影响到自然资源的可用量和可利用性，比如食品，在这些国家追求更高水平的人均收入时，他们对这些资源的需求也在不断增长。新鲜水以及人类、动物和庄稼生存所必需的水资源正在经受越来越大的压力。气候变化对生物多样性的副作用正在受到越来越多的关注，毕竟这关系到地球生态系统的未来，它决定了生物的种类和分布，也决定了鸟类、鱼类、大象、北极熊、帝企鹅和考拉熊等动物的栖息地和生存情况。在全球总体温度上升的背景之下，温度变动范围的变化必将诱发更多的疾病。洪水、干旱（土地不断干化并最终成为不毛之地的漫长过程）以及沙漠化（极端干燥、极度贫水的土地出现不可恢复的永久性恶化）将导致土地和土壤支撑生命存续的能力陷入危机。

根据估计，沙漠化将影响到全球 1/3 的人口，或者说约 20 亿人。此外，沙漠化还将导致土地的过度开发、过度放牧、本土人口的大范围迁移以及沙漠的大面积延伸，比如撒哈拉和西非荒漠就出现了这种情况。以往，这种现象仅在南撒哈拉和中亚地区普遍存在，现在，中国、智利甚至是亚马逊雨林的部分地区也不得不开始面对这种厄境。

危在旦夕的生命甘露

水的可利用量和水质问题早已让它成为气候变化中的头等大事，而它造成的影响同样不可低估。世界银行指出，目前已经有 21 个国家、6 亿人口遭遇到了严重的水资源稀缺问题。到 2025 年，这样的国家将达到 36 个，受影响的人数将达到 14 亿。

从表面意义上理解，水不过是一种流体，但它在水循环中的形态就不那么容易理解了。它首先表现为降落到地面上的雨水，然后渗透地面，先后经过土壤中的过滤层和地下蓄水层，汇入湖泊与河流，进入植物，喂养牲畜，进入循环，在循环中的不同阶段清洗其他物质并接受其他物质的清洗，最终回到起点，周而复始，循环反复。人类需要饮水来维持生命，要依靠水来洗衣做饭、灌溉农田，水的洁净作用也让这个世界更加干净和清新。但我们却经常人为地干扰这个循环。一方面，我们无所顾忌地把废物扔进水里，另一方面，我们还要把水投入其他活动，比如生产食品；一方面，我们砍倒大树，整理土地用于农作物种植，另一方面，盐含量的提高又让井水变成不可饮用水。

降雨情况也在经历着恶性循环，较为干旱地区的降雨量越来越少，而潮湿地区的降雨量反而越来越多。科研人员预计，爆发山洪的可能性将越来越大，从而威胁到房屋建筑物等基础设施的安全性，并造成水质的恶化，甚至会引发社会动乱。而水温的提高则会给饮用水的物理、化学和生物特性带来不良后果，对生物多样性和食物供给造成影响。在沿海地区，海平面的提高不仅会威胁基础设施的安全，还会因地下水供给盐化程度的提高而进一步加剧水资源的短缺。水分胁迫现象及干旱土地将更为普遍，从而降低农业生产率，加剧贫困现象。

水和食品是密不可分的。水资源可利用量的变化以及平均气温和气候的变化，都将不可避免地影响到农业。在中高纬度地区，如果中等温度仅上升 1~3 摄氏度，当地农作物的生产率可能会有所提高。因此，气候变化不仅会直接影响农业产量和农业产值，还会带来一些间接但重要的影响。正如《斯特恩气候变化经济学评论》所言：“在某些热带地区，本地授粉的萎缩、虫害爆发的威胁、水资源供给的减少以及热浪的频发，给食物产量带来的综合影响远远超过单个因素造成的危害。”

水和土地同样不可分割。人类聚居地的选择取决于水资源的可利用量，包括用于消费的数量以及作为食物和运输网络部分的需要量。农村及农业用地同样也会因为沿海而承受较大的自然灾害影响。根据联合国政府间气候变化专门委员会提供的资料，我们应该可以预计，到 2060 年，因海平面上升而面对洪水威胁的人口将增加几百万。从经济角度看，如果考虑到目前全球有超过 2 亿的人口居住在沿海的泛洪平原地区，有 200 万平方公里的土地和价值 1 万亿美元的资产位于高出海平面不足 1 米的地区，那么，海平面上升的成本显然是无比巨大的。某些位于低洼地带的世界顶级大城市正在面临更大的洪水威胁，比如东京、上海、香港、孟买、加尔各答、卡拉奇、布宜诺斯艾利斯、圣彼得堡、纽约、迈阿密和伦敦。

气候变化带来的水资源短缺和水质下降以及温度升高，都将影响到人类的身体健康。世界卫生组织已发现，仅在 2000 年，气候变化就导致全人类伤残调整寿命年（是指人从发病到死亡所损失的全部健康寿命年。——译者注）减少了 550 万年，其中主要以非洲和亚洲为主。多种因素造成了这种情况，包括房屋质量低劣、公共医疗条件恶劣、缺少相应的保险手段以及疟疾、脑膜炎、腹泻和登革热等传染性疾病。不过，这也再一次强调了高收入和完善基础设施在抵御气候变化负面影响方面的积极作用。

中国对气候变化的影响越来越敏感，因而也成为新兴市场国家积极参与全球气候讨论的先行军。中国已经把减少碳排放量列入当前 5 年规划（2006—2010）的基本目标之一。与很多国家一样，中国渴望能源安全，希望有一天能通过可循环能源的大规模增长实现能源供给的独立，并在 2020 年使能源自给率达到 15%。中国已制定出开发电动轿车和卡车的宏伟规划，并计划向采购者提供补贴。据称，中国大力发展太阳能板的计划已遇到供给过剩和产量过剩的问题，而得到大量政府补贴的风力发电机组尽管取得了飞速发展，但对中国总耗电量的贡献率却始终未超过 0.5%。此外，减缓气候变化的脚步同样会给中国带来经济上的实惠。中国已经把绿色清洁能源看成是经济增长的一种潜在资源，按照联合国的计划，中国每年将从联合国得到几十亿美元的贷款用于发展清洁能源。

但中国对气候变化的主要兴趣点仍是气候变化本身。目前，季风性气候的弱化导致雨水很难进入内陆地区，而大量的降雨则集中在沿海地区，这造成了洪水之类的自然灾害接连不断。青藏高原冰川的消融和冬季降雪覆盖面的减少，则造成了雨季洪水不断、旱季严重缺水的局面。此外，上海等一些主要经济金融中心均位于地势较低的地区，一旦海平面上升，就会使这些城市极易受到洪水的侵袭。

中国正在承受着严重的水资源危机。中国拥有世界人口总数的 20%，但却只拥有全球水资源供给的 7%。中国的大部分水资源位于南部地区，但却有 50% 的人口生活在北方。中国每年消耗的水量约 400 亿立方米——这足足相当于南加州全年耗水量的 6 倍。

为了弥补水资源匮乏对工厂、农民甚至是社会稳定造成的影响，中国在 2006 年开展了一项规模浩大的地质工程项目——横跨长江修建三峡大坝。实际上，这个想法最早提出于 1919 年，但直到 20 世纪 80 年代才开始被中国政府认真考虑，在此之前，长江带来的洪水曾夺走了无数人的生命，并造成了严重的环境破坏。这项人类历史上最宏大的水利工程于 1994 年开始破土动工。三峡大坝是世界上最大的水利大坝，它的设计目的是为了降低洪水威胁、大幅增加中国发电量并提高航运能力。此外，中国目前还在兴建“南水北调”工程，旨在把南方的水资源输送至北方地区。尽管如此，中国的水问题依旧十分紧迫。

很多重要水源是共享的，因此，水资源压力的增加必然导致共享矛盾的激化，尤其是在缓解措施会给他国造成影响时。例如，中国“南水北调”工程预计在 2014 年全面开工，其中的个别工程可能将影响到恒河流域水系。随着冰川融水量减少带来更多的干旱和不毛之地，这很可能会在中国和印度造成大规模的人口迁徙。尽管科学家已经在 2010 年承认，他们可能高估了冰川消失的速度，但他们依旧坚信，冰川加速消失的现象绝对是客观存在的。这不仅会影响到中国和印度之间的喜马拉雅山脉，也会影响到南美洲的安第斯山脉。

印度次大陆同样有可能遭遇气候变化带来的危险。印度季风的稳定性几乎就是印度人的生命线。通常情况下，季风为印度带来 80% 的降雨量，这些雨水是饮用水、农业用水和水利用水的主要来源。但季风的强度和持续时间在各年之间的波动性越来越大，甚至在一个季度内也无法预测，这已经给印度带来了严重的洪涝灾害。

印度的热带区域也深受气候变幻无常的蹂躏。季风的不规则变化造成的经济损失在 2002 年表现明显，当年的季风并没有像往常那样如期而至，从而导致当季缺水量高达 19%。农业大量减产，导致印度的 GDP 下降了 3 个百分点。2005 年，超乎寻常的暴雨几乎淹没了孟买，2009 年，严重迟到的季风则导致印度北方干旱少雨，甚至造成了社会动荡。喜马拉雅山脉在兴都库什地区的冰川后退同样给印度带来了影响，这里是印度 7 条大河的发源地，其中包括了构成印度 70% 的存水量、为 5 亿人提供水源的恒河。科学家担心，在未来 50 年，冰川消退可能会造成全球水量减少 30% 左右。

中美洲和南美洲面临着同样的危险。南美洲原本就已经极端干旱，因此，更容易受到降雨量减少的破坏。联合国政府间气候变化专门委员会估计，安第斯山脉冰川的融化以及雪量的减少将加剧雨季洪灾的爆发，而在旱季则会危及部分地区的水供应。利马、拉帕斯和基多等很多大城市以及安第斯河谷 40% 的农业地区都依赖于冰雪的融水。因此，干旱季节雨水的稀少将导致近 5 000 万人受灾。包括在经济上占重要地位的南非在内的整个非洲，在气候变化面前显得更为脆弱，因为这里原本就已经极为干旱，而气候变化将进一步减少水资源，而相对甚至是绝对的贫困又让这块大陆在干旱面前几乎毫无还手之力。和亚洲一样，非洲的大三角洲地带和海岸线地区也居住着大量的人口，这些地区在承受着食品短缺和疟疾等疾病肆虐的同时，还要面对海平面上升、暴风雨加剧和洪水泛滥等自然灾害。

某些国家已经出现了严重的饮用水供需矛盾。例如，墨西哥在提供国内一半饮用水的 653 个地下蓄水层中，已经有 104 个表现出干涸速度超过更新速度的趋势。联合国政府间气候变化专门委员会还注意到，像巴西东北部之类的半干旱地区将面对水资源减少的状况，这会给诸多方面带来负面影响，包括农业、水供给、能源生产和人民健康等。同样值得忧虑的是，到本世纪中叶，在拉美国家，温度上升以及由此带来的土壤含水量减少将导致亚马逊东部的热带雨林被荒原所替代。

森林砍伐是造成温室气体排放和环境恶化的主要诱因，而这两者又会带来进一步的排放。《斯特恩评论》引用的外界资料表明，森林砍伐造成的排放量已超过温室气体总排放量的40%。森林减少速度最快的国家包括巴西、印度尼西亚、苏丹、缅甸和赞比亚。随着大片森林转化为农田，二氧化碳的排放量也在不断增加，这种变化不仅威胁到本土居民的生存，也恶化了森林砍伐的周期。

这种情况的出现有相当一部分是经济发展带来的意外结果。较高的经济增长率造成对能源和自然资源的更大需求以及全球商品价格的上涨。而后者又鼓励政府和企业加剧对土地的使用，而这又进一步刺激了滥砍滥伐，加剧了温室气体的排放。目前，巴西3/4的森林已被用作牧场，而在印度尼西亚，种植棕榈树已经成为砍伐森林的主要动机。

与很多新兴市场国家一样，巴西也一直在致力于解决经济增长带来的碳排放问题。巴西积蓄了大量的能源和电力为其经济增长提供动力，满足其劳动力人口的工作需求，到2030年，巴西的劳动力适龄人口预计将增加15%（约2 000万）。2010年，巴西法院已批准在亚马逊流域东部的贝卢蒙蒂（Belo Monte）修建大坝，拦住辛古河，并建设一座耗资110亿美元的水电站。但始终反对利用核电及火电资源的环境组织则担心，这个项目将给热带雨林的部分地区带来更多的洪灾和干旱，并迫使当地居民实施大规模迁移。换句话说，更多的电力设施必然会给雨林造成更多的破坏，带来更多的温室气体，甚至招致更多的经济和社会动荡。

滥砍滥伐并非不可逆转，中国就是一个最典型的例子，在20世纪90年代，中国已将1 800万公顷的农田退耕还林，把森林占地面积从原来的16%提高到了18%。但这些努力不仅没能阻挡住温室气体排放量的增加，反而因为其他因素而使其愈发严重。在2009年的哥本哈根气候谈判会议中，森林砍伐的话题或许是唯一的亮点。会上各方就防止森林滥砍滥伐、培育森林作为碳贮存库以及动员发达国家提供资金恢复森林资源的必要性达成了一致，这些共识深受各国欢迎。根据《斯特恩评论》发布的一份报告，8 个国家（巴西、印度尼西亚、巴布亚新几内亚、喀麦隆、刚果、加纳、玻利维亚和马来西亚）每年减少的森林砍伐量将导致全球森林砍伐量减少 46%。

如何应对无法预测的灾难引爆点?

如果气候变化是循序渐进的，而且是完全可以预测的，那么，这个两难困境也就不那么令人沮丧，但环境恶化是不稳定的，而且极易触发引爆点，因而随时会带来灾难性后果。贾雷德·戴蒙德（Jared Diamond）在其经典巨作《崩溃》（*Collapse*）一书中，提出了导致崩溃的五个要素。这些致命要素包括：

1. 对环境资源造成巨大压力的人口快速增长；
2. 源于滥砍滥伐等人类行为并降低农业用地生产率的环境恶化；
3. 资源使用权和所有权之间的冲突；
4. 气候变化引发的干旱；
5. 过度关注解决眼前问题，而疏于对资金、技能和投资等长期重要风险进行管理。

这些现象在新兴市场国家正在愈演愈烈，所幸的是，对长期风险的管理正在得到越来越多的重视。那么，我们将如何应对无法预测的灾难引爆点呢?

我们可以想想日常生活中的保险。人们给自己的财产投保火险，并不是因为他们期待发生火灾，而是因为一旦发生火灾，保险公司的理赔可以帮助他们更快地恢复正常生活。实际上，只要要求投保人安装烟雾报警器，并对拒不安装的客户收取较高的保费，保险公司就可以对成本进行有效的控制。在气候变化问题上，这种基于保险的想法应该不是什么新思路，但遗憾的是，现实中并没有很多人采纳这样的思维。

在“卡特里娜”飓风中遭受重创的新奥尔良市就是一个典型案例。尽管飓风发生在经济发达国家，但它同样会对陷入两难困境的新兴市场国家带来潜在威胁。“卡特里娜”飓风体现出发达国家对其基础设施投资严重不足，使大多数贫困居民在飓风面前只能束手无策。就其本身而言，我们可以把这看成是金砖国家和新兴市场国家正在面对的微生境。

新奥尔良市的海拔低于海平面3米，尽管整个城市由防护堤和抽水泵保护起来，但它在防洪设施方面依旧投资不足，而且缺乏意外事故恢复计划。在这种情况下，人们不得不独立判断风险，但不同收入阶层和种族之间在这种判断能力上相去甚远。多年以来，较富裕的白人居民和企业已经逐渐离开城市中抵御洪水能力最弱的地段，另一方面，较为贫困的人又恰恰多为黑人，他们大多居住在地势较低、较为危险的地区。2005年，在被称为“下9区”的地方，36%的居民住在海平面以下，他们的生活同样低于贫困线，可以使用的交通运输方式也极为有限。于是，当飓风袭来时，他们立即成为报纸关注的对象，在绝望的困境中，他们拥挤在新奥尔良的超圆屋顶体育场，无助地在房顶等待救援。

尽管我们不能说“卡特里娜”飓风是气候变化直接带来的后果，但全球自然灾害频率的增加和程度的加重已经引起气象学家和气候学者的关注。2004年的印度洋海啸袭击了从东南亚到印度、孟加拉国和非洲东海岸的整个海岸线，夺走了23万人的生命，让超过100万人流离失所，给沿海的红树属树木、珊瑚礁、森林及沿海湿地造成了巨大损失，还带来了严重的环境污染。和“卡特里娜”飓风一样，尽管印度洋海啸与气候变化没有直接关系，但它依旧显示出由于缺乏准备让穷人深陷窘境的悲剧性代价，尤其是对那些居住在易受海平面上升影响的低海拔地区的穷人，灾害将使他们更加凄惨无助。这又验证了科学家的断言：释放到海水中的甲烷化合物会加剧海地陆地的滑移，而这将带来潜在的危险。

从 1987 年到 2006 年，公开报道的干旱、洪水、热带风暴和野火等自然灾害数量明显上升，从前 10 年的每年 10 起增加到后期的每年 365 起。2007 年，在新兴市场国家，每年有超过 2.3 亿人成为自然灾害的受害者。尽管加勒比海的飓风每年都会如期而至，但在最近几年里表现出明显的速度上升趋势。2004 年，巴西迎来了有史以来的第一场飓风，一年之后，飓风“威尔玛”登陆墨西哥、古巴和佛罗里达州等部分地区，并造成了严重破坏。

孟加拉国的洪水则频频发生。在这个国家，3/4 土地的海拔高度不超过海平面 1 米，4/5 的土地被划定为泛滥平原，整个国家有 800 多条河流，其中包括恒河和布拉马普特拉河，这些河流在境内蜿蜒前行，最终汇聚于世界上最大的三角洲——孟加拉湾。此外，孟加拉国也属于季风性气候，这也让他们每年都会成为热带风暴的受害者，即便是春季，喜马拉雅山脉融化的雪水也会让孟加拉国成为洪水肆虐的国度。生命和财产的损失已经成为这个国家司空见惯的事情，整个国家的 GDP 仅有 800 亿美元，人均收入更是只有屈指可数的 500 美元。但由于洪水已经成为挥之不去的阴影，因此，每当灾难降临时，人们总会忍不住去问这些问题：为什么缺乏躲避风暴的避难所？房屋建筑为什么还是这样弱不禁风？为什么还存在滥用土地、滥砍滥伐和过度开垦现象？

中国也会面对越来越多的洪涝灾害。2010 年 5 月，发生在中国南方的洪灾让 100 多人失去生命，13 个省份的近 1 500 万人受灾害影响，洪水刚刚退去，一个世纪以来最严重的旱灾马上就接踵而来。令人难过的是，在 6 月到 8 月的雨季，又有几百人丧命或是失去家园，气候专家认为，滥砍滥伐和水土流失会进一步恶化这个问题，这说明，在中国的大部分地区，随着吸收水分、维持土壤稳定性的树木、植被和灌木丛不断消失，出现突发性洪水和滑坡灾害的可能性将明显加大。

这些例子清楚地说明，新兴市场国家为什么不能以承担环境风险为代价而去追求经济的快速增长。它们凸显了社会、民族和政治势力在环境问题上的重要性以及穷人在自然面前的无助性。随着穷国和富国应对环境风险能力差距越来越大，这些因素也将变得更加重要，而政府间气候变化专门委员会倡导的气候变化控制目标似乎也距离我们渐行渐远。而受此影响最大的将是那些人均收入不足 2 000~4 000 美元的城市、地区和国家。拥有巨额出口顺差和大量外汇储备的新兴市场国家（如中国和俄罗斯）完全有能力提供应对气候变化所需要的基础设施，但其他国家却需要大量的资金和经济援助，以提高他们对气候变化的抵抗力，至于采纳费用高昂的绿色清洁技术，显然就更不是他们所能承受得起的了。

经过对一系列事件的检验，政府间气候变化专门委员会最终得出结论——减少温室气体排放事不宜迟。我们需要减少发电、交通运输、农业、住房、基础社会是和消费品生产等关键领域的经济活动形成的碳排放。换句话说，我们必须打破碳浓度和经济增长之间的传递链条。当然，我们如果不能有效地做到这一点，或者这样做的成本高得难以接受，那么，就应该限制经济增长的速度，或者重新定义经济增长的目标。因此，我们不能仅把气候变化单纯地看做科学问题，相反，它会深刻地影响到国际关系和政治格局。如果要对人口、经济增长以及改善人民生活的需求实施更好的管理或控制，最关键的问题就是“谁”有能力管理得更好，谁应该指挥谁去干什么，如何对违规进行监督以及出现违规是否会遭到惩罚。这些问题不仅非常敏感，也是政治家们必须谨慎对待的问题。

如果像我们现在理解的那样去限制经济增长，就意味着压制社会福利的增长，也就是说，减少就业机会和可以分配的食品，降低生活水平。这永远都不会是绝大多数政治家的选择，尤其是对新兴市场国家，因为在这些国家，政治精英们能否得到民众的支持，完全取决于他们能否带领国民实现可持续的快速增长。根据低碳体系采取未经尝试的、新的经济增长模式，并据此调整经济增长的本质及其考量标准的想法，在实践中隐藏着巨大的风险。公平地说，人们对环境破坏力的认识正在改变，而且愈来愈重视。但这个过程将是非常缓慢的，目前尚缺乏足够的投入，毕竟成本是一个不可忽视的概念。

如果不能对这种成本做出恰当的衡量，我们就不可能把握和控制成本。但其中的困难在于，GDP 等传统经济衡量指标只能反映一个国家通过生产和消耗能源、塑料、化工产品和杀虫剂而实现的国民总产值，却不能反映环境恶化造成的影响，以及自然资源消耗所造成的成本。因此，如果不能在环境问题基础上兼顾经济增长的成本和收益，创造绿色地球的前进脚步就会放缓，最终的结果也不可能如我们期待得那样彻底。

《斯特恩评论》确实标志着我们为量化气候变化成本而最先做出认真的尝试。《斯特恩评论》认为，如果不采取缓解气候变化的措施，气候变化造成的经济成本将是摧毁性的——在可预见的未来，每年造成的损失相当于全球 GDP 的 5%。但通过旨在削减温室气体排放量的投资，我们就有可能规避气候变化可能带来的最糟糕结果，这样，就可以把气候变化的经济成本限制在每年全球 GDP 的 1% 之内。由此可见，经济学家和科学家一直在争论具体的数字，他们对成本的估计可能会相去甚远。

气候变化的成本分布是不均匀的。某些最贫穷国家甚至根本就没有能力参与减轻气候变化的努力，缓解措施的成本和收益将在各个国家之间有所差异。因此，在这场争论中，责任和收益问题极为重要，因而也让气候变化成为一个极端烫手的政治“山芋”。针对绿色清洁能源的投资将成为经济增长的基本动力，但这也提出了承受能力的问题，比如说，治理成本应该在各个国家之间如何分配以及是否会出现“搭便车”问题（指一个国家在享受其他国家通过能源创新所带来的收益时，只需要付出与之不匹配的较少成本）。

在眼下还缺乏治理气候变化问题的基本政治对策情况下，经济学家猜测，如果全球平均温度提高 3 摄氏度，经济损失可能达到 GDP 的 3%。这个数字肯定低估了实际情况，因为经济学家毕竟只考虑到可以通过市场交易进行衡量和预测的商品和服务。因此，我们还需要考虑清理或修复环境及气候损失，公众健康恶化，娱乐休闲减少以及生态系统和家居遭受的损失和重建，都需要付出相应的成本。尽管这只是猜测，但对于印度、孟加拉国和几个非洲国家来说，要将全球变暖的范围限制在 2 摄氏度以内，相应的成本可能高达他们 GDP 的 4%~6%。那么，到底应该怎样管理或者说补偿这些成本呢？

为国际社会设定温室气体排放量的目标就意味着限制经济增长率，从而控制与之相对应的成本。但如果不投入足够的时间和精力，打造一种有助于确立个别国家责任并能充分考虑某些具体条件的机制，目标本身毫无意义。随着全球人口在2050年逼近90亿大关，加强资源保护、提高能源使用效率和采用新技术都将成为减少全球温室气体排放量的有力手段，但前提是，世界各国都能做出自我调整，并采纳共同认可的能源消耗方式。如前所述，在这些新增加的地球居民中，大多数都将出生和生活于新兴市场国家及其他发展中国家。

新兴市场国家必须在减缓全球气候变化中扮演一个积极的角色，而且他们也最有能力承担起这样的角色。尽管碳信用（即温室气体排放权，发达国家有减少温室气体排放量的义务，因此，为了达到排放指标，可以购买其他国家出售的排放额。——译者注）的市场和贸易等传统经济力量有助于减缓温室气体排放，但最终还是要通过建立一种全球性机制，引导战略性资金进入长期减排项目，改变传统的消费和生产模式。就局部而言，新兴市场国家可以购买关键领域的温室气体减排量指标，建立低碳经济，保护关键性资源，尤其是森林，并对新型绿色科技提供资金支持。

《斯特恩评论》强调，向正处于大量资本投资兴建基础设施的低收入国家购买减排权是一种成本相对较低的途径，因为借助于低排放技术，可以达到在长期内锁定碳排放量储蓄的目标。这就可以让新兴市场国家，尤其是中国和印度等较大的新兴市场国家更好地利用这一优势。但这其中也存在着明显的障碍，因为这样除了会导致经济增长速度放缓、成本提高以及不能解这些国家的燃眉之急以外，还会遭遇明显的经济惯性。持续而不间断的经济增长将继续主要依赖于燃煤电力的使用，而在大多数新兴市场国家，远未建立起满足城市供热、照明及电力行业的低碳能源体系。绿色工业革命将在长期内不断强化现有的经济增长模式，这一点说起来似乎很容易，但是，能源利用和效率领域发生的这种巨大转变也隐含着短期经济绩效和就业遭受损失的风险，而这显然更多地属于政治决策层面的问题。

某些国家可以通过建立更清洁的能源基础设施，比如说，在地形地势允许的地方建造太阳能、风力发电机组和生物燃料等方式，来达到减少排放和降低风险的目标。例如，在巴西，生物燃料占全部道路运输消耗燃料的比重从 1975 年的 1% 提高到 2005 年的 25%。不过，由于生物燃料依旧属于需要用发动机燃烧的碳水化合物，因此，生物燃料只能降低道路交通碳排放量的增长速度，但却不会带来绝对排放量的减少。不过，巴西、中国和印度已经投资于清洁能源的大规模生产。而一些正在开始交通运输系统建设的国家，则可以重点发展高效城市交通网络和适合采用电动汽车的基础设施。他们的成功甚至让某些传统的国际大都市眼红，譬如伦敦，古老的地铁系统和拥挤的城市交通严重限制了它的未来，毕竟，在伦敦兴建这些当时世界上最先进的交通体系时，还没有人会想到现代化的大都市会发展到如此程度，更不用说考虑使用清洁能源所必需的基础设施建设问题了。

新兴市场国家同样也可以采用以限制碳排放量为目标的新型机制。根据《联合国气候变化框架公约》制定的“清洁发展机制”，对于发展中国家的能源投资项目，只要能证明其具有防止温室气体排放作用，就可以按减少的每吨二氧化碳当量获得一份“减排量证明”。发达国家可以购买这些“减排量证明”，以便于满足《京都议定书》规定的减排目标。

截至 2010 年 1 月，中国累计登记的减排项目占全部减排项目的 37%，印度占 23%，巴西占 8%。在累计发放的 3.97 亿份“减排量证明”中，中国占有 48%，印度占有 20%，韩国占 13%，巴西占 10%。这些数字反映了需求的强劲，由于联合国采取的“清洁发展机制”是唯一的此类机制，因此，它的未来运用空间极为广阔。此外，“清洁发展机制”还有助于限制发达国家企业通过在国外创办企业的方式，对排放量实行外包或是将环境破坏转嫁到国外。“清洁发展机制”提供了一种评估不同地点排放成本的方式，为缓解气候变化提供了必要的投资渠道。

行业外包属于一种以二氧化碳为对象的套利方式，即企业可以把生产业务从排放控制较为严格的地方转移到没有控制的地方，因此，“清洁发展机制”有利于低碳企业在外包所在地展开竞争，使出口排放量不像现在这么有吸引力。未来，任何国家都会在接受或者拒绝哪些企业这个问题上变得愈加挑剔，而选择的结果则取决于他们愿意为减轻出口温室气体排放量付出的代价。

在某种程度上，新兴市场国家本身就已经具备了解决气候变化问题的条件。他们可以通过基础设施建设规避最糟糕、同时也是最困难的结果。他们可以投资于绿色清洁技术来减少对化石燃料的依赖，这不仅是因为化石燃料对环境具有危害性，还因为主要产油国的政治动荡、供给路线已不再安全以及存在限定产量造成价格加速上涨的风险。相对较低的经济和基础设施发展水平，使得他们有机会“从零开始”打造低碳经济，从而在与发达国家的竞争中赢得先机，因为长期存在的高碳设施正在让发达国家负重前行。想在限制污染和废物、保护森林以及加强水土保护等问题上达成一致，需要的知识背景显然不同于火箭动力学。但它的成本却高昂得多，而且这样的思维很难“兜售”给那些处于相对甚至是绝对贫穷的居民。

过去的 50 多年里，美国和欧洲在能源使用效率上的明显进步并非源自环境因素，而是来自于原油的价格及获取难度相关的政治和地缘政治问题。公平地说，环境始终是促使企业和政府在最近几年寻找绿色清洁能源的重要因素。但是，中国和印度是否会采取不同于西方世界的措施，把环境问题置于经济增长之前呢？他们能否做到绿色增长呢？

可以肯定的是，西方观察家和政治家非常希望能在未来几年调整政策重心，使之转向新的温室气体排放模式，而不是两眼紧盯主要应由新兴市场国家负责的现有排放量。中国当前和下一个五年规划均对碳排放量作出了明确规定，但是对于中国和其他新兴市场国家来说，最大的问题在于他们能否在增加财富的同时缓解排放压力。因此，金砖国家不应该把自己变成美国，即在越来越富有的同时，对温室气体排放越来越无动于衷。考虑到中国 13 亿的人口、较低水平的人均 GDP 及其追求现代化的雄心，因此，我们可以肯定，为实现经济增长的目标，中国将会愿意接受妥协，这也同样适应于印度及其 12 亿人口。

如果中国的经济和能源政策依旧如故，其温室气体排放就会走上美国的道路。但中国暂时仍会坚持追求快速的经济增长，因为只有这样，中国才能加强其在全球体系中的地位，但中国减少温室气体排放量的成本只会继续上涨。在未来 20 年内，这一年均成本预期将达到 4.38 亿美元，相当于 2009 年中国 GDP 的 10%。

还有一点让人稍感意外的是，要求发达国家每年拿出 GDP 的 0.5%~1% 来帮助贫困国家实现减排目标在这次会议上居然得到很多国家的支持。与此同时，新兴市场国家很有可能采取温室气体密集型的增长战略，部分原因在于他们认为自己在道义上占得先机——目前累积起来的排放量并非是他们的过错，而另一部分原因则在于，追求经济增长的目标要求他们采取可持续性的新能源战略。

实际上，大规模的能源创新已经为新兴市场国家解开了两难死结。像中国、印度和巴西这样的国家，完全有资格把自己当成全球领导者。他们不仅控制着可持续使用的资源，还拥有能源独立性，而且很有可能引领一场新的工业革命，塑造出一种新的全球经济。而在此期间，争夺全球领导权和地缘政治优势的竞争将在相当广的范围内以相当复杂的方式展开。

第8章

未来崛起之路

Who Will Inherit the Earth?

金融危机之后，美国的衰落似乎正在变成现实，而新兴崛起的诸多大国则头角峥嵘地出现于世界舞台，一个新的世界政治与经济格局正在形成。

纵观世界历史，真正的强国总是离不开地缘、法治及完善制度的优势。从这个意义上说，崛起还是衰落的定论是否为时尚早？对于今天的新兴者而言，是否有比称霸世界更为重要的东西呢？

欧洲人建立了第一个真正的全球地缘政治体系，推翻了曾经围绕其他强国建立起来的全球体系。但1914—1945年这段人类近代历史上最跌宕起伏的时期还是让欧洲人主宰的世界秩序分崩离析，世界领导者的地位随即转移到了美国人手里，随着前苏联于1989年解体，美国也就毫无争议地成为了世界上唯一的超级大国。那么，在20年后，世界霸主的接力棒是否会花落别处呢？

大多数人认为，本次金融危机将进一步促使世界权力中心及世界秩序向有利于中国及其他主要新兴市场国家的方向发生转移。那么，这是否就可以说，无数人热论的所谓“美国衰落”和“中国世纪”已经到来了呢？或者换一种说法，谁将成为这个星球的下一个主人呢？

我们已经探讨过金砖国家及其他新兴市场国家在全球经济中扮演的角色，着重提到了他们和发达国家在全球背景下存在的经济和金融矛盾，并强调了将深刻影响新兴市场国家未来命运的人口、技术和气候变化挑战。在最后一章里，我们将进一步剖析这些挑战和趋势的最终落脚点，在很多西方国家似乎不太情愿接受旧世界秩序正在加速崩溃这一趋势的时候，这一点显得尤为重要。当然，人们正在从当前的金融危机中体味到这种悲情，尽管这令人伤感，但西方社会还是不得不作出痛苦的抉择。

我们可以认为，这场危机或许会催生出一种没有秩序的世界秩序。

尽管当前的全球制度以及刚刚破土发芽的 G20 发挥着重要职能，但他们依旧缺乏足以让其他国家值得信赖和听从的领导能力。作为唯一有可能提供这种领导能力的两个大国，中国和美国却不愿意或者没有能力提供当下世界最需要的东西，尤其是在金融危机及其后续效应正在带来新的经济和政治不安定因素的情况下更是如此。虽然欧盟在经济上也有足以让世界信服的实力，但除了在贸易方面之外，它仍然缺少清晰而统一的政策手段，更没有足以让世界为之改变的坚定目标。即使欧洲人有值得让全世界关注的东西，那也是他们的主权债务危机，这场危机正在让他们原本的缺陷愈加突显。

我认为，尽管中国在规模和地理上最适合成为值得信服的世界强国，但他们的经济活力却让其他方面的缺陷显得愈加突出，而这些缺陷恰恰有可能在未来 20 年内给中国的国内发展带来深远的影响。而日趋老龄化的人口结构，则会严重干扰中国维持其快速经济增长的能力，使之很容易遭遇金融、通胀和经济震荡，这显然会危及中国在世界的领导地位。相对于他们的优势而言，这些缺陷或许更有可能决定中国在未来的全球地位。

相比之下，尽管很多理由让美国的衰落及其国际地位的相对下滑（至少现在还不能算作绝对下滑）成为普遍性观点，但其仍然具备恢复元气的实力。如果能充分发挥潜能，美国依旧能在未来很长一段时期维持世界头号强国的地位，尽管这种优势可能不再像以往那样属于压倒性的。

中国，下一个归来的王者？

中国有理由成为世界强国源于以下 5 个因素：

1. 中国是目前世界上最大的债权国；
2. 中国的经济规模之大足以给全球经济带来实质性影响；
3. 今天的中国活力四射；

4. 中国正在以积极而强势的姿态参与国际贸易和资本市场，而这不仅影响其自身的社会福利，也会给其他国家带来影响；

5. 中国还是世界能源市场最大的消费者和参与者。

但正如我在本书前文所述，人口、地理和政治对未来政治和经济实力的掌控能力和预见能力至关重要。因此，最具结论性的焦点将集中于最后两个因素，因为人口毕竟已经是尘埃落定的现实。按照目前的预测，它只会进一步证明，到 2050 年，在除总人口之外的所有人口因素方面，中国都会落后于美国。从包括人口年龄中值、平均寿命、生育率、性别比例以及人口迁徙模式等绝大多数方面来看，美国的人口结构都将变得更为强大和有利于美国的发展。因此，尽管中国当前的经济态势依旧强劲，但其不可能永远地维持这种态势。随着中国经济日趋成熟，劳动力供给的增长必将出现报复性逆转，有利于经济发展的人口迁移和廉价劳动力必将趋于停滞，生产率的增长也将不可避免地下滑，所有这一切都将让中国在未来 10 到 20 年里放慢甚至是停下前进的脚步。此外，为应对相对于美国更为严重的人口老龄化问题，中国必须在社会和经济方面作出巨大的调整，原因很简单，从财富创造、技术创新和变革的灵活性方面来看，美国显然处于更有利的位置。

人们经常会忽视地理因素对权力的影响，但地理因素显然是权力要素最基本的层面，在这个问题上，中国和美国都有着各自的诉求。美国对地缘政治的统治性地位已是既定事实，而中国在最近一段时间也开始利用其地缘优势。深谙大陆权力重要性的拿破仑曾在 1804 年致信普鲁士国王："所有强国的政治学根基就在于他们的地理"。权力的地域成分之所以至关重要，是因为它超越了我们把个别政治家及其对个别事件的反应作为关注焦点的阶段。这并不是说总统或者总理不重要，而是说，任何国家都不可能对地理因素对其国家战略利益的影响视而不见。幅员辽阔、资源丰沛、人口众多并拥有漫长的温带海岸线的美国和中国，在地理因素方面显然都是上帝的宠儿。但美国和中国在地理位置上相距甚远，虽然他们在亚洲和世界其他地区为获取资源而展开激烈竞争，但是两国在欧洲却不存在类似于美国与前苏联在 1989 年以前那样势均力敌的对峙状态。

美国的内部国土之争在“南北战争”初期开始冰释，并随着对印第安人的战争结束而彻底告终。美国的经济、军事和海域霸权也是国家不断充分发挥其自身优势而自然而然地形成的。但中国则到上个世纪才完成这一过程。尽管中国能够凭借东南沿海 9 000 英里的海岸线操纵着东亚局势，并通过铁路和公路与印度洋相连，但中国其他地区则属于相对较为自闭的内陆。在西部，西藏和新疆接壤印度和中亚，在北面，内蒙古充当着中国与俄罗斯之间的缓冲区。因此，维护地区安全和统一将成为中国的首要目标。

过去几年，中国在追求成为世界强国的过程中，国内经济得到了稳固和加强，国际战略贸易关系持续发展，这进一步巩固和加强了中国的全球地位。2001 年，中国与俄罗斯、哈萨克斯坦、塔吉克斯坦和乌兹别克斯坦共同建立“上海合作组织”，旨在处理地区争端，应对恐怖主义和分裂主义势力。但它已成为推动能源和经济合作的地区性论坛。2005 年，印度、伊朗、巴基斯坦和蒙古以观察员身份加入“上海合作组织”，而伊朗和巴基斯坦目前已成为“上海合作组织”正式会员国。

此外，中国还与亚洲、阿拉伯及欧佩克国家在经济和政治往来方面展开了经常性的磋商。不过，中国和伊朗、沙特阿拉伯以及非洲的关系尤为引人注目。沙特已成为中国最主要的石油进口国，作为回报，中国将在石油开采与提炼以及铁路建设等方面为沙特提供大量的投资。中国在能源和基础设施领域与伊朗建立了密切的贸易往来，中国 14% 的进口石油来自伊朗。非洲产油国也是中国重要的石油来源，他们总计为中国提供了 1/3 的进口石油，此外，中国还涉足部分非洲国家的原材料和港口建设，其中包括安哥拉、尼日尔、马里、塞内加尔、苏丹、坦桑尼亚、赞比亚和毛里求斯。为换取具有战略价值的自然资源，获取更广泛的政治支持，中国也为非洲提供了丰厚的回报，包括经济援助、优惠性贸易合同、大规模投资、基础设施以及劳动力和原材料。

为什么说真正的强国离不开法治？

人口、自然资源、资本积累和技术等要素始终是经济增长和经济成功的主要动力，而制度的质量则是把这些要素汇聚到一起并最终实现经济增长和成功的根本要素，但令人遗憾的是，制度往往被人们忽视。前文中，在讨论中国昔日的全球地位及随后欧洲的衰落时，我认为，在更趋于集中和严格性的政体形式下，中国昔日的制度缺陷将抵消其在其他方面的优势。而司法体系的不完善则始终是中国的短板，到现在为止依旧如此，尽管下文将要讨论的某些原因已经让中国在这个问题上有所改观，但中国正在成为一个越来越复杂、越来越现代化同时也越来越趋向于消费型的经济体。

当然，我并不是说必须要像西方国家那样，只要提到法治，就必然要涉及民主化。著名经济学家米尔顿·弗里德曼早在30年前就曾指出过，虽然经济表现、人权解放和经济自由是高度相关的，但这种关联性并不一定适用于政治权利。

法律是保障合同、产权和人权的准则；而且法律也是刑事诉讼、宪政和行政结构的基石。所有这些对经济发展都很重要，而且法治、合同和产权以及中立的第三方的执法机关（如法庭等）最为重要，因为要维护长期积累起来的资本以及由此带来的经济优势和经济实力，这些显然都是不可或缺的条件。

在普通法系国家，首要原则就是“法大于国”，也高于政党。而在大陆法系国家，法律与国家的位置正好与普通法系国家相反，这反映出不同的法律演进过程；对此，法国国王路易十四的话恰如其分——“朕即国家”。多数亚洲国家都曾在不同历史阶段或多或少地采用了上述两大法系的不同方面，但在有些国家（同样在不同历史阶段），政党依旧是威权的主要来源，国家和司法都处于从属地位。

后一种“模式”最明显的特点是缺乏独立的司法体系。在此背景下，我们可以说，这些国家并不是由法庭来执行具有创造性和创新性的司法程序，这表明，法律本身是随政治和社会价值观的变化而不断改变的，它不是司法体系自发的变化，而是政府和行政命令变化的结果。总而言之，这往往会导致司法解释含混不清、执法过程随心所欲、既得利益集团得到不公正的庇护以及贪污腐败。

我想指出的是，对于条文极端明确的合同法与非正式合同法孰优孰劣以及执法机制，律师和经济学家的看法相去甚远。例如，在贫困或处于原始发展阶段的国家和社区，现金和以物易物的交易形式往往更为盛行，而成文的法律体系对此则几乎无能为力。即便是较发达的国家（包括许多亚洲国家），也存在着联系极为密切、以民族和家庭为基础的商业社区，这些商业社区的特点就是互信度极高。我经常提到中国特有的一个名词——关系，它的含义就是建立在家族感情或亲朋好友交情基础之上的商业关系。如果一个社会中的成员可自行协商和调解长期关系，那么，正式的司法体系或许并非必需。此外，合同法和长期历史沉淀而成的司法体系在寡头垄断的社会中意义不大。所谓寡头，就是少数规模庞大、实力雄厚的公司，它们不仅有能力自行制定“游戏规则”，而且还能得到国家的资助和偏爱。前苏联、甚至是目前的俄罗斯都有可能属于此类国家，很多能源和原材料主要生产国也属于这样的国家。

但是，当经济周期发展到一定程度，国家若想保证其经济持续发展，就必须建立起稳定而正式的法律制度。在过去的 20 年中，金砖国家的发展速度不仅很好地说明了这一点，也表明建立这样的法律制度具有相当紧迫的现实意义。随着经济规模日益扩大和现代化程度的不断提高，社会经济各领域均会出现重要的变化，这些变化将要求以完善的制度来规范社会关系和解决争端。我曾在前面指出，健全的司法体系不仅有利于维护技术进步，也是培育创新的基础。金融体系需要不断发放贷款和推出新产品，因为只有这样，它才能吸收家庭及企业存款，并把存款有效地转化为金融资产和实体资产，即通过创造资本和股票推动未来发展。经济发展的标志之一是以成熟规范的资本市场执行这项功能，这绝非偶然，近期西方资本市场的巨大震荡就已经说明了这一点。如果一个国家对国外投资敞开大门，那么，到国内投资的外商就必须对通过投资实现回报抱有信心，也不用担心他们的财产会被无故充公或者遭遇强取豪夺。

这些进步让承诺的履行性及可预测性对实现经济成功和维护社会稳定而言变得愈加重要。但如果缺乏稳定而可信的司法体系，这些承诺便无异于一纸空文。有些承诺的履行期非常短暂，比方说，甲方把零部件运送给乙方，并希望乙方在60或90天后付清货款，而不会发生赖账现象；或者说，甲方借钱给乙方作为运营资金或为项目提供融资，甲方就需要保证乙方有足够的抵押品而且还债能力良好，一旦乙方无法还债，甲方就可以诉诸法律追讨债务。

其他承诺则绝对是经济发展脉络中的基本要素，并体现在企业发行股票和债券的过程中。换句话说，投资者显然希望能在10年或20年后收回本金及利息，或者只要持有股权或拥有权益就能得到分红。如果投资者把资金投资给一个初创技术公司的经营者，或者经营一家几乎没有资产可以追讨的经销公司，这时合同法的约束力对于维护投资者权益就极为重要了。

归根到底，经济越复杂，不确定性就越大，如果缺乏稳定可靠的法规准则，一切都依赖于政客的喜怒哀乐和异想天开，就不可能建立起强大而具有可持续性的经济实力。只有独立的司法体系和以法官依法审理和判决的法律，才不仅可以提供明确而毫无争议的准则，也具有可以执行的法律条文。西方社会的基本信念之一，就是认为合同法、产权、中立第三方执法机关有助于司法问责，提高政治稳定性、监管质量和打击腐败。以俄罗斯和越南为例，这两个国家在20世纪90年代就根据各自的国情变化引入了新的司法体系，而两国的经济发展也毫无疑问地受益于此。

“被衰落”的美国从未被超越

任何事物都不像成功那样具有可继承性，如果中国依旧沐浴在今天的光明中，我们怎么确定美国墓志铭上的“RIP”是“抖擞精神重新前进”（Renewal in Progress），而不是“安息”（Rest in Peace）之意呢？

如果说美国的势力及其影响世界的能力正在遭遇不可逆转的衰落，

那么，你或许会说，在二战结束之后的 60 年里，美国一直就走在这条道路上。而这条道路的起点，则是 1957 年 10 月发生在前苏联驻华盛顿大使馆的一幕，当时，《纽约时报》的一名记者接到部门主管的电话，对方在电话只说了一句话："上去了"。他指的是莫斯科发射的第一个人造地球卫星"斯普特尼克 1 号"，这显然让美国人极为不安，非常难堪。

就在同一年，当时还是美国参议员的约翰·肯尼迪警告，美国在与前苏联的弹道导弹竞赛中已经失利，这将给美国与共产主义阵营的斗争带来重大损失，而后来的事实证明，这样的想法并不正确。10 年之后，美国终于失去了昔日的神采。在国外，东南亚的大规模战争让美国精疲力竭，在国内，民权运动高涨和社会变革压力剧增。进入 20 世纪 70 年代后，美国成为使布雷顿森林体系寿终正寝的先遣军，并遭遇严重的高通胀，在面对工业陷入深度衰退和高油价的同时，又在与伊朗几乎毫无取胜机会的交手中惨遭羞辱。

20 世纪 80 年代，日本经济的强势崛起又让世人对"衰落"这个词有了新的认识。著名历史学家保罗·肯尼迪（Paul Kennedy）在《大国的兴衰》（*The Rise and Fall of the Great Powers*）一书中写到，美国正受累于过度扩张带来的结果。肯尼迪的运气显然很差，因为这时美国正处于从衰退走向复苏的阶段。20 世纪 90 年代的标志是前苏联解体和东欧剧变、全球化的加速以及信息和通讯技术的革命。尽管美国在 21 世纪初期的互联网泡沫破裂和会计丑闻之后强势反弹，但是在布什从 2000—2008 年期间的两届任期内再度跌入低谷。这段时期最令人难忘的事件，莫过于 2001 年 9 月的恐怖袭击、阿富汗和伊拉克战争、美国与西方盟友以及伊斯兰世界的疏远，不过，最糟糕的当然还是 80 年来最严重的金融危机。

2004 年，历史学家尼艾尔·弗格森（Niall Ferguson）出版了《大国》（*Colossus*）一书，这本书在英国的版本被冠以"美帝国的兴衰"的副标题。他在书中提出人力匮乏、金融赤字等问题正在让美国步履维艰。2008 年，新加坡大学公共政策学教授马凯硕（Kishore Mahbubani）出版了《新亚洲半球》（*The New Asian Hemisphere*）一书，他在书中指出，中国将从美国手中接过世界领导者的指挥棒。

在这个问题上，伦敦商学院高级访问学者、《今日马克思主义》(*Marxism Today*) 前主编马丁·雅克 (Martin Jacques) 于2009年出版了一本名为《当中国统治世界》的书。他认为，金融危机只是让业已发生的权力中心由美国向中国的转移更加快速，这一过程既包括美国的相对衰落，也包括中国文明的再度复兴和最终胜利。2010年，尼艾尔·弗格森在《外交事务》(*Foreign Affairs*) 上发表了一篇文章，他在文中警告，进入后金融危机时代，美国将遭遇突然性衰落，而后则会呈现加速下跌的态势。

实际上，这些作者提出的问题在过去60年中始终没有间断过，在这个过程中，美国确曾陷入过政治和经济危机，但总能通过调整渡过险关，走出困境。今天，美国依旧是世界上最强大的经济与军事强国，在全球GDP中占有的份额也达到了25%，无论是在数量和"健康"程度上都让僵化迟钝的欧盟无法比肩。此外，美国的军费开支占全球军费总开支的42%左右，并拥有全球军用舰船数量53%的份额，其海军的总排水吨位等于排在其后17个国家的总和。美国还拥有充满活力的社会制度和法律体系，尽管金融危机和预算危机表明，美国还不能彻底摆脱惯性和某些不良习气。但其接受挑战和实现自我调整的能力远非其他国家所能比。尽管美国的政治家经常遭到指责，但美国制度在本质上的优越性显然是最根本的方面，这也将让美国的优势更为恒久。

那么，怀疑论者认为"这次会不同"以及美国当前的衰落不可阻挡和逆转的观点是否正确呢？美国存在过度扩张的观点显然是经得起推敲的，至少在经济和金融上的确如此。这不仅会带来社会和经济问题，也将让美国对维护全球安全责任的决心和兴趣大打折扣，并让美国的政策染上更明显的国家主义色彩，进而削弱美国的全球地位。

从2000年到2009年底，美国政府、企业和家庭欠下的总债务从GDP的180%增加到240%。此外，在这段时间里，金融机构的负债水平也从GDP的65%增加到120%。在不到10年的时间里，美国的国债增加额度就已经相当于此前20年里的总增加额。到2009年底，包括各个政府部门在内的政府总负债额已高达12.9万亿美元，约相当于GDP

的 90%。根据国会预算办公室的统计资料显示，未来几年美国的预算累积赤字将导致公债在 2020 年超过 22 万亿美元，这意味着，美国的公债已超过 GDP 的 100%。毋庸置疑，摆在美国面前的是一个深不见底的预算黑洞，本次金融危机自然是造成这种局面的一部分原因，但更重要的原因还是未来医疗保险成本持续上涨造成的赤字。如果政府现在就要为 2050 年以前的全部医保费用开出一张支票，那这张支票的金额将达到 70 万亿美元，相当于目前美国 GDP 的 5 倍。当然，这种情况未必能出现，除非在这些预测变成现实之前，美国不能在短时间内让预算恢复到可控的水平，那么，美国还则有可能遭遇新一轮金融危机。

预算问题还将影响到美国的对外经济关系。今天，美国已经是世界上最大的债务国，截至 2009 年底，美国的外债总额已高达 13.8 万亿美元。但是，由于美国在其他国家还拥有大量的实体资产和贷款资产，因此，其净负债水平应比这个数字低得多，在 2008 年年底这一数字只有 3.5 万亿美元。但经常被人们忽视的是，1985 年之前，美国还是一个净债权国，而之后 15 年的时间里，外债增加到了 1 万亿美元，但继续增加到 2.5 万亿美元却只用了 8 年的时间。外国人持有的美国政府债券、票据和货币市场工具约为 3.6 万亿美元，而价值 1 万亿美元的美国国库券显然是美国最大的单项负债。

尽管这种经济和金融领域的发展态势最终酿成了金融危机，但危机本身也揭示出美国经济的脆弱性和对信贷和资产市场波动的敏感性，正像电影《欲望号街车》中的主人公所说的那样，无比依赖于“陌生人的善意”。实际上，美国是在用从其他国家借来的钱填平自己的国际收支赤字，因此，这个赤字显然不等于美国人自己的储蓄和投资之差。美国预算赤字减少了整个国家的储蓄水平。今天，包括中国、印度、俄罗斯和墨西哥在内的很多国家，都在声讨以美元为中心的国际金融体系，并对这个体系的根本性缺陷怨声载道。

很明显，中国或其他主要外汇储备持有国可能抛售美元并大量增持其他国家货币和贵金属的决定将会让美国极为被动。而某些国家的主权债务基金则拥有比中央银行更宽泛的投资范围，因此，他们已经在收购黄金、大宗商品及其他国外有形资产。迄今为止，这还没有影响到货币和金融市场的稳定性,对美元的替换程度还相对较为缓和。在任何情况下，中国等通过经常性干预手段抑制本币升值的国家，一直在通过大量买进美国的有价证券投资于美国的资本市场，这些投资无论在规模和广度上都相当可观。除非在国际关系遭遇严重危机的情况下，否则中国和其他主要经济体还不太可能选择大量抛售美元。然而，新兴市场国家无疑将会继续致力于弱化美元在全球货币体系中的地位，以支持国际货币基金组织的特别提款权等其他工具，最终甚至有可能促成人民币的完全可兑换。美国当然不愿看到美元的贬值，因而也绝不会对这种威胁淡然处之。

除了货币和金融之外，美国依旧还有很多值得称道之处，地理位置、领土规模、自然资源禀赋、经济和技术实力都将让美国在很长时间内继续维持其领导者地位。美国的教育水平仍然是其他国家所无法比拟的，而决定未来成功的制度优势、创新发掘以及鼓励创造的传统依旧秋毫无损。虽然相比于失业率的增加、脆弱的银行体系以及华盛顿及各州与日俱增的庞大预算赤字和公共债务，这些优势既不可见，也很难量化，但它们却是决定未来成败的根本要素，归根到底，美国能否重新控制其金融和经济，充分利用人口和技术优势，重振雄风，仍取决于这些不可见的内在因素。

难以预测的中美关系

中国与美国之间复杂微妙的经济和金融关系始终是双方产生摩擦的主要原因，尤其是在金融危机之后，更是愈加凸显。危机之后，尽管美国和中国都在 G20 中发挥着越来越重要的建设性作用，但合作的基础似乎正在动摇。例如，中国的汇率政策很可能会继续成为双方分歧和误解的焦点，这不仅会影响到中美关系，也将影响到中国与其他主要新兴市场国家之间的关系。美国和其他国家认为，中国对其汇率政策实施重大调整是全球货币改革中的一个重要步骤，但中国则认为汇率政策事关中国的主权问题，这也是中国政府始终坚持的基本原则，对于外界的压力，他们仅声称将出于外交原因而将对汇率政策有所调整。这些冲突已演化为两极分化的对峙。

美国和中国将会继续在人民币汇率以及全球失衡和全球金融监管等问题上针锋相对，部分原因在于，他们对金融危机的根源和影响有着各自不同的认识。因此，这两个国家目前还很难找到可以共同接受的方案和政策。美国认为，金融危机是银行监管缺失的产物，而治理这种缺失的关键就是解决全球贸易失衡问题——这显然不是美国单方面就可以解决的问题。按照这个逻辑，美国政府坚信，中国方面不愿意大幅度调整人民币币值、实施有力的国内改革是在阻碍全球贸易失衡问题的解决。而中国则认为，这场危机是美国人过度消费和无度借款的必然结果，目前，美国居高不下的公共债务以及美联储的货币政策正在削弱国际储备货币的稳定性，而且这又适逢中国持有大量的美元资产的时期。

尽管中国持有的国外有价证券的具体构成不得而知，但直接持有的美元资产约合 1.5 万亿美元，其中包括近 1 万亿美元的美国国库券。从表面上看，这让中国拥有了超强的金融实力，很多金融评论家已经注意到了中国横在美国头上的这把“达摩克利斯”之剑。只要想到中国随时会抛售大量美元资产，金融市场就会变得瑟瑟发抖，因为这必将导致美元大幅贬值，全球金融市场转入下一轮危机。

我曾说过，中美关系之所以复杂难测，是因为中国对美国的“杠杆”撬动作用仅仅是出于三个简单的原因：

首先，中国的汇率体制以及储蓄对投资的巨大盈余意味着将继续维持庞大的贸易顺差，赚得更多的美元。但是，除了把这些美元变成美国资产之外，中国根本就无处去消费这些美元。中国很有可能把越来越多的新投资变成欧元和其他可交易货币，可以想象，中国还将把更多的官方储备用于购买国外有价证券。但美元资产依旧是全球资本市场的主流，因而将继续成为中国外汇储备的主要资产形态。

其次，中国的金融经济状况依旧非常落后。他们的汇率尚未实现完全可兑换，中国居民在资金出入境方面依旧面对着极为严格的管制。尽管已经和巴西、阿根廷、印度尼西亚、韩国以及马来西亚签订了货币互换及汇率协议等双方约定，但到目前为止，中国还没有为储蓄和借贷而建立起多层次的先进的金融市场，显然，中国在货币问题上还没有得到全球的认可和信任。

第三，令大多数人没有想到的是，中国对弱势美元的担心可能将会造成进一步的恶性循环，因为大幅调整人民币币值的时间越晚，问题就会变得越严重，而这又会给重估人民币币值带来更大的阻力。问题的关键在于，如果人民币确实出现大幅增值，比如说增值15%~20%，任何持有美元资产多于美元负债的个人都会因此而受损。而最大的损失者无疑将是拥有2.5万亿美元储备的中国人民银行以及其他持有大量美元的银行。

中国的外汇储备也是坊间最热门的话题，很多中国人把这视为国家的荣耀和多年艰苦劳动的回报。因此，美元贬值等因素对其储备资产造成的威胁必然会给中国人的情感造成强烈冲击。宋鸿兵在2007年出版的《货币战争》一书在2009年轰动一时，这本书不仅成为众多新闻媒体和网络博客纷纷转载的焦点，也受到高层政府和政治领导者的注意。作者认为，中国已经成为西方银行集团和外国货币操纵者的受害者，因此，他在书中一再警告，中国应该拒绝人民币对美元出现任何形式的升值。

在任何情况下，只要出现大幅升值，中央银行持有的220亿元人民币或者说超过30万亿美元的储备资产，就会遭受严重损失，此时，政府就必将向中央银行新注入资金，并有可能对遭受重大损失的银行或银行网络直接采取救助措施。而中央银行自身的损失，就相当于突然增加一笔公共负债，这笔负债几乎相当于7%~8%的GDP，而且中国持有的美元储备时间越长，遭受的损失也越大。

但这并意味着都是坏消息，因为中国居民将成为货币改革的最大赢家。我们必须承认，如果中国能真正完善其现有货币体制，世界经济显然也会因此而受益。但归根到底，必然会有人为此而付出代价，而且这个承受者最有可能是中国的消费者，因为实现这个目标的手段要么是增加税费，要么是降低利率，而这都将进一步推迟中国经济所必需的再均衡状况的出现。

实际上，中国确实具有在一定程度上左右美国的能力，但只要他还不想真正对美国发动一场金融战争，中国就会继续持有美元储备，当然，也就不得不继续面对着如何对这些储备进行管理的问题。虽然说中国对美元及联合国的所谓威胁纯属空穴来风，但这绝不应该成为中国拒不调整其汇率体制或是联合国继续依赖于中国金融的理由。

贸易同样与此有关，在这方面，政治竞争和国家主义已经取代了美国和中国主宰某些类型贸易规则的传统惯例。2008 年以后经济动荡造成的经济、金融与政治困境开始让两国政府在言行上更倾向于国家主义。贸易保护主义思维已经有所抬头。2009 年 9 月，奥巴马总统批准了对中国进口轮胎征收 35% 关税的规定；同年 10 月，总统再次批准对从中国进口的钢管征收高额关税；2010 年 2 月，中国宣布将对价值 7 亿美元的美国进口家禽征收关税。尽管这些事件属偶尔为之，尚未形成系统性，而且仅对总贸易额中的一小部分产生影响，但它们却会导致对就业影响最大的贸易领域面临越来越艰难的局面。

此外，僵持已久的多哈回合贸易自由化谈判依旧没有取得任何突破性进展。国际贸易谈判的复杂性和不可预见性表明，这些谈判似乎已经变成无足轻重的杂耍表演。但开启全球贸易大门的全球性协议肯定意义重大。2010—2011 年很可能将成为世界贸易体系和 WTO 的一个关键时刻。G20 本想彻底完成多哈回合谈判，但事实却总是事与愿违，在随后几年，他们将不得不在坎昆、日内瓦、香港和波茨坦会议上立下同样的誓言。

此外，这些经济纷争已经超越经济范畴，蔓延到人权和信息自由权等人文领域，甚至已经牵涉到地缘政治问题。当然，中国在国际地位上的不断强大也让美国不得不谨小慎微。

从单个事件来看，人民币汇率、贸易分歧和地缘政治或许只能算作大惊小怪。但是在官方背景的正式沟通中，双方还是把存在争议的问题带来的不必要误解放在首要位置。在经过几个月的激烈争论之后，在 2010 年的双边最高领导人会谈中，中美两方领导人对此进行了深入交流，并把这些问题作为建立双边互信的一个基本前提。同时，中方也派遣了外交官参与联合国安理会关于制裁伊朗的讨论。2010 年 6 月，中国同意了上述制裁措施。

作为回应，美国财政部同意推迟将中国列入“货币操纵国”的年度报告提交国会，因为一旦通过该报告，美国就极有可能将中国拉出世贸组织，并且对中国进口商品征收新一轮关税。显而易见，美国人并不想这样做，他们担心，一旦中国加入世贸组织的进程出现问题，中国人会把美国看成罪魁祸首。最终，中美双方在华盛顿约定，将在“战略与经济对话”框架下的年度双边讨论中进一步就这些问题展开磋商。这些举措或许可以暂时性地修复双边关系，但归根到底，这些以争取时间为目的的小规模措施不可能彻底取代实质性的谈判和名副其实的让步。

很明显，中国和美国不仅在经济和金融上具有极高的相互依赖性，而且在全球安全和外交政策上也具有共同的利益。但同样不可否认的是，他们之间的差异和分歧绝非微不足道。中美双方敌视和对峙的部分根源在于彼此间的看法，金融危机的影响又加剧了他们之间的分歧，这不仅导致中美双方在全球经济趋势的问题上有着各自的观点，也造成两国给这个问题染上更多的民族主义色彩。

如果要让造成这些分歧的诸多要素继续处于可控状态，并在不远的将来消除这些分歧，显然还需要美国和中国采取截然不同的方式。美国不能再把中国看成是全球体系的附属品，而应该是一个合作伙伴和需要对其作出让步的大国。同样，中国也需要说服自己作出一种大国的姿态，承担大国应该承担的责任。这就意味着，中国必须努力调整其国内外经济利益，但最重要的还是政治利益。我们将在下文讨论这个问题。

被搅动的世界将通往何处？

在当前环境下创造新的世界新秩序是一项复杂而漫长的任务，它涉及领导权以及相关规则和程序的确立。以往，建立世界新秩序始终与存在现实挑战的特定历史时期相联系。在德国和日本经历了第一次世界大战的兴衰之后，几个世界主要强国曾试图建立以他们各自为中心的世界新秩序。第二次世界大战结束之后，他们再次尝试建立以遏制前苏联为核心的世界新秩序，并取得成功。而现在，在金融危机结束之后，他们不得不再作新的尝试。

1918 年之后的现实已证明，尽管快速工业化和新技术的发现为 1920 年代的世界经济复兴奠定了坚实基础，但是要让全球体系重归大一统已不再可能。大多以建立全球新制度和全球新秩序为目标的努力均以失败告终。根据《凡尔赛协议》成立的国际联盟（即联合国的前身）既缺少成员国在政治上的支持，也缺乏真正的具有可行性的国际协议。美国、英国、德国和法国在对如何重建稳定的世界经济体系这个问题上不可能达成一致。无论是在政治还是经济上，英国都无力承担这个使命，美国则不愿意担当起这个先锋，而德国和法国还在忙于欧洲战事，根本就无暇顾及这些。

他们确实曾于 1933 年在伦敦召开过一次世界经济会议，但这次会议的环境完全不同于 2009 年 4 月的 G20 伦敦会议。因此，人们把伦敦视为世界各国重新走到一起、共同修复国际新秩序的宝地。

1933 年的会议从一开始就充满了变数和分歧，各国代表在主席应来自哪个国家这个问题上争执不下，而美国、英国和法国都各怀心事。美国总统罗斯福授意其代表关注经济复苏计划。英国则希望讨论第一次世界大战带来的战争债务问题，而法国及其他欧洲国家关心的仍然是“黄金本位”问题，实际上，这次会议唯一有价值的问题就是货币的稳定性，即如何遏制美元和英镑的贬值，让美国和英国有朝一日重新拾起“黄金本位”的政策。在经历一个月的口水战之后，这次会议终于结束，但除了让人们看到尖刻讥讽和优柔寡断之外，整个会议一无所获。

罗斯福总统的态度或许彻底葬送了会议达成任何协议的最后一线机会。他公开斥责稳定货币的建议是“对所谓国际银行家的盲目崇拜”，并致电大会：“在这样一次大国之间无比重要的会议上，把实现金融永久性稳定的使命变成一项人为的、暂时性的权宜之计，我认为这无异于一场悲剧性的全球灾难”。他最关心的事情就是确保美国经济和金融的复苏，并抑制国内市场价格的下跌。但这其中又存在矛盾——如果不支持当时已经对经济稳定性造成破坏的汇率体系，美国根本就不可能实现这些目标。最终，任何国家都没能成为领导者，或者被真正地看做领导者，尽管美国最有能力和愿望承担起这个领导者角色，但随之而来的“大萧条”让他感到精疲力竭，此时的美国当然不愿意扮演这个由欧洲人提议的“主角”。

第二次世界大战之后的世界展现出另一番不同的图景。实际上，就在战争临近结束、同时也是最激烈的时候，美国及其盟国于 1944 年在新罕布什尔州的布雷顿森林召开了联合国货币与金融会议。后来的事实证明，以这次会议地点命名的新世界货币体系在此后成功地运行了 30 年。该体系主张：维护社会福利和收入分配以及全球经济合作是一国政府的重要职责。这个世界新秩序的核心表现为一个以一整套规则和约定为基础的体系，它所包括的约定和程序涉及贸易、国际投资、资本流动和货币等多个方面。布雷顿森林体系在实现战后重建和建立国际货币基金组织和世界银行等国际机构过程中发挥了不可磨灭的作用，事实表明，这两个国际机构至今仍在国际金融领域发挥着不可替代的重要作用。但布雷顿森林体系的真正价值远远超过这两个国际机构本身。

它第一次强调了重新安排国际秩序的重要性。美国从政治角度出发，为日本、德国及其他欧洲国家的重建提供经济援助，消除贸易壁垒，按低关税采购所谓“自由”国家的出口产品。作为回报，美国在制定安全和外交政策方面享有决定权。随着时间的推移，该体系不断扩大，并进一步吸纳了“亚洲四小龙”及其他发展中国家。但这些制度性安排并没有彻底消灭经济萧条以及冲突和战争，而且在很长时间里，法国一直对以美国为中心的权力格局耿耿于怀。但是，布雷顿森林体系在总体上是有益的，而且这种收益不仅仅体现在经济上。

20 世纪 60 年代末至 70 年代初，布雷顿森林体系和美元兑换黄金的汇率制度开始陷入难以自拔的危机。该体系的各项规则和制度、尤其是关于资本交易方面的规则，开始面对越来越沉重的压力，这些压力既来自于金融全球化和金融创新，也有美国的“枪炮与黄油”政策，即在参与越南战争（1964—1973）和实施新社会福利及民权计划的同时，又不得不面对金融过度扩展的困境。布雷顿森林体系下的货币政策最终于 1973 年彻底土崩瓦解，此时恰逢第一轮石油价格暴涨，最终这两场危机撼动了世界经济，并共同酿成了新一轮的通货膨胀，导致贸易保护主义出现了暂时性抬头。

但布雷顿森林体系的基本要旨及其所创建的国际组织以及 20 世纪 80 年代以来对放松金融管制和提出市场主导型经济的新浪潮，都让全球经济焕发了新的生机和活力，而欧洲社会主义阵营的瓦解、全球化加速以及新技术革命则造就了整个 20 世纪 90 年代和 21 世纪初的世界经济大发展。在这段时间里，所有关于新世界秩序的讨论都被渲染上胜利的色彩。曾著有《历史的终结及最后之人》的弗朗西斯·福山早在 1989 年夏天便对此有所关注，时任美国国务院政策规划副司长的福山指出："意欲取代西方自由主义的社会体系遭遇完败"，这表明西方世界已在"冷战"中取得彻底胜利。因此，在随后的 10 年时间里，在美国推进其改变世界面貌的信息与通讯技术革命的同时，市场机制在大多数新兴市场国家里也取得了突飞猛进的发展，其中尤以中国等亚洲国家和俄罗斯等东欧国家为代表，而巴西也开始大力推进经济体制改革。

但 2001 年恐怖主义分子对美国的袭击彻底击碎了胜利者的美梦，这场灾难至少表明，西方社会在仇视西方、崇尚暴力的敌人面前并不能做到刀枪不入。从更广泛的意义上说，这也沉重打击了西方人的信心。有些分析人士和评论家认为，面对几年之前便已开始的世界经济和政治权力格局的转换，恐怖主义威胁和安全问题削弱了美国及其他西方国家阻挠这场变迁的力量。就在发生恐怖袭击的几周之后，英国首相布莱尔在工党会议上指出："万花筒已经破裂，碎片正在四处飞溅，但很快一切将会尘埃落定，在此之前，让我们一起去创建这个世界的新秩序吧。"

但碎片并没有就此落地，秩序重建也没有就此发生。二战以来最快的全球经济增长以及中国经济令人瞠目结舌的增长速度开始让很多人洋洋得意。所有人都在忙于从经济高涨中收获财富，以至于根本就无暇顾及重建世界新秩序或是加强国际制度。但这一切都在 2007—2008 年的金融危机面前戛然而止。

在雷曼兄弟破产之后，布莱尔的继任者，英国新首相布朗在《华尔街日报》上著文指出："这是世界经济的决定性时刻，我们正在经历这个世界新时代的第一次金融危机。而我们的决策不仅将影响到未来几个星期的局势，还将决定今后未来若干年的走向”。几个月之后，布朗又在伦敦的G20峰会上说：“我认为新的世界秩序正在浮出水面，它正在为全球合作创造一个全新的空间。”

但问题在于，他所认为的决定性时刻确实没错，但却鲜有能证明世界新秩序正在形成的证据。包括发达国家和新兴市场国家是在内的G20正在发挥越来越重要的作用，作为共同协商全球经济和政治事务的世界“大论坛”，它显然是建立这个世界新秩序的一个重要步骤。2009年，G20峰会给全世界带来了振奋和希望，因为它不仅表明这个世界上最富裕的国家和发展最快的国家都已经融入这个大家庭之中，更显示出他们正在拥有越来越多共同的利益攸关点。此次会议还达成了一项协议——共同出资5万亿美元用以促进贸易和就业，将现有的“金融稳定论坛”重组为“金融稳定委员会”，以服务于G20的所有成员国，同时，承诺推进金融改革和金融监管，进一步推动建立起国际货币基金组织的金融资源和贷款机构，并致力于建立开放型的世界贸易和资本流动体系，加强气候变化政策的合作。

尽管经济复苏已经开始，但合作和一体化的精神依旧在消退。G20论坛可以起草共同关注的某种约定和计划，但却没有任何执行能力。各成员国在2009年的合作确实卓有成效，但同样不可否认的是，他们也在毫无遮掩地维护其自身利益。此前，中国在10月份宣布实施经济刺激计划，而美国早在2月份便已启动刺激计划。而后，G20在推进银行业监管、经济和金融改革以及气候变化等领域陷入喋喋不休的争论，最终只以单边行动甚至是赤裸裸的国家主义行动而告终。

西方国家关注的是银行业改革、恢复公共财政的稳定性、促进经济增长以及保证就业等多项任务。即便如此，他们之间仍然存在分歧。因此，他们试图在自由市场和政府及规则之间找到一个“正确”的均衡点，以带来积极的社会和经济效应。美国和欧洲有着不同的诉求，就像20世纪30年代一样，前者强调的是实现经济的可持续发展和加强银行业体系，而后者关注的是财政困境和货币的稳定性。

他们同样都担心金融危机的压力会带来政治上的动荡。危机刚一结束，美国人就抛弃了共和党，选举了一位民主党总统，并让民主党成为参众两院的多数派。日本人也结束了自由民主党 54 年以来的统治，让日本民主党成为新的国家领导者。英国、冰岛、拉脱维亚以及匈牙利等一些小国也经历了政党更替。欧元区内，政治风波此起彼伏，雅典街头出现暴力事件，抗议活动随处可见，政治的不稳定性第一次让欧元体系以及欧元本身的合理性遭到质疑。

与此同时，中国、印度、巴西及其他很多新兴市场国家的政治地位和政府声誉不仅在当地持续提高，也在国际舞台上崭露锋芒。原有强调以市场导向价值体系和经济政策的"美国共识"开始遭遇挑战。2004 年，《时代周刊》国家前主编乔舒亚·拉莫（Joshua Ramo）首次提出这个观点，他认为这种导向的实质就是另一种以集中领导为核心的资本主义。在这种体制下，新兴市场国家和发展中国家将共同挑战西方世界，其手段就是反对西方国家在意识形态和政治上的进攻，而不依赖于武力。

在非洲和中东地区，很多国家已经对中国的经济援助、出口和投资敞开大门。到 2012 年，中国政府将为非洲国家提供超过 100 万亿美元的优惠贷款。目前已有 1 600 家中国企业向非洲国家的基础设施项目投资 80 万亿美元，其中包括阿尔及利亚和肯尼亚的高速公路、安哥拉的港口、加纳和加蓬的水力发电站以及毛里求斯的一座新型机场。

需要强调的是，中国构建政治联盟以对抗美国联盟的能力，并不像很多人假想的那么强大或是可以预见，按照这种假设，新兴市场国家和贫困国家自然而然地会选择跟随正在崛起的中国之后。对某些国家来说，这种联盟仅限于贸易和监管，而这恰恰是"制度质量"之争的核心。而对其他少数国家而言，这种联盟的基础则是中国在政治上的可靠度与可信度。

例如，对于中国在改革汇率制度方面的沉默与保留，包括巴西和很多亚洲国家在内的几个新兴市场国家都和美国一样闷闷不乐，只不过他们在言辞上表现得不如美国那么激烈，但他们的基本观点是一致的。非洲国家虽然欢迎中国的经济援助和投资，但由此带来的政治牵制和经济负担也让他们颇有怨艾。

事实上，旧世界秩序的碎片依旧在空中飘荡，而新的世界秩序始终未能形成。我们都知道，尽管这个世界正在向着以美国和中国为中心的多极化趋势发展，但发达国家中的德国、法国、英国和日本以及新兴市场国家中的巴西、印度和俄罗斯同样也处于这个体系的圆心。不过，其他很多国家也正在变得越来越强势、越来越有主见，譬如印度尼西亚、伊朗、沙特阿拉伯、墨西哥和土耳其。

如果不能满足如下两个条件，这个多极化的体系几乎根本就不可能维持稳定或是有效运转。

> 首先，必须存在一个类似于布雷顿森林体系那样的规则与责任体系，以约束彼此之间的行为并加强合作；
>
> 其次，这个稳定的体系必须以存在一个相对温和的超级霸权为先决条件，也就是说，它需要存在一个唯一的超级大国，这个大国通过动用其“软”力量，为其他国家提供自愿性支持或是采取其他国家默许的方式，将自身利益与其他国家利益融为一体。

毫无疑问，美国和中国是仅有的两个候选人。日本已夕阳西下，不断减少和老龄化的人口、急剧膨胀的公共债务以及对经济结构调整的根深蒂固的抵抗心理，正在让日本变成一个虽然重要但却不断衰落的亚洲强国。类似的原因让欧盟在很多方面非常接近于今天的日本。此外，欧洲的主权债务危机已经给欧元的未来蒙上了一层阴影，也让欧元在可预见的未来只能继续滞留于欧洲本土的经济地域。

在新兴市场国家，除中国以外的很多国家虽然在经济上已经足够强大，但是在权力上还处于真空状态，他们还需要更多来自国际社会的关注和尊重。这些国家包括巴西、俄罗斯和印度，但也包括在经济上尚不处于同一阵营的沙特阿拉伯、土耳其和伊朗。不过，所有国家目前还仅仅属于地区性强国，尤其是那些世界主要产油国，他们的重要性还只能体现在某些非常特殊的全球利益、能源和气候变化等方面。

尽管美国和中国是仅有的两个候选人，但这两个国家似乎还没有能力，或者说不愿意担当这个领导者来为改革世界经济运行模式争取必要的全球共识。这个新的运行模式不仅需要发挥国际货币基金组织等全球机构的作用和功能，还需要一个新的世界性组织来致力于解决全球失衡、政府债务过度膨胀、汇率市场和金融市场失效等问题，并开展旨在维护食品和能源安全的全球计划和积极推动全球投资和基础设施建设。如果没有这样一个领导者，这个世界的新秩序实际上将会极端无序，在这种情况下，即兴发挥也许就是最好的办法了。

美国和中国有足够的理由向彼此伸出合作之手，这不仅是因为他们需要在经济和金融等很多领域相互依赖，而且因为他们拥有很多共同利益点。比如说，中美双方早在 2009 年 4 月就建立了一个特殊的论坛“美中战略与经济对话”，以此为平台，双方将就两国感兴趣的 10 个政策领域的问题展开讨论。

美国深知与中国保持和睦的重要性，并在世界经济领域中采取偏重于亚洲和金砖国家的政策，但美国也有自己的当务之急，全球地位下降的舆论共识、经济地位的衰弱以及高失业和政府债务膨胀等问题一直困扰着当今美国。实际上，美国最大的敌人并不是中国或是其他任何国家，而是对其自身衰落的担忧。因为这很容易把美国推进另一种完全不同的中美双边关系，而这种关系的特点就是相互猜疑、缺乏信任。对中国货币机制的愤懑不断加剧，对中国经济实力和政治野心的焦虑持续加深，都有可能导致美国采取对抗性手段，进而带来更多的贸易壁垒，并对中国的目标和政策更多地采取不友好的态度。

对此，中国始终不承认自己已经成为具有全球影响力的大国，尽管事实已经如此。中国更喜欢把自己看成是与其志同道合的国家，尤其是新兴市场国家的全球合作伙伴及游戏规则的共同起草人，而不是与美国在各个领域针锋相对的敌手。中国一直把自己的责任定位于维护国内经济稳定，实现较高的经济增长率，并确保在进一步提高人均收入水平的同时，维持社会稳定。

但是，中国不可避免地将会发生某种变化。在可以预见的未来，中国也许会有一场新的改革，而且这场改革更有可能采取一条渐进式的特殊道路。随着整个国民生活水平的提高和现代化的普及，中国显然会在很多领域走得更远。

中国的头号敌人同样也不是美国，而是经济快速成功带来的自负与中国人在文化和政治传统方面存在的诸多弊端。决定中国是否有能力成为全球领导者的关键因素，在于中国将如何应对这些挑战，而非他们的 GDP。

全球经济稳定之源，还是震荡之本？

我们在今天乃至可预见的未来所面对的挑战，并不是我们想象的那样表现为全球范围内的军事对抗。相反，它源于经济和金融体系自身的脆弱以及气候变化、核武器扩散和恐怖主义等形形色色非经济领域的问题。任何一个国家，甚至是我们期待中的那个温和的全球霸主，都不可能独自应对这些挑战，任何人都不会怀疑，在维持全球经济开放状态的前提下，我们需要一个有效的国际多边体系去管理和解决这些问题。

2008 年，雷曼兄弟公司的破产震撼了整个世界，前欧盟贸易及商业委员会委员彼得·曼德尔森（Peter Mandelson）在《卫报》上发表了一篇名为《布雷顿森林体系回归新世界的时刻》的文章，他在文中指出：

> 国家和有效的监管是维护全球化的基础……但如果我们不能以铁腕手段控制过度风险，加强掌控全球金融体系的多边机制，构成全球化的网络不仅能把网络中某一点的收益传输到整个网络，也会把任何一点出现的震荡传播到整个网络。

他的关注焦点在于经济和金融管制，但其他方面同样也适用于这个道理。如果没有一个有效的多边体系，让小国的声音能为整个世界所听见，让大国能抖擞精神、积极行动，承担起他应负的责任，那么，保护主义和民族主义就会轻而易举地占据上风。武断决策、双边贸易和投资约定以及非正式且往往无效的联盟，唯一能带来的后果就是加剧紧张与对立，酿成误解，让全球化趋于停滞甚至是倒退。

G20 是一个有益的论坛，但它显然过于庞大臃肿，而且缺乏把舆论转化为行动的能力。国际货币基金组织正在越来越多地反映新兴市场国家的声音，目前，它已计划将 5% 的表决权在发达国家和新兴市场国家之间进行平均分配，因此，它极有可能在监管全球金融体系、集中和管理外汇储备、制定经济和金融战略以及惩戒违规国家等方面承担起更多的全球责任，从而促进全球经济增长，加强全球经济稳定。但国际货币基金组织只能通过他们的成员国来行使这些职能。因此，还需要美国和中国去带领 G20 中的其他国家去实施这种大规模改革。

在一个没有强势领导者的多边体系中，重建稳定的世界新秩序几乎是不可能的。若没有美国和英国发挥的领导作用，就不可能出现布雷顿森林体系；若没有美国及其他少数几个发达国家的领导，也不可能在国际贸易组织领导下带来的全球利益的普及，更不会有其前身《关税及贸易总协定》的诞生。

因此，就目前情况而言，在全球大国和领导者候选人这个问题上，我认为只存在一个候选人，那就是美国。新加坡前总理李光耀曾在 2008 年 4 月的一次公开演讲中指出："在金融危机之后的几十年里，美国极有可能在反映国家实力的各个关键指标上继续维持领先地位……还没有任何一个国家或集团能取代美国的全球领导者地位。"

李光耀的观点显然毋庸置疑，但考虑到美国目前正深陷国内困局而且在危机时刻已表现出孤立主义倾向，因此，任何人都不能对此作出肯定的答复。

毫无疑问，通过企业市场化，并在科研、工程和人文社会等各个领域取得了巨大进步以及正在广泛建立商业和政治联盟的中国，已在成为世界大国的道路上取得了令人瞩目的成就。其已经成为毫无争议的工业强国，而且正在向着消费型社会转型。此外，对于美国作为全球金融领导者所享有的声誉，金融危机带来的损失是不容忽视的。尽管中国并没有直接从中受益，因为除了美国之外，还没有哪个国家拥有如此先进和广泛的资本市场，但中国注定将会在加强金融系统监管的讨论中发表意见，至少现在已经如此。

显然，在未来10年，美国还需要继续修复其工业和金融业的漏洞和缺陷，新的政府将着眼于能源和生物技术领域的科技进步，并在已经开始的金融改革方面继续加大力度。而在行使“软”力量、维护军事实力以及技术强国等其他领域，美国在未来依旧将是其他国家无法撼动的头号大国，尽管其背后的光环已不像此前那么光芒四射。不管怎样，美国还需要保证其金融缺陷和减少公共债务的紧迫性不至于影响到教育和科研系统，只有这样，美国才能继续维护其全球技术领导者和创新先行者的声誉和能力。

归根到底，美国拥有很多新兴市场国家所缺乏的变革和适应能力，而作为一整套政治和制度体系，这种能力的基础在于对私人产权的保障、独立的司法制度和遵守游戏规则的合同法体系，当然，这一切最重要的前提还是“法治”。这个体系是西方世界流传了长达5个世纪的宝贵遗产，今天，它依旧是西方社会和美国实力的支柱。尽管某些新兴市场国家可以通过其他途径挤进这个高收入俱乐部，但一旦达到这个层次，个人和企业仍将需要面对他们此前视而不见的制度体系上的痼疾与缺陷。

本书的基本主旨就是要探讨，在危机过后，新兴市场国家到底是全球经济稳定之源，还是震荡之本。毫无疑问，新兴市场国家，尤其是中国，正在重塑世界经济，随着经济和金融震荡渐行渐远，新兴市场国家的经济重塑之路极有可能激励发达国家以互惠的方式作出回应。

但我们根本没有时间自鸣得意。因为只要这个有能力解决全球贸易失衡和金融流动失稳问题的政治领导权继续保持缺位，新兴市场国家的崛起就极有可能成为震荡之本。

当然，这并不是说，发达国家不需要在修复金融危机的根源以及制定权责明晰的可持续增长型经济政策等方面承担责任。但全球经济体系将继续把以美国为代表的债务国和以中国为代表的债权国约束在最原始的关系中，而这种关系将要求他们致力于各自的民众福祉。如果说中国不能迎接好挑战，那么，新的经济危机以及其他可能危及全球体系有效运转的态势将无法避免。

在这里，转型就意味着中国必须以政治和制度改革去解决以往 20 年积累起来的国内失衡，这包括国内需求和国外贸易、消费和储蓄、城乡差距以及财富创造型 GDP 和资源浪费型 GDP 之间的矛盾。而拒绝或者无力转型肯定将会招致社会和政治风险以及经济发展速度的减缓。

全球的目光都将关注着新兴市场国家将如何应对这些挑战，而在他们当中，中国无疑是这聚光灯下的焦点。

致 谢

无论从哪个角度看，始于2007年的金融危机都是无比震撼的，它的影响更将延续若干年。早在2007年3月，我就已经意识到了这一问题的严重性，自此之后，我就一直在为瑞银证券的客户及媒体从事该领域的调查和研究。尽管我很早就想写一本研究这场危机的书，但始终未能动笔，因为很多人曾建议我撰写一本另类危机的作品，以便研究一下危机对新兴市场国家的影响。

对此，我首先需要感谢伦敦约翰·威立国际出版公司的责任编辑艾伦·霍尔斯沃思（Ellen Hallsworth），他不仅最早提出了这本书的创意，并且一直在给我提供建议，此外更对本书进行了大量的修改和润色，他的工作让这本书在构思和语言上增色不少。

本书的目的在于重新审视新兴市场在金融危机中所作出的各种反应的看法以及他们在后金融危机时代的前景。当然，在这个问题上，任何人都不可能不把中国作为重点。但，由于在过去至少25年中占据统治地位的传统全球经济体系正处于巨变之中，因此，我们不得不把目前依旧盛行的教条式预测暂且放下，而从局部及全球的双重视角去认识新兴市场国家的优势和缺陷。在这方面，我有幸结识了几位学识渊博的学者，并得以向他们讨教，他们的专长和知识弥补了我在这些领域的不足。

在这里，我想对瑞银证券的以下几位同行表示谢意：前全球主管关系部主管特里·基利（Terry Keeley），目前，他已离开瑞银证券寻找新的挑战；新兴市场经济部主管乔纳森·安德森（Jonathan Anderson），作为一个成果显赫、思维敏捷的人，他的观点给我带来很多有益的启示；首席全球经济学家保罗·多诺万（Paul Donovan），他在经济研究和传统经济理论方面的观点经常会让人感到耳目一新；外汇策略分析师吉奥弗里·于(Geoffrey Yu)，作为一个年轻人，他的活跃思维和丰富知识足以让很多老手自叹弗如。

这里特别需要提及的是瑞银公共投资研究部主管朱莉·赫德森(Julie Hudson)，我在气候变化对新兴市场带来的影响及其对策方面的了解，几乎全部来自于她的成果。她在这个领域的深入研究令人赞叹。

我还想感谢全球研究部主管马克·斯坦纳特（Mark Steinert）和该部首席经济学家拉里·哈思韦（Larry Hatheway），他们曾为我的前一本书提供了大量素材，而且他们的观点同样也是本书的精华。尽管瑞银始终审慎对待他们的研究成果，但还是允许我把他们为客户提供的研究成果结合到我的个人研究成果中来。

两位新兴市场领域的学术泰斗审阅了我的作品并提出了宝贵的意见，他们针对中国、亚洲以及整个新兴市场提出的观点令本书蓬荜生辉，他们分别是前英国《金融时报》亚洲专栏首席作家、现欧洲国际政治研究中心高级研究员居伊·德·容凯尔（Guy De Jonquieres）；前瑞银香港公司同行、香港DSG亚洲咨询公司CEO西蒙·奥格斯（Simon Ogus）。他们不仅在理论框架上对我启发颇深，他们的经验也同样让我受益无穷。

我在本书中反复提及的观点之一就是：在长期内，制度因素的质量要胜过GDP或者各种周期性现象，因此，我要特别感谢伦敦戈氏律师事务所的埃德·戈特斯曼(Ed Gottesmann)和年利达律师事务所的戴维·埃雷拉（David Ereira)。这两位智慧超群的律师不仅让我对政治和法律制度在经济发展中的作用有了系统的认识，更在无意之间促使我开始思考律师和经济学家在矫正世界发展道路方面应该发挥的作用。

在感谢所有帮助形成认识和深化本书内容的同行及友人的同时，我必须指出，我本人为本书出现的全部错误和疏忽承担责任。

作家总是固执己见地认为，如果没有爱人相伴，这个团队就绝对说不上是完整的，尽管他们只是这个松散型团队的一个部分，但这样的偏好应该不算错。对我来说，我的妻子莱斯莉 (Lesley) 不仅要忍耐我长时间把自己关在办公室里，和电脑一起厮守相伴，还不得不忍受我因为那段时间各种各样稀奇古怪的经济事件而经常发作的坏脾气。由于我过分专注于本书,以至于我对家庭事务几乎完全置之不理。但她依旧毫无怨言、认真细致地阅读我的书稿，给我提出问题，充当我的替罪羊，毋庸置疑，她不仅是我的爱人，更是我赖以生活的坚实后盾和最亲密无间的伴侣。

中资海派出品

为精英阅读而努力

侯博元 著

ISBN：978-7-218-07232-6
定 价：38.00元

第一本将巴菲特投资策略实际运用于中国股市的书

该书是巴菲特投资策略与中国股市实际相结合的产物，书中推出的“四好一知道操作策略”及“三类美女投资法”，为我国中长线投资者提供了一条参考路径。

任何时候股市都是牛短熊长，在漫漫熊市和上落市中，你想成为一名股市长跑健将吗？请学习并运用巴菲特的投资策略吧！

巴菲特投资策略：投资者对巴菲特投资策略有着太多的片面认识和误解，通过巴菲特的最新投资组合及其分析，可以洞悉巴菲特最新、最真实的投资策略。只有把巴菲特的投资策略与中国股市实际相结合，并且活学活用巴菲特，才能成为股市的长跑健将。

要想取得一流的投资业绩，就要与一流的公司为伍，

学会三类美女投资法，你就可以找到一流公司。

短信查询正版图书及中奖办法

A．电话查询

1．揭开防伪标签获取密码，用手机或座机拨打4006608315；

2．听到语音提示后，输入标识物上的20位密码；

3．语言提示：您所购买的产品是中资海派商务管理(深圳)有限公司出品的正版图书。

B．手机短信查询方法(移动收费0.2元/次，联通收费0.3元/次)

1．揭开防伪标签，露出标签下20位密码，输入标识物上的20位密码，确认发送；

2．发送至958879(8)08，得到版权信息。

C．互联网查询方法

1．揭开防伪标签，露出标签下20位密码；

2．登录www.Nb315.com；

3．进入“查询服务”“防伪标查询”；

4．输入20位密码，得到版权信息。

中奖者请将20位密码以及中奖人姓名、身份证号码、电话、收件人地址和邮编E-mail至szmiss@126.com，或传真至0755-25970309。

一等奖：168.00元人民币(现金)；
二等奖：图书一册；
三等奖：本公司图书6折优惠邮购资格。
再次谢谢您惠顾本公司产品。本活动解释权归本公司所有。

读者服务信箱

谢谢您购买本书！顺便提醒您如何使用ihappy书系：

- ◆ 全书先看一遍，对全书的内容留下概念。
- ◆ 再看第二遍，用寻宝的方式，选择您关心的章节仔细地阅读，将“法宝”谨记于心。
- ◆ 将书中的方法与您现有的工作、生活作比较，再融合您的经验，理出您最适用的方法。
- ◆ 新方法的导入使用要有决心，事先做好计划及准备。
- ◆ 经常查阅本书，并与您的生活、工作相结合，自然有机会成为一个“成功者”。

<table>
<tr><td rowspan="8">优
惠
订
购</td><td>订阅人</td><td></td><td>部　门</td><td></td><td>单位名称</td><td></td></tr>
<tr><td>地　址</td><td colspan="5"></td></tr>
<tr><td>电　话</td><td colspan="3"></td><td>传　真</td><td></td></tr>
<tr><td>电子邮箱</td><td></td><td>公司网址</td><td></td><td>邮　编</td><td></td></tr>
<tr><td>订购书目</td><td colspan="5"></td></tr>
<tr><td rowspan="2">付款方式</td><td>邮局汇款</td><td colspan="4">中资海派商务管理(深圳)有限公司
中国深圳银湖路中国脑库A栋四楼　　邮编：518029</td></tr>
<tr><td>银行电汇或转账</td><td colspan="4">户　名：中资海派商务管理(深圳)有限公司
开户行：招行深圳科苑支行
账　号：81 5781 4257 1000 1
交行太平洋卡户名：桂林　　卡号：6014 2836 3110 4770 8</td></tr>
<tr><td>附注</td><td colspan="5">1. 请将订阅单连同汇款单影印件传真或邮寄，以凭办理。
2. 订阅单请用正楷填写清楚，以便以最快方式送达。
3. 咨询热线：0755−25970306转158、168　传　真：0755−25970309
E-mail: szmiss@126.com</td></tr>
</table>

→利用本订购单订购一律享受9折特价优惠。
→团购30本以上8.5折优惠。